省级精品课程配套教材

西方经济学课堂实验教程

主　编　杨志龙
副主编　介小兵
　　　　田彦平
　　　　董兴志

科学出版社
北　京

内 容 简 介

培养创新人才是我国高等教育的重要目标之一。根据创新人才培养的教学需要,加大实验课程与实验课时比例已成为我国高等教育改革的重要方向。在经济学课堂教学中引入实验教学方式,是要通过实验模拟再现经济过程和经济主体的行为,让学生通过参与实验、分析实验、比较验证理论等实验环节,加深对经济学相关理论知识的理解,引发学生对经济理论与现实经济问题的思考,以培养学生的独立思考能力和实践动手能力。本书以西方经济学主流理论框架体系为参照,在借鉴国内外实验经济学和经济学课堂实验研究成果的基础上,以西方经济学课堂教学实验设计为重点,以纸笔型实验为主要实验方式,以经济学课堂实验设计原理为指导,设计编写了个体选择理论、厂商理论、市场理论、博弈论、市场失灵、通货膨胀、货币创造等实验。

本书可作为高等院校经济学、工商管理类专业经济学课堂实验教学的教材或参考书。

图书在版编目(CIP)数据

西方经济学课堂实验教程/杨志龙主编. —北京:科学出版社,2012
省级精品课程配套教材

ISBN 978-7-03-034189-1

Ⅰ.①西… Ⅱ.①杨… Ⅲ.①西方经济学-高等学校-教材 Ⅳ.①F091.3

中国版本图书馆 CIP 数据核字(2012)第 082480 号

责任编辑:相 凌 王昌凤 / 责任校对:宋玲玲
责任印制:徐晓晨 / 封面设计:华路天然工作室

科 学 出 版 社出版
北京东黄城根北街 16 号
邮政编码:100717
http://www.sciencep.com

北京厚诚则铭印刷科技有限公司 印刷

科学出版社发行 各地新华书店经销

*

2012 年 5 月第 一 版 开本:787×1092 1/16
2018 年 2 月第十次印刷 印张:16
字数:370 000

定价:39.80元
(如有印装质量问题,我社负责调换)

前　　言

对于高等院校财经类专业来说，西方经济学既是一门重要的基础理论核心课，也是一门实践性很强的学科。然而，在西方经济学教学中，以介绍性为主的孤立化教学模式，虽然能使学生了解一些西方经济学的基本知识，记一些公式、图形，却不能达到培养能力和提高素质的目的，甚至造成了一些学生认识上的模糊。为使学生能够运用科学的世界观和方法论分析我国的现实经济问题，西方经济学课程的教学，必须逐步完善以培养学生辨证、发散、求异、创新的思维能力，提高科学研究能力为目标的理论、实践、实验相结合的教学模式和发展全新开放式的教学模式。

传统意义上的经济学作为一门社会科学，不能像在自然科学中那样通过严格控制的实验去解释经济现象、经济运动过程和揭示经济规律。萨缪尔森在他的《经济学》一书中这样写道："一种发现经济法则的可能的方法就是通过可控制的实验，但不幸的是，经济学家不容易控制这些重要的影响因素，因此无法进行类似化学家或生物学家所做的实验。"这种思维惯性以及人的意识的复杂性，使经济学演变为一门实验性的科学经历了一个漫长的过程，直到 20 世纪中叶，经济学实验才逐渐起步。通过半个多世纪的探索，经济学家开创了实验经济学的新领域，将实验方法系统地引入经济学研究。特别是 2003 年诺贝尔经济学奖颁发给了从事实验经济学和行为经济学研究的两位学者之后，实验经济学得到了迅速普及。

实验经济学是在可控制的实验环境下，针对某一经济理论或者经济现象，通过控制某些条件、观测决策者行为和分析实验结果，检验、比较和完善经济理论并为政策决策提供依据。实验经济学的作用突出表现在四个方面：检验理论、发现新的理论、进行制度设计、提高经济学教学的生动性。前三个方面在理论研究与经济管理方面具有重要意义，而将经济学实验引入课堂，则成为提高学生对经济学课程的兴趣和掌握水平的有效辅助工具。

教学法是教师引导学生进入一门学科的方式方法，它不仅反映了一个教师的教学功力与水平，也影响学生对该学科的理解、把握与兴趣。由于西方经济学是一门理论性很强的课程，在学术规范上又偏重于用大量的数学语言来表现经济原理，历来是让学生感到头疼的课程之一；加之目前我国仍是以"填鸭式"教学为主，忽视了学生的主观能动性的发挥和知识结构建构，导致学生容易产生疲劳感。将经济学实验引入课堂，让学生亲身参与经济活动，培养学生的学习兴趣和思维能力，将会改变这种状况，使经济学的教学质量提高到一个更高的层次。本书是我们在近几年讲授西方经济学课程实验课的基础上，经过大家的共同努力完成的，也是对西方经济学教学方法进行改革的一个大胆尝试。

　　本书是集体智慧的结晶，编写的具体分工是：杨志龙负责编写大纲、联络和统稿工作，介小兵编写第一、二、三、六章，田彦平编写第四、五、七章，董兴志编写第八章。

　　由于编者水平有限，本书的不完善之处在所难免，恳请读者批评指正。

编　者

2012 年 4 月

目　　录

第一章 导 言

自 20 世纪 30 年代，实验研究方法被引入经济学研究体系后，实验经济学获得了迅速的发展。实验经济学现已成为经济学中发展最快的分支学科之一，初步形成了理论框架不断完善、研究方法和手段更加科学、研究领域日益扩展的发展局面。

第一节 实验经济学的主要研究领域

20 世纪中后期以来，随着现代经济理论的发展和演变，经济学研究领域逐渐超出了传统经济学范畴，作为主流的新古典经济学假设和分析方法日益遭到人们的质疑和挑战，经济学与其他学科的交叉与渗透不断拓展和加深。在这样的背景下，实验经济学从美国等西方国家产生并迅速发展为经济学最有活力的分支学科之一，成为跨学科研究的成功典范。

一、实验经济学的定义

什么是实验经济学？许多开展实验经济学研究工作的大师和经济学家，并未对实验经济学形成统一的认识和表述，也许他们认为，为实验经济学界定一个公认的定义的时机还不成熟，或者说是徒劳的。实验经济学的开创者、2002 年诺贝尔经济学奖获得者之一弗农·L. 史密斯（Vernon L. Smith）认为，实验经济学是运用实验方法，探究一定显性或隐性规则所规范的社会背景下的、被特定因素所激励的人的交互决策行为。他关于实验经济学的界定包含两方面的意思：一是实验经济学的主要研究方法是实验方法，这里的"实验方法"并非计算机模拟或单纯的问卷调查，而是观察并探询一定激励导向下的实验参加者的决策活动；二是实验经济学的主要研究对象是人类决策行为的特点及动机，因为人们在各自的生存环境中，支配行为的规则和相互影响的方式是不同的。

实验经济学界关于实验经济学的界定多种多样，除了史密斯关于实验经济学内涵的经典界定之外，还有几种关于实验经济学内涵的代表性观点。有些实验经济学研究者认为，实验经济学是经济学家在挑选的受试对象的参与下，按照一定的游戏规则并给以一定的物质报酬，以仿真方法创造与实际经济相似的一种实验室环境，通过不断改变实验参数，对得到的实验数据分析整理加工，用以检验已有的经济理论及其前提假设，或者发现新的理论，或者为一些决策提供理论分析的一门经济学分支学科。有些实验经济学研究者认为，实验经济学是研究如何在可控制的实验环境下对某一经济现象，通过控制实验条件、观察实验者行为和分析实验结果，检验、比较和完善经济理论或提供决策依据的一门学科。还有人认为，实验经济学是将实验的方法引入经济学，试图通过可控制的实验对经济学的理论假设进行证伪，对经济政策的实施效果进行检验，以比较和完善经济理论并为政策决策提供依据的一门经济学分支学科。

通过对上述有关实验经济学概念界定的总结可以发现，实验经济学的实质是以人为研究对象，以实验为主要研究方法，通过分析比较人在各种显性和隐性规则规范的社会背景下的选择选择决策行为，来检验、比较和完善经济理论，为政策决策提供依据的一门经济学分支学科。

二、实验经济学的形成背景

在近代，实验成为科学研究的重要手段和基本方法，实验研究方法从自然科学研究领域逐渐向社会科学研究领域渗透，在许多以前被认为不能通过实验研究的社会科学研究领域得到广泛运用。主流经济学研究框架存在的一些不足和缺陷，促使许多经济学研究者寻求科学的研究方法以提高经济学研究的科学性，而实验研究方法在心理学等社会科学研究领域的应用，为经济学引入实验研究方法提供可能性。

（一）实验成为自然科学研究的重要手段

实验是检验科学真理的重要工具和形成科学理论的源泉。在科学意义上，"实验"是指在确定的条件下，如实验室中检验某种科学结论或者假设的活动。

现代科学发展的历史表明，实验成为现代科学研究的重要工具经历了较长的演进过程，许多学科在发展的初期，被认为是无法实验的，但随着研究技术和手段的不断改进，都逐步建立起了以实验为基本研究手段的研究方法体系。在 16 世纪以前，众人都认为物理学是非实验性质的。直到 1590 年，伽利略在比萨斜塔上做了"两个质量不同的铁球同时落地"的著名实验，从而推翻了亚里士多德"物体下落速度和质量成比例"的学说，纠正了这个持续 1900 年之久的谬论，使人们认识到自然规律的发现需要实验来验证，没有经过实验验证的物理学命题只能算是假设，从而逐步在物理学中建立了在控制性条件下进行实验的方法，使现代物理学发展成为毋庸置疑的实验科学。在 19 世纪之前，生物学也被视为是不可实验的，因为人们认为有生命的生物是不可能作为实验对象的，但孟德尔、巴斯德等生物学家把实验引入生物学研究后，使生物学逐步发展成为一门以实验为主的自然科学。心理学也曾经被认为是无法进行实验的，其研究的精神事物往往被认为是远离实验研究的，然而经历了漫长的摸索过程，在 20 世纪初期心理学也逐渐发展成为一门以实验为主要研究方法的学科。

实验逐渐成为现代科学的重要研究手段，并逐步向社会科学领域渗透，为经济学引入实验研究方法创造了良好的条件。与物理、化学等自然科学相比，经济学变成一门实验性的学科经历了更为漫长的时间，直到 20 世纪 30 年代之后才有部分经济学家试图将实验方法引入经济学研究领域，借助实验研究手段对经济学理论进行验证，他们的部分实验结果对经济学的一些支柱性理论形成了巨大的冲击。

（二）传统经济学的研究框架及局限性

在经济学漫长的发展历程中，人们通常认为，经济学研究的对象繁杂多变，无法通过可控制的实验方法加以研究，经济学被视为一门不可实验的科学。美国经济学家萨缪尔森和诺德豪斯在 1985 年的《经济学》一书中认为："一种发现经济法则的方法可能就是通过被控制的实验。不幸的是，经济学家不容易控制其他重要因素，因而无法进行类似化学家或者生物学家所做的实验，他们一般只能像天文学家或气象学家一样借助于观察的手段。"

传统经济学实证分析的框架是思想实验的框架，具体体现在对一些看不见的因素如人的欲求、制度、技术、资源禀赋等作一些假定，然后用严格的逻辑将这些假定和现实中人们的行为或现象联系起来，证明人的某种看不见的行为为真时，则相应的看得见的现象就会发生。这种思想实验的过程所获得的假说或者理论，需要用能够观察到的数据或现象来证明其真伪，但行为假设和实地数据获取的局限使经济假说和理论很难得到验证。

1. 行为假设局限

传统经济学对实际经济现象加以抽象，并用严格的数学逻辑组织其分析框架，取得了其他社会科学无法比拟的一致性和影响力。传统经济学的分析框架建立在对人的行为的假设基础上，在一定的环境和制度下，假设人的行为 A 成立，然后通过数学逻辑推导出现象 B 的存在，即"如果 A 则 B"的思维逻辑。从传统经济学的角度来看，一个理论包括了一组公理、假设和定义，以及由此得出的逻辑结论。如果理论是内部一致的，它就不会得出相互矛盾的观点，而且结论的确是从假设推理出来的，那么这个理论就是有效的。传统经济学家承认大部分经济学理论的行为假设，认为这些假设不需要满足心理学的有效性标准。相反，他们认为理论得出的结论只需要在一定程度上接近人们的真实行为（与其他可替代的理论相比）就可以了，即使这种假设并不是完全精确。

实验经济学家（包括大部分心理学家）认为，经济学理论有关人类行为的假设前提是否有效需要经过检验。传统经济学的数学逻辑推理是严密的、无懈可击的，但是如果对行为的假设是错误的，即行为假设如果不符合心理学的有效性，则所得出的经济理论将无法正确地解释和预测真实世界。

2. 数据获取局限

在传统经济学的研究体系中，理论假说也要通过数据进行实证检验，以判断真伪。长期以来，经济学被认为是经验科学，如果需要实验，通常使用计量经济学模型对实地数据进行分析。观察现实发生的经济现象，从中获取实地数据是传统经济学研究的主要数据来源。实地数据获取的不可重复性、缺乏可控性和难度较大等特征，使传统经济学很难获得理论验证所需的全部有效数据，从而影响经济理论对现实的解释能力。实地数据获取的不可重复性表现在，产生实地数据的特定历史环境是不能重复的，实地数据往往是在特殊的、不可重复的时间和空间背景下产生的，一些不可观测的因素一直处于变化之中，致使我们难以找到与理论假设相符合的经济环境和用来检验理论的相关数据；实地数据获取缺乏可控性表现在，由于实地数据产生的环境通常被一系列相互混淆的外在因素所包围，从而使实地数据缺乏可控性，很难从获取的数据中消除其他要素的干扰，也就难以获取验证理论所需的独立实地数据；实地数据获取的难度较大主要表现在，实地经济数据大多是政府、企业等机构为了满足对经济运行、管理的需要而收集的，并不是为了经济学家的研究而专门收集的，经济学家获得理论验证所需的专门性数据困难较大。经济学许多关于特定经济行为的假定和理论，依赖于传统的统计或计量方法，往往会因缺乏合适的数据而失效，即使有数据也会因非正态随机干扰造成的偏差使分析结论失效，难以满足对理论命题进行批判性检验的需要。

史密斯认为，大多数经济学理论是没有经过实验的理论，其被接受或拒绝的基础是权威、习惯，或对于假设的看法，而不是基于一个可以重演的严格证明或证伪的过程。精心设计的实验不仅可以生成源源不断的有效数据，还可模拟外界因素突然变化后经济行为的反应，为判断某一经济理论是否正确提供了一种有效的检验方法和基本工具。

20 世纪 70 年代以后，经济学的主导理论体系发生了变化。一般均衡理论、产业组织理论、社会选择理论和公共选择理论将经济研究的假设由抽象拉回现实，行为理论的成熟和理性预期理论的出现为实验技术的发展创造了条件。正是在这样的背景下，实验逐渐进入经济学研究领域，实验经济学逐步形成并发展成为现代经济学最重要的分支学科之一。

三、实验经济学的发展历程

实验经济学的渊源可以追溯到 1738 年丹尼尔·伯努利（Daniel Bernoulli）提出的"圣彼得堡悖论"（St. Petersburg Paradox）。在很长的一段时期内，"圣彼得堡悖论"实验并未引起经济学界的重视，实验研究方法并未进入经济学领域。1931 年，美国经济学家瑟斯通（Thurstone，1931）关于消费者个人选择（效用函数）的实验被认为是最早的经济学实验，从而被看做是实验经济学发展的开端。

（一）实验经济学的准备阶段（20 世纪 30 年代至 60 年代末）

20 世纪 30～50 年代中期是实验经济学发展的萌芽时期，此时的实验经济学还处于自发状态，经济学实验缺乏具体理论思想的指导和系统性，具有很大的随意性。20 世纪 60 年代是实验经济学稳定发展的 10 年，此时一些经济学家开始有目的、有意识地做了一系列实验，经济实验逐渐科学化和规范化，实验经济学的理论体系初步建立，实验经济学在经济学领域崭露头角。

实验经济学的兴起可以追溯到 20 世纪 30～60 年代的个人选择实验、市场实验和博弈论实验三股思潮。个人选择实验思潮由瑟斯通开创，他在 1931 年使用心理学研究中通用的实验技术，对效用函数进行了实验研究，他让实验参与人进行假想，在一组商品（帽子、大衣、鞋子）中进行选择，记录下被实验者的具体选择后画出了一组无差异曲线。1942 年，瓦利斯和弗里德曼（Wallis and Friedman，1942）对瑟斯通的实验进行了批判，他们认为因为无法鉴别实验对象是否真实表达了他的偏好，而且实验对象也没有面临真实的选择境况，实验结果反映实验对象行为的真实性就值得怀疑，从而指出实验必须使得参与人在类似真实条件下做出真实的选择，这对后来实验经济学的发展产生了深远的影响。1951 年，卢西斯和哈特（Rousseas and Hart，1951）考虑了现实中的利益刺激，重新进行了萨斯通关于无差异曲线的实验。1944 年，冯·诺伊曼和摩根斯坦（Von Neumann and Morgenstern，1944）的著作

《博弈论与经济行为》（*Theory of Games and Economic Behavior*）出版，提出了期望效用理论和博弈论。1953 年，法国经济学家墨瑞斯·阿莱（Maurice Allais）通过对人面临不确定性时的选择进行了实验，发现实验结果与期望效用理论不一致，提出了著名的"阿莱悖论"，最早通过实验提出了对期望效用理论的怀疑（Allais，1953）。

市场实验思潮由著名经济学家张伯伦（Chamberlin，1948）开创。张伯伦提出，实验经济学的目标就是严格剔除无关干扰变量，观察实验被试者在特定环境下的真实行为。1948 年，张伯伦在哈佛大学的课堂上以学生为实验对象进行了首次市场实验，他通过对被实验者指定价值和成本参数，建立需求和供给曲线，进行了旨在检验市场理论的实验，但遗憾的是实验结果偏离了理论的竞争均衡，交易数量大大超过了供给和需求交叉点决定的数量。虽然张伯伦的这些实验没有用相关收益作为诱因，还算不上严格意义上的经济学实验，但它们却是需求和供给原理研究上的重大突破，只可惜张伯伦没能认识到这一发现的重要性，只把实验当成帮助学生了解经济学的手段，并没有将实验作为经济学研究的新方法加以开发。张伯伦的实验引发了当时哈佛大学研究生史密斯（Smith，1962）的极大兴趣，后来史密斯以此为契机，将经济实验方法发展成为现代经济学研究不可或缺的方法体系。史密斯在实验技术和方法上做了许多研究，设计了一种以"双向拍卖"为制度环境的实验，从 1956 年开始以自己的学生作为实验对象来开展市场实验，实验结果验证了竞争市场是有效率的这一经济学基本理论。1962 年他将 6 年来在 11 个班级所做的实验成果进行了总结，在著名的《政治经济学杂志》（*Journal of Political Economy*）上发表了被称为"实验经济学奠基之作"的论文《竞争市场行为的实验研究》，标志着实验经济学的正式建立。西格和佛雷克（Siegel and Fouraker，1960）将张伯伦的实验改进为被试可以改变交易的数量，并第一次将真实货币激励引入实验，使被试的行为与收益挂钩，来比较不同收益激励下被试的行为变化。

博弈论实验思潮是伴随着博弈论的发展而产生的。20 世纪 50 年代，在普林斯顿大学包括约翰·纳什（John Nash）、洛依德·夏普利（Loyd Shapley）和约翰·米尔诺（John Milnor）在内的一群才华横溢的数学家，开始了一种早期他们称之为"游戏"的研究——通过让众人参加游戏来描述或阐明博弈理论的原理，以用于教学、运筹或娱乐。由于博弈论从一开始就被认为是不完整的，需要借助实验资料决定相关的均衡概念以及在多个均衡中做出选择，因此可以说实验经济学的出现和发展与博弈理论息息相关。20 世纪 50 年代初，圣莫尼卡的兰德公司的一群数学家和心理学家以及美国国内的另外一些团体，开始对尚处于雏形的决策论和博弈论进行实验。1950 年，约翰·纳什将博弈理论引进议价行为模型，并进行纯议价博弈实验。托马斯·谢林（Schelling，1957）让两个实验参与人共同分配 100 元钱的博弈实验较为著名，在实验中每个实验者被要求写一个希望分配给自己的数字，如果两人总和小于 100 元，按个人要求给报酬；如果两人要求之和大于 100 元，则双方什么也得不到。这个实验后来被改编成最后通牒博弈实验，成为检验讨价还价理论最重要的实验。早先有关博弈的实验结果是很不稳定的，甚至出现一些反常的错误。1959 年，西格（Sidney Siegel）根据西蒙（Simon，1959，1956）关于独立存在的理性与程序性理性分野的观点，对那些博弈论的实验结果进行分析，发现不稳定现象来自被实验者对在实验中做重复行为的厌烦感，提出用操纵货币奖励或惩罚以及在预测工作中引进认识变量，来降低实际行为与理性预期的差距，并通过一些市场实验证实了自己的推测，发现实验的相关收益和信息条件作用很大。

为了扩大实验经济学的影响，宣传实验方法的作用，史密斯不定期地举办实验经济学研讨班。他在1961年访问了斯坦福大学，在西格的方法和技术的影响下，史密斯开始系统考虑能保证有意义的经济学实验的条件，他返回普渡大学后在1963年举办了一期研讨会，内容包括个人和团队决策制定、效用、矩阵对策实验及其他在实验市场中较少涉及的内容。1964年夏天和1965年，在福特基金的支助下，理查德·赛尔特（Richard Cyert）、勒思特·雷弗（Lester Lave）和史密斯在卡耐基技术学院举办了实验经济学的教员专题研讨会。这次研讨会吸引了众多对实验经济学感兴趣的学者，他们在投资资本理论、金融学、不确定经济学、资源经济学等方面做了大量卓有成效的工作，并在1969年《经济研究评论》（*Review of Economic Studies*）上发表了第一个实验经济学的专集。

20世纪60年代是实验经济学稳定发展的10年，第一个实验经济学评论开始出现，拉波特和萨墨斯（Rapoport and Chammas，1965）组织了一个庞大的研究团体，有100多篇实验经济学方面的学术论文被发表，人们开始更多地关注实验经济学的方法论问题。到了20世纪60年代末，通过史密斯、查尔斯·普洛特（Charles R. Plott）、阿尔文·罗斯（Alvin E. Roth）、肯·宾莫（Ken Binmore）等一批实验经济学家的不懈努力，实验经济学不断完善，在理论上取得丰硕的成果同时，也解决了不少实际问题，初步构建起了实验经济学的理论体系。

（二）实验经济学的发展阶段（20世纪60年代末至80年代）

20世纪60年代末到70年代初，是实验经济学构筑理论基础的时期。在这个时期，实验经济学不仅要面对来自主流经济学家的疑问和责难，还要进行各种实验，以得到用传统方法或计量方法所无法得到的成果。20世纪70年代，国际科学基金会对实验经济学的研究提供了稳定的支持，使实验经济学的发展有了物质上的保证。在德国和美国，不同的实验群体在各种学术会议上进行接触和交流，推动了实验经济学的快速发展，其中起主导作用的人物有德国的海恩·台尔曼（Heinz Saurmann）、莱茵哈德·泽尔腾（Reinhard Selten）、莱茵哈德·铁兹（Reinhard Tietz）和美国的普洛特、史密斯等。

1971年，普洛特与史密斯的鲍威尔湖钓鱼之行，使他们认识到实验方法不仅可以用于经济学，还可以用于公共选择理论、公共经济学以及政治学的许多方面。此后，普洛特对实验经济学产生了兴趣，并对贝叶斯游戏理论着迷，因为在供给和需求基础上，相比竞争均衡它提供了更好的均衡过程模型。1973～1974年，在普洛特的安排下，史密斯成为加州理工学院行为科学高级研究中心的访问学者，两人共同主持了一个实验经济学的研习班，促进了一些实验经济学研究项目和实验技术的发展，实验经济学的应用扩展到了政治学、公共选择等领域，实验经济学日趋成熟。1975年，史密斯到亚利桑那大学任教，在那里他和阿灵顿·威廉姆斯（Arlington Williams）一起开发了计算机的双向拍卖市场，和詹姆斯·考克斯（James Cox）一起研究将非合作博弈应用于密封拍卖问题，和新同事一起对实验经济学进行了更加深入的研究，同时开始着手组建经济实验室。

1978年，莫里斯·菲奥利那（Morris Fiorina）和普洛特在美国国家科学基金的一个项目支助下，通过实验发现博弈理论的均衡概念能够预测委员会分配公共财物的过程。1978年，普洛特和米歇尔·列文（Michael Levine）通过实验揭示了议程对公共选择机制的影响。这两个经济实验的成果分别发表在政治学和经济学最权威的杂志上，这标志着经济学实验方法开始从传统的市场和博弈论领域扩展到政治经济学、公共选择和其他社会领域。1978年，普洛特和史密斯在一篇文章中提出用"效率"做实验结果测度的工具，实验室市场的交易收益是实验者支付给被实验者的报酬总和，市场运作的效率可以用实验者付给被实验者的报酬总和与最大可能报酬的比率来表示，从而确定了不同理论实验结果进行比较和评估的准则。

在这期间，尽管实验经济学和实验心理学这两个学科依然有许多重叠的地方，但实验经济学作为一门学科逐渐与实验心理学区别开来。由于实验经济学理论和技术还不成熟，这一时期的经济学实验依然主要局限在市场理论和博弈理论等领域。

（三）实验经济学成熟阶段（20世纪80年代至今）

20世纪70年代末以来，实验经济学在方法论上有了根本性的突破，不仅解决了实验经济学方法论的困扰，还开拓了新的应用领域，澄清了此学科的作用，并逐渐得到了主流经济学界的认可。1988年，早期的经济学实验者阿莱获得了诺贝尔经济学纪念奖，这极大地促进了经济学的实验研究，大量优秀人才不断加入到实验经济学的研究队伍中来，实验经济学文献数量持续增长，越来越多有关实验经济学的研究成果出现在主流学派的经济学刊物上，引起主流经济学家的注意。

20世纪90年代以来，实验经济学的研究队伍进一步壮大，经济学家已意识到，在经济学研究中实验方法具有其独特的优点，是其他方法所不可能替代的，许多大学和科研机构建立了"经济学实验室"，配备专门人员进行经济学实验的研究，这些实验室大多设备先进、经验充足，成为各国经济学实验的中心。其中最负盛名的是史密斯领导的亚利桑那大学的"经济研究实验室"和普格特领导的加州理工学院的"实验经济学与政策科学实验室"。在史密斯的影响下，亚利桑那大学的实验经济研究非常活跃，形成了实验经济学的"亚利桑那学派"。由史密斯带出的研究生、博士生也分赴各地创立新的研究群体，例如，阿灵顿·威廉姆斯、詹姆斯·沃克（James Walker）等人就在印第安纳大学建立了实验经济学研究组织，罗斯等人则使匹兹堡大学成为实验经济学研究的又一中心。此外，20世纪90年代后期，许多大学纷纷开设实验经济学课程，并竞相以优厚待遇和良好的工作条件招聘实验经济学代表人物到本校任教。1998年《实验经济学杂志》创刊，该杂志的创刊词中有这样一段话："本刊对任何经济实验的研究以及与之相关的领域开放，其中包括会计学、金融学、政策科学以及心理研究等学科。"可见此时的实验经济学所研究的领域已相当广阔，实验方法已成为当代经济研究不可或缺的方法之一。2002年，实验经济学的开创者史密斯获得诺贝尔奖，标志着实验经济学步入主流经济学行列。

目前，实验经济学发展迅速，并逐渐实现了科学化和规范化，已发展成为一门独立的经济学分支。实验经济学的研究团体和实验室如雨后春笋般地涌现，比较著名的有史密斯主持的亚利桑那大学经济学实验室、普洛特主持的实验经济学和政策学实验室、约翰·雷雅德（John Ledyard）主持的加利福尼亚社会科学实验室，约翰·海伊和格雷厄姆·罗摩斯（John Hey and Graham Looms）主持的约克大学实验经济学中心。实验经济学已从美国传播到法国、英国、德国、荷兰、西班牙、意大利、挪威、瑞典、加拿大、尼日利亚、日本、韩国和印度等国家。自 2003 年以来，我国南开大学、西南交通大学、上海交通大学、中国人民大学也建立了实验经济学专门实验室，并开始积极探索实验经济学学科发展与人才培养问题。

四、实验经济学主要的研究领域

实验方法从一种偶尔为之的研究方法，变成研究经济现象的通用手段，是最近 20 来年的事情。从整个西方实验经济学发展脉络来看，实验经济学研究领域不断扩展，从最初的个人选择、市场均衡、博弈论三大研究领域，扩展到了越来越多的经济学领域。当前，运用实验方法对经济理论的研究主要集中在以下几个领域。

（一）个人选择实验

在个人选择理论研究领域，实验经济学侧重于检验那些风险决策的假设，并对期望效用理论不断加以修正。在现实的世界中，个体偏好是极其不稳定的，它的形成与改变受到社会环境、参照群体以及各种因素的影响，有着明显的个体心理特征，难以用统一的、一致的框架来解释。针对期望效用理论的局限性，在个体选择实验的基础上涌现出关于"非期望效用理论"的研究，这些研究主要从两个方向对期望效用理论进行了修正：一个方向是放弃了期望效用理论的理性范式，另一个方向是放松了期望效用理论关于偏好一致性的线性概率思想。实验经济学在对期望效用理论进行检验的同时，力图寻求一个能准确描述不确定性条件下个人选择的理论模型。在个人选择经济实验中比较著名的实验有阿莱（Allais, 1953）设计的"阿莱悖论"的实验、力切特斯汀和斯洛维克（Lichtenstein and Slovic, 1971）发展的有关"偏好逆转"的实验，以及卡尼曼和特维斯基（Kahneman and Tversky, 1979）有关"前景理论"的实验。

1. "阿莱悖论"实验

最早对期望效用理论提出质疑的实验来自阿莱（Allais, 1953），他的实验结果引发了许多相关经济学实验研究工作。在阿莱的实验中，实验被试被要求对两组彩票进行选择。

第一组：
A1　100％的概率赢得 1 美元；
A2　10％的概率赢得 5 美元，89％的概率赢得 1 美元，1％的概率什么也得不到。
第二组：
A3　11％的概率赢得 2 美元，89％的概率什么也得不到；
A4　10％的概率赢得 5 美元，90％的概率什么也得不到。
我们通常用＞（＜）表示一种强（或者弱）的偏好关系。根据期望效用理论，这两组彩票 A1、A2 与 A3、A4 的偏好关系应该是完全一致的，即如果 A1＞A2，那么可以得出 A3＞A4，如果 A1＜A2，那么 A3＜A4。但是实验数据显示，在第一组彩票中大多数选择了 A1，而在第二组彩票中大多数选择了 A4。卡尼曼和特维斯基重复了阿莱的实验，也得出了相似的结果。这些实验结果违背了期望效用理论关于偏好的独立性、传递性等公理化假设，因此被称为"阿莱悖论"。产生"阿莱悖论"的原因是确定效应（certain effect），即人在决策时，对结果确定的现象过度重视。

2. 偏好逆转实验

偏好逆转是指个体偏好在选择与定价时不一致的现象。该现象在 20 世纪 70 年代初被发现，随即获得了广泛证实，并掀起了一场声势浩大的研究热潮。经典的偏好逆转实验是由力切特斯汀和斯洛维克（Lichtenstein and Slovic，1971）设计的。实验具体过程如下：

给定这样一组彩票组合 A 和 B 供实验者选择：

彩票 A 有 35/36 的机会获得 4 美元，有 1/36 的机会失去 1 美元；

彩票 B 有 11/36 的机会获得 16 美元，有 25/36 的机会失去 1.5 美元。

彩票 A 以非常大的概率可获得较小的收益 4 美元，可称之为"P-bet"，即机会赌局；彩票 B 以较小的概率可获得较大的收益 16 美元，故可称之为"$-bet"，即现金赌局。在假设性的货币刺激下，让被试对如下问题做出回答：

（1）如果可以转让这些赌局，对于每种赌局他们愿意接受的最低卖价或支付意愿是多少？

（2）如果让他们买，他们的最高出价或接受意愿是多少？

实验结果表明，当被试在彩票 A 和彩票 B 之间进行选择时，绝大多数的被试选择彩票 A；而在对彩票 A 和彩票 B 进行最低定价时，绝大多数的被试对彩票 B 的定价高于彩票 A。这说明实验者在个人选择中发生了选择和定价不一致的偏好逆转现象。1979 年，格雷特和普洛特（Grether and Plott，1979）在力切特斯汀和斯洛维克"偏好逆转实验"的基础上，采取随机选择程序，分别采用假设性选择和给予显著报酬的真实选择，对实验过程进行更为严格的控制，结果也发现了偏好逆转现象，引入真实的货币激励后，偏好逆转的发生频率显著增加。

"偏好逆转现象"说明人们的选择行为似乎存在某种不一致性，这几乎违背了期望效用理论关于偏好的所有公理，这种不一致性对绝大多数传统经济学理论都构成一种挑战。格雷特和普洛特（Grether and Plott，1979）甚至悲观地指出，偏好逆转现象让人们觉得，哪怕最简单的人类选择行为都不存在任何最优化法则。人们试图从心理学和经济学的角度来解释这种现象：一种解释认为人们对抽签的选择和对抽签的估值可能出自两种不同的心理过程，这两种不同的心理过程导致了他们对抽签的不同看法，因而对抽签的选择和估值不能适用单一的偏好顺序（Slovic，1995）；另一种解释是将"偏好逆转"归咎于人们的选择行为不具有传递性（Loomes and Sugden，1983）。

3. 前景理论实验

卡尼曼和特维斯基（Kahneman and Tversky）于 1979 年设计了一组用来检验微观

经济学中期望效用理论的实验。他们要求实验者在两种情况下，分别选择自己愿意接受的彩票。

问题1：

A彩票是100％的可能性得到300元；

B彩票有80％的概率获得400元，20％的可能性什么也得不到。

你愿意选择上述两种彩票中的哪一种？

问题2：

C彩票是100％的可能性损失300元；

D彩票有80％的概率损失400元，20％的可能性什么也不损失。

你愿意选择上述两种彩票的哪一种？

实验结果表明，在第1个问题中绝大多数实验者，选择了A彩票，表现出了对风险的厌恶；在第2个问题中绝大多数实验者，选择了D彩票，表现出了对风险的偏好。前景理论及实验结果表明，人们在面临"收益"时是厌恶风险的，而在面临"损失"时是风险偏好的。

（二）市场实验

产业组织理论是实验经济学的诞生地之一，也是当今实验经济学最活跃的领域之一。张伯伦在1948年进行的实验对现代实验经济学的发展产生了重大影响。大多数早期的经济学实验工作目的在于对产业组织有关问题的研究，如竞争、串通和市场效率。后来研究工作开始涉足垄断、市场制度、市场进入、价格形成机制等问题，尤其重要的工作是对拍卖机制进行比较检验，得出了一些有意义的结论。

史密斯（Smith，1962）首先发展了双向拍卖制度，并得到了与完全竞争市场相一致的均衡结果，实验结果表明在双向拍卖制度下可以得到稳健的市场有效配置。Van Boening和Wilcox观察到在市场供给曲线不连续的情况下，交易结果会明显偏离帕累托均衡，也不会得到竞争性均衡解。Hoggatt（1959）、西格和佛雷克（Siegel and Fouraker，1960）等人进行的双寡头垄断和求过于供市场情况的实验研究影响也较大。拉波特（Rapoport et al.，1976）等做了第一个双头垄断的实验，实验结果验证了古诺博弈的结果。Rassenti等（2000）进行实验对古诺博弈均衡结果的适应性和收敛性问题进行了研究。史密斯（Smith，1981）在实验中通过采用不同的交易制度衡量垄断者所具备的市场控制力。Holt和Sherman（1999）设计了"柠檬市场"的课堂实验，实验结果表明市场迅速趋向有效率的均衡状态，证明在不对称信息的实验环境中发生了高质量产品被低质量产品挤出市场的情况。

（三）博弈论实验

博弈论也称对策理论，传统的博弈论将参与人看作是内省的、有超强计算能力的人，得出各种博弈的均衡结果。随着博弈理论在经济学研究中地位的日益突出，实验方法的运用也日益受到重视，这是因为实验方法能够用于检验博弈对局人的真实行为，并对博弈理论的预测能力和适用范围进行评价和界定。实验经济学家将博弈规则转换为环境和制度，通过观测实验被试的行为来检验、博弈理论均衡预期的正确性。实验经济学的研究表明，对个人互动行为的研究，经典博弈理论对均衡的讨论存在着大量可质疑的地方，经济学理论研究结果远不是最终的结论。"囚徒困境"实验和最后通牒实验是两个最经典的博弈论实验。

1. "囚徒困境"实验

实验经济学早期的研究致力于一些博弈模型理论预期的检验，尤其对"囚徒困境"的两难博弈问题进行了研究。最早的博弈理论实验是 1950 年由美尔文·爵烁（Melvin Dresher）和莫芮尔·弗莱德（Merrill Flood）进行的，他们首次介绍了后来被称为"囚徒困境"的实验，证明即便在一个均衡的博弈里，所观察到的行为也与博弈理论所预测的相反。"囚徒困境"博弈提出了一个非常明显的问题：如果每个囚徒都选择不坦白，对于他们两人而言将是最优的，但是由于每个人为防别人选择坦白而对自己不利，都不得不自己也选择坦白。社会学家和心理学家开始都不愿意承认人类会选择这样一种没有希望的结果，他们进行了大量的囚徒博弈实验。

2. 最后通牒实验

最后通牒实验来源于谢林（Schelling, 1957）的工作，这个实验后来被改编成最后通牒博弈实验，成为检验讨价还价理论的最重要的实验。最后通牒博弈实验的大致过程是这样的：A、B 两个被试（出价者和回应者）分一笔总数固定的钱，比如 100 美元，A 提出给 B 分配的数量 x 美元，B 表决是否接受。如果 B 接受，则 B 得到 x 美元，A 得到 $100-x$ 美元；如果 B 反对，则两人将一无所得。根据标准博弈论的分析，对于理性的被试，只要出价者分配给对方任何大于 0 的余额，对方都会接受。很明显，从普通人的观点来看，这样的博弈结果是极不公平的。日常生活中很多这样的例子，人们耗费大量的成本只是为了求得公平、公正。那么，在实验中回应者是否会因为不公平的分配拒绝对方的提议而放弃即将到手的收益呢？在许多国家进行的无数次实验表明，出价者的平均出价大致是 40 美元或 50 美元，而且相差不会很多。50％的回应者都拒绝了 20 美元以下的出价，回应者认为过分低于一半的出价太不公平，因此以拒绝的方式惩罚对方的过分行为，结果双方的收益都为零。

实验经济学家们选取不同性别、职业、种族的被试，进行了大量的最后通牒博弈实验。这些实验使经济学家意识到情感或社会的因素使经济主体不再是传统经济学意义上最大化经济利益的理性人，在某些情况下，他们宁愿牺牲自己的经济利益以达到其他方面的满意（如被尊重、被公平的对待、获得好名声等）。

（四）拍卖理论实验

作为世界上最古老的价格发现机制之一，拍卖进入经济学的时间相当晚，对拍卖最早的两篇开创性论文发表于 1956 年和 1961 年。1961 年，维克里（Vickrey, 1961）第一个用博弈公式解决了独立私人价值拍卖模型。史密斯首创了检验这些拍卖理论的实验，通过实验得到了很多不同结论，最突出的是，通过实验得到了荷兰式拍卖与密封拍卖不等价的实验结论。Chatterjee 和 Samuelson（1983）设计了一个只有单一买方与单一卖方且只有一种商品的简单情形，首次把贝叶斯-纳什均衡运用于双向拍卖。20 世纪 70 年代末，越来越多的博弈论研究者意识到拍卖是一种简单而又具有完备定义的信息不对称经济环境，认为拍卖是分析经济主体之间不完全信息博弈的一个颇有价值的实例，从而使拍卖理论逐渐被主流经济学家所接纳，科宾格（Coppinger）和史密斯等采用实验方式首次验证了私人价值模型。考克斯等（Cox et al. 1982a，1982b，1988）又采用计算机化程序进行了多次私人价值拍卖实验，结果发现了第一价格拍卖与维克里模型的背离。霍尔特（Holt，1980）、莱利和萨缪尔森（Riley and Samuelson，1981）以及哈里斯和拉维夫（Harris and Raviv，1981）等人的模型表明，出价者为降低失去拍卖品的风险而倾向于提高自己的出价水平。普洛特和查尔斯（Plott and Charles，1989）通过实验证明当市场集中度较高时，运用双向拍卖制度的市场仍然有效。霍尔特（1986）的研究表明当市场交易主体存在一定的故意市场操纵行为时，双向拍卖制度下的市场仍然可以达到竞争性均衡。Sherstyuk（1999）对单向拍卖下的串谋进行了研究，并将之与第一密封拍卖的结果进行了对比，结果显示在第一密封拍卖制度下能够实现竞争均衡，但在单向拍卖制度下交易者却采取了合作策略并最终促成共谋。

近10年来，国际经济学界关于拍卖问题的研究文献如雨后春笋般地涌现出来，拍卖理论也已经作为一个专门体系进入中高级微观经济学的核心领域。

第二节　实验经济学研究的目标和方法

实验经济学以实验为主要研究方法，以人为实验者，通过对人的选择决策行为研究，对经济理论进行检验、比较和完善，实验经济学的主要研究方法有模拟仿真、比较评估、行为和心理分析、"风洞"实验等。

一、实验经济学研究的主要目标

经济学实验在扩展理论、检验理论以及发现新理论等方面发挥着相当重要的作用，而且它能够克服已有的研究方法的不足，从而丰富了经济学的研究方法。同时，在经济理论的教学方面，课堂实验也发挥着传统教学方法无可比拟的作用。

（一）比较经济环境

经济学的重要任务之一，是进行比较静态分析，即参数变化对决策变量和均衡解的影响。在现实生活中，很多特定的经济环境是研究人员无法观察到的，但这些特定经济环境变动所造成的后果又是研究人员十分关心的。比如，"个人所得税的税率上调后居民的消费倾向会如何变化"是个很有意义的研究问题，但现实生活中的悖论恰恰是此类研究没有为个人所得税税率上调提供依据。实验中，在其他一切条件不变的情况下，通过研究经济环境中某一个具体因素的变动，研究人员就能剥离出该因素的变动对实验参加者的决策以及交易结果带来的影响。经济实验的一大优势是能够在实验室内对经济环境进行控制和观察，从而得以在同一市场机制下比较不同经济环境，为比较静态分析提供了可能，也为检验市场机制的适应性提供了可能。

（二）比较市场机制

经济实验还可以在同一经济环境下，比较各种不同市场机制的特性。例如，在水资源调配的实验中，如果研究人员想比较智能市场与传统的标价市场效率的高低，那么研究人员可以在完全相同的供求网络下运行两组不同的实验，一组实验将智能市场作为市场的组织形式，而另一组实验将标价市场作为市场的组织形式。最后，研究人员通过比照两组实验的结果来回答研究问题。

（三）检验经济理论

实验经济学研究的实验数据是在人为控制环境下产生的，一个研究者通过实验所得到的数据，其他研究者也能够在相同的人为控制环境下获得，实验的可控制性和可重复性特点可以确保对理论多次检验结果的一致性。通过经济实验，不仅能够对理论概念和命题进行验证，而且通过实验可以跟踪和预测新的观察。可重复性是实验的一大特征，只要重复性的实验能够发现新的数据，就可能引发新的理论。如果多次实验都发现实验结果与理论预测不符，研究人员可以直接通过各种临界检验，探询理论失效的原因并启发新的理论。此外，科学的另一个目的是要将理论拓展到新的领域、通过实验发现理论拓展到新领域所需要具备的规则和条件。当对某个问题存在一种理论时，找出此理论以解释实验数据的条件，并检验理论的效力，对某个问题存在多种理论时，通过简单的实验可以比较和评估各种理论的差异。

（四）提供决策参考

公共政策的实施往往会对某一领域产生较为广泛和深刻的影响。在一些国家，政策的频繁变更甚至会导致经济和社会的动荡。在政策推行之前，通过实验的方法检验政策可能带来的效果，能够显著地降低政策的试错成本，为政策的真正推行提供决策依据。

二、实验经济学的研究方法

经济理论的实验与物理、化学实验一样包含实验设计、选择实验设备和实验步骤、分析数据以及报告结果等环节。由于实验对象是社会中的人，需要验证的是人的行为命题，所以经济理论的实验需要运用有别于物理、化学实验的方法。实验经济学研究采用的方法主要有模拟和仿真、比较与评估、行为分析和心理研究、"风洞"实验等。

（一）模拟和仿真

经济理论的实验不能刻意复制出现实经济的运转过程，而是要模拟出允许不同人类行为存在的环境，以便于实验者能够在这样的环境中观察人们不确定的价值观及其与环境之间的相互作用。普洛特认为："实验室建立的经济与现实经济相比可能特别简单，但是却一样地真实。真实的人被真实的金钱所驱动，因为真实的天赋和真实的局限，作出真实的决策和真实的错误，并为其行为后果而真实地悲喜。"史密斯采用只有三个网络节点的模型来模拟电力系统，其实验结果基本上能反映现实电力系统运行中发电企业和电力交易商的行为类型与特征。

此外，实验经济学还通过一些仿真技巧来提高实验结果的可信度和可重复性：①采取"随机化"方法，使被实验者的选取、角色的分配均随机产生；②保密实验意图，十分小心地讲解实验，不出现暗示性术语，以防止被实验者在实验前对行为对错已有判断；③使用"价值诱导理论"（induced value theory），诱导被实验者发挥被指定角色的特性，使其个人先天的特性尽可能与实验无关。

（二）比较与评估

实验经济学高度重视比较和评估的方法。通过比较和评估，判断实验本身的好坏，分析实验失败的原因，验证理论的真实性。在实验经济学研究中，采用比较与评估的方法主要体现在三个方面：

（1）将"效率"作为比较标准。普洛特和史密斯将实际付给被实验者的报酬总和与最大可能报酬的比率视为实验的"效率"，并把"效率"作为比较分析相互竞争理论的依据，探讨如何改进理论模型。甚至在没有现成理论的情况下，根据效率来提出和验证新的理论。

（2）在方法上采取独立变动自变量。实验关系到两个或两个以上变量时，容易出现变量之间的混合作用。因此，实验中应独立地变动每个自变量，获得每个自变量对因变量作用的最确切的数据，为比较和评估提供非偶发事件资料。

（3）评估的结论建立在概率分布基础上。现实生活中的人并不始终处于理性状态，非理性就会使人的行为出现变异，因而经济理论的实验数据呈概率分布状态。所以，评估出的结论不可能按照形式逻辑的模式，只存在真或伪两种结果，而是用结论与其概率密度的乘积来表示。

（三）行为分析和心理研究

经济理论的实验是把社会中的人作为被实验者，所要验证的是人的行为命题，自然就需要借助行为和心理分析的方法。在实验经济学研究中，行为分析和心理研究主要表现在两个方面：

（1）运用行为理论来完善和改进实验。例如，针对行为人对重复行为有厌烦的心理，在实验设计中运用价值诱导方法，并把实验时间控制在3个小时内。

（2）运用行为理论来解释实验结果。许多实验结果与理论预测出现差异，其原因是理论假设行为人是理性的，而被实验者的行为却是理性和非理性的统一。因此，只有运用诸如展望理论、后悔和认知失协理论、心理间隔理论等行为理论，来分析被实验者的非理性行为，才能很好地解释实验结果。

（四）"风洞"实验

"风洞"是指在一个特殊的管道内用动力设备驱动一股速度可控的气流，模拟现实世界的风力用以对模型进行空气动力实验的一种设备。史密斯是经济学风洞实验的开拓者，他试图借用工程学中的风洞实验的思路将实验方法运用于某些经济学理论和思想中。实际上，经济学中的"风洞"只是借用了航空航天学中的风洞实验的思想，它是实验经济学方法论的基石和根本指导思想，它将实验看作真实微观经济系统的缩影，把实验中观察到的行为作为经济理论检验的凭证，在用理论指导实践或将一些市场规则应用于现实经济之前，会先对它们可能产生的影响在实验室中进行检测。

经济学中的"风洞"主要强调了实验在检验理论预期中的证实和证伪作用，它通过再造理论的环境和机制基础，得到所需的观察结果来检验理论解释，看理论的预测与所观察到的事实是否一致。实验的观察结果符合理论预测的频率越高，理论预期的可信度就越高。而当理论预测与实验结果不一致时，若经过多次实验排除其他因素影响后，仍常常出现与理论预期不符的情况，就完全有理由怀疑原有理论模型的正确性。

三、实验经济学在经济学教学中的作用

课堂实验教学方法将经济学原理深深地根植于学生的头脑中，是一个非常有效的教学方法。该方法的应用有三方面的价值。

（一）加深学生对经济学相关理论的理解

西方经济学是经济管理专业的核心专业基础课，其教学效果的好坏直接影响后续课程的学习和学科建设的质量。经管类学生大多是文科生，人文知识比较丰富，习惯于感性思维，对定性分析感兴趣；但数学知识相对薄弱，不习惯理性思维和逻辑思维，对定量分析不感兴趣，甚至害怕和拒绝。而目前我国大多数高校所讲授的西方经济学内容主要涉及微观经济学与宏观经济学，属于理论经济学的范畴，是以纯数理的假设与模型推导来构建学科体系的，对于没有相关的实践经验的学生来说，难免感到枯燥、难懂。这也是众多经济学教师感到的引导学生"入门难"的原因之一。开展经济学课堂实验，让学生亲自参与其中，将干巴巴的"黑板经济学"理论转化成有血有肉的生动的"事实"，在加深学生对经济学理论的理解的同时可以极大地激发学生学习经济学的兴趣，保证经济学教学质量。

（二）培养学生的经济学思维能力和创造能力

经济学课堂实验是一种互动性很强的教学手段，它改变了过去老师在上面讲、学生在下面听的单向信息流的局面，而是形成师生互动、老师引导、学生参与其中的信息双向交流过程。由于很多课堂实验是在讲授相关原理之前做的，学生通过亲身参与课堂实验，并在课堂讨论中自己发现所要学的经济学原理，可以改变学生学习过程中的被动状态，最大限度地激发学生学习与研究潜能，在提高经济学教学质量的同时，提高学生的独立思考和创新能力，这种智力上的冲击与享受是其他教学法所不能比拟的。

（三）提高教师的科学研究能力与教学能力

与自然科学实验精确的"可控制性"与"可重复性"不同，经济学实验的实验对象是学生，学生是人，是有限理性的，当学生非理性出牌时必然造成实验结果与经济理论的预测值产生很大差异，从而导致实验失败。因此与物理实验、化学实验等自然科学实验相比，经济学实验对教师的要求很高，首先要求教师按照实验科学的要求模拟实验环境、确定实验步骤，严格实验监控、防止学生行为异化；一旦学生行为异化导致实验数据与预测值有较大差异时，教师也能做出合理的分析与解释，最终引导学生得出正确的结论。因而，开展经济学实验对教师来讲，是比传统的课堂教学更大的挑战，能够加深教师本身对经济学理论实质的理解，促使教师不断了解国外经济学科研的前沿，从而促进科研和教学同步提高。

第三节　实验经济学的优势和局限性

实验作为科学研究方法引入经济学研究后，使经济学在"理性人"假设、检验方法等方面获得了较大的突破，对经济学的部分经典理论形成了巨大的冲击，大大拓宽了经济学的研究领域，在经济学研究中发挥着比较经济环境、比较市场机制、检验经济理论的作用。

一、实验经济学的优势

与传统经济学对现实世界的直接观察相比，实验方法具有明显的可重复性和可控性特征，从而使实验研究具有较高的安全性和成本较低等优点。

（一）可重复性

可重复性意味着允许其他研究者通过新的实验来独立地验证以往的实验结论。在一定程度上，缺乏可重复性是非实验观察所面临的一个问题。因为其得到的数据是在一个特定的非重复的时间和空间环境的自然发生过程中获取的，而与此同时另外一些不能被观察的因素却总是在变化。对经济学而言，这个问题是相当复杂的。因为收集和独立地验证经济数据是相当困难的，成本极高。此外，经济学界对于数据的采集过程也常常持怀疑态度，因为这些数据并不是经济学家为了特定的研究目的采集，而是由政府雇员或商人为了其他目的而统计得出的。为此，要验证这些数据的准确性就相当困难。从根本上说，从自然市场可以采集到更好的数据。这一假说要求经济学家在这一领域做出更大改进。但是相对而言成本更低、更具有独立性的实验调查的重复性，反过来又成为经济学家更细致地采集相关数据的职业动力。

（二）可控制性

可控制性是指处理实验条件，使观察到的行为能更好地用于评估可选择的理论和政策的能力。自然市场在不同程度上都被证明缺乏控制。有时候某些突出的数据在原则上存在，但实际上要么没有采集到，要么其精确度不足以在不同的理论中做出选择。还有一些情况下，相关数据不能被采集到，仅仅是因为不能得到与理论假设相匹配的经济环境。在许多经济学研究领域中，缺乏对自然过程的控制带来了尖锐的数据问题。例如，就个人选择理论而言，我们看到许多令人惊异的，发生在实验室内外个人所面对直接检验期望效用理论规律问题的例子。同样地，采用自然市场数据也经常很难推导出博弈理论预测。许多博弈理论模型都表现出均衡微电子技术性，博弈理论家经常通过排除一些其微妙的其所谓非理性均衡，来缩小结果的范围。所谓微妙因素，诸如有关会偶然地发生什么的信念的性质问题，而在博弈的均衡发展中这个问题是从来没有被认识到的，即所谓的偏离均衡路径的信念。应该说，不通过实验方法采集实验数据，这些都是难以解决的。

（三）安全性，并能节约大笔费用

在实践中，如果盲目地将新的理论和市场规则运用于现实经济，当它们存在问题和错误时，不仅会造成巨大的社会和经济损失，而且会动摇公众对政府政策的信心。

而将理论和市场规则在引入现实经济前先置于实验环境中对其进行测试，不仅能降低由于理论失效、政策失误导致的社会财富损失的风险，还能节约修正理论与政策的费用。

二、实验经济学的经济学方法论意义

实验经济学的兴起标志着经济学方法论上的重大变革。长期以来，西方经济学模仿自然科学的信念十分坚定，实证方法始终是主流经济学的研究方法，其范式是提出理论假设并力图避免和消除人类行为或经济关系中的不确定因素，然后在理论假设上建立数学模型并推导出主要结论，最后对理论结果进行经验实证并由此展开深入的理论分析。

不可否认，这种假说演绎方法有科学合理的方面，但也存在理论前提假设和数学推导排斥了人类行为或经济关系中的非理性和不确定因素，经验检验具有被动性和不可重复性等缺点。实验经济学继承了自然科学的实证主义传统，弥补了经济学实证方法的缺陷。实验经济学的特色在于理论研究工具的创新，它引进实验的研究方法，是经济学方法论上的一次重大变革。

（一）检验方法的突破

现代经济学研究一般运用逻辑演绎和计量统计的方法，而实验经济学提出一种新的实验研究方法，对传统经济学解释的方法进行了拓展。经济学是用来揭示现实市场运行的。经济学家虽然构造了大量深奥的、技术复杂的经济模型，但这些依靠逻辑推理的方式建立的模型与现实市场的相符程度如何？经济学想成为科学理论就必须给出适于观察的完善的理论评价方法。传统经济理论的评价来自计量经济学的统计验证，然而计量所用的现存"自然"数据存在两大缺陷。传统的经验数据，作为检验依据，首先具有不可重复的缺陷，就是所谓的"历史不会重复"。而对理论预测的证实和证伪都需要大量的检验，现有的数据难以达到在相同的环境和机制下大量重复的要求。传统经验性数据的第二个缺陷就是数据的"整体性"缺陷。作为行为命题或理论结论直接反应的经验数据，因为是一种整体的数据，无法成为区分理论的分类数据，这样就失去了对行为命题和理论预测基本的检验能力，因为这些经验数据中既包含特定理论假说的环境特性，又包括其他众多干扰变量所导致的结论特征。

实验方法则弥补了传统检验方式的这些缺陷。实验经济学家认为检验经济理论的实验工具至少具有两个优点，那就是重复特性和控制特性（Smith，1994）。重复特性克服了所有观察结论普遍的一次性缺陷。经济学家可以再造实验，独立验证，以克服自然经验数据非复制记录的性质，同时防止各种与之相伴的不可观察因素的变化。控制特性是指实验室条件的可操纵性。实验的这种特性可以使参与人只面对与理论相关的环境因素，而不必面对理论问题以外的其他影响因素，这样能够得到有关理论验证所需要的更纯粹的经验数据。

（二）对"经济人"假设的突破

实验经济学抛弃了传统经济学的"经济人"行为假设，代之以一些行为的实证命题，作为理论和实践探讨的出发点。约翰·穆勒在《论政治经济学一些未解决问题》中论述"经济人"假设时，认为人具有"厌恶劳动、渴望享受"的动机。随后又出现了牺牲货币收入以实现心理收入最大化的假设，以及减少不确定性的平均收入最大化假设等。无论哪一种假设都是属于"假定-推理"的理论模式，这种高度抽象而又简化的形式肯定不能与现实的经济世界相一致。实验经济学将经济参与人定义为可犯错误的、有学习能力的行为者，更具有理论意义和现实合理性。史密斯认为经济行为人解决决策问题时，不可能经历与经济学家相同的思考和计算过程，但他们更现实的行为方式并不一定会导致市场的失败（Smith，1989）。例如，罗斯的实验研究提出了参与人的行为低理性和参与人是认知有限适应的学习者的命题。实验经济学的研究证实了西蒙的思想：无意的行为可能会产生比按逻辑推理行为更合理的结果。

实验经济学的兴起标志着经济学方法论上的一次重大变革。实验经济学一方面继承了自然科学的实证主义的传统，抛弃了"社会科学不可实验"的旧论，认为经济理论完全具备实验检验的条件。另一方面，实验经济学又弥补了经济学实证方法的缺陷。首先，实验经济学用可犯错误、有学习能力的行为人取代以往的"理性经济人"，用数理统计的方法取代单纯的数学推导，解决以往实证研究的高度抽象、简单化等与现实世界不一致的问题。其次，实验经济学家可以再造实验和反复验证，用现实数据代替历史数据，克服以往经验检验的不可重复性。可以操纵实验变量和控制实验条件，这就排除了非关键因素对实验的影响，从而弥补了以往经验检验方法的被动性缺陷。

（三）促进理论推演与实证检验的统一

科学的理论必然是理论推演与实证检验的完美统一，而经济学研究中实验工具的引入是经济学方法论受实证主义传统影响的直接结果。实验经济学派其至被称为"哈佛实证主义"，作为实证主义在现代的最主要继承者之一。现代经济学很好地体现了内在逻辑体系的一致性，所发展和运用的经验实证其本质是为了支持和完善理论体系，而实验经济学则更好地继承了科学研究的实证主义传统，敢于对经济理论体系的根基展开检验。自约翰·穆勒开始，孔德的实证主义就一直是西方主流经济学研究遵从的一般范式。经济学家希望能继承长期以来自然科学重视经验的实证传统，体现理论解释过程的"确定性"和"实证性"。弗里德曼认为实证主义的中心任务就是要"提供一个能对环境中任何变化的结果做出正确预见的归纳系统，并根据系统的预言的准确性、影响范围以及与经验相符合的程度对系统运行情况加以判断"（Friedman，1953）。经济学家的思考和分析的中心任务是构造各种可证伪的经济理论，进而进行检验，作为科学而言的经济学的思维结构和分析方式也多遵循了经验归纳的逻辑，并强调理论必须具有可检验性。实验方法是经济理论检验方法中，除经验验证之外最直接、最有效的方法。

实验经济学强调经济学的可实验性。实验经济学家从来对"社会科学不可实验"的论断持否定的观点，认为经济理论完全可以具备以实验检验的条件。实验经济学遵循内曼-皮尔逊统计推断理论的思想传统，强调实验在检验理论预期中的证实和证伪作用。实验经济学就是要再造理论的环境相机制基础，得到所需的观察结果来检验理论解释、看理论解释的预言与所观察到的事实是否一致。实验的观察结果符合"理论预测"的频率越高，理论预期的可信度就越高。当理论预测结果与实验观察结果不一致时，经过多次实验排除其他因素影响之后，仍出现与理论预期的背离，就完全有理由怀疑原有理论模型的正确性。

（四）强化了经济理论与现实之间的联系

传统经济分析的结构遵循一种从初始条件，到契约规则，再到行为结果的逻辑方式，而实验经济学家对此进行了更加明确的说明。与传统经济学相比，实验经济学更注重经济理论与现实的关系，按照更加彻底的原则，试图明确经济理论和经济实验的统一分析结构，以此作为研究工作的共同的基本起点。史密斯倡导建立一个与主流经济学研究相衔接的经济系统，这个经济系统应包括环境、制度和参与人行为，环境是当事人行动或交易的初始禀赋、偏好及行动成本；制度是实验市场进行交易的语言或信息集合，主要包含信息交流控制规则和机制；参与人行为是指在既定环境和制度的条件下，实验参与人的决策或行动。

卡奈曼运用回答问题、形成判断和做出选择思维过程的认知心理学研究，有助于我们更好地理解人们怎样做出经济决策。史密斯与卡尼曼的研究不同，他不是从对理性决策的传统经济理论提出挑战开始，而是从检验关于市场绩效的可选择性假定开始，特别研究了不同市场制度的重要性。卡尼曼的调查和实验主要集中在个体决策领域，而史密斯的实验集中于个体和特定市场环境的相互作用，史密斯更强调方法论问题，并发展了可行的实验方法，建立了良好实验的标准。

尽管卡尼曼和史密斯的研究在许多方面不同，但是他们的共同科学贡献已经对经济学的发展方向提出了挑战。卡尼曼和史密斯的最初研究刚开始时，曾受到某些经济学家的怀疑，他们花费大量时间进行了更深入的研究，其理论已经完全渗透到经济学各领域。许多经济学家已经将心理学研究和实验方法看成是现代经济学的重要组成部分。

三、实验经济学的局限性

虽然实验方法在经济学研究中具有明显的优势，但经济学界对其价值的评价仍然存在着一定的争议，而存在争议的原因是实验在经济学研究中存在着以下几个局限性。

（一）实验对象的局限性

由于大多数经济学实验使用大学校园里的学生作为实验参加者，而在现实经济生活中做出相关决策的经济人要老练得多。在一定程度上，实验经济学与批评者的争论焦点并不在于实验的有效性，而是实验主体的选择问题。如果相关市场经济主体的思维方式与在校学生不同的话，实验主体的选择就会反映出这个差异。也有许多实验表明其他决策者的决策行为与学生主体的决策行为并没有太大差异（Smith, 1989；Dyer et al., 1989；Kagel and Levin, 1986）。如1988年史密斯等实验就在实验资产市场中观察到了价格泡沫和冲突，不管是学生还是商业和职业人士作为实验主体的实验结果都是如此。

（二）实验环境的局限性

对经济学方法的保留意见在于，经济学家所感兴趣的市场是复杂的，而实验环境却是相对简单的。事实上，经济理论也面临着这个困境。假定在简单的实验室装备条件下，一个理论的表现是不能推广到复杂的自然环境下的。如果事实确实如此，而且如果实验是以完全与相关经济理论一致的方式来设计的，那么或许理论已经忽略了某些潜在的重要经济学特征。此外，如果理论在简单的实验环境下不能发挥作用的话，我们几乎不能指望它在更复杂的自然环境中发挥作用。有关实验设计、管理和解释要求持续的详尽研究。尽管有关实验主体选择和环境简单化的争议不等于说我们应该就此完全放弃实验方法。即使已经得到的证据表明采用相关的专业人员并不总是影响其实验表现，许多研究却暗示我们实验表现随着实验参与人的能力而变动的事实。如1991年戴维斯和霍尔特采用的在校大学生实验，波尔和塞切采用研究生代替在校大学生的实验，就显示出不同的实验结果。为此，选择特定的实验主体对某些研究来说可能是相当重要的。同样的，如果我们想采用实验方法对自然市场的表现发表意见的话，实验市场的相对简单性就是一个重大缺陷了。一般来说，经济学家认识到为了吸引那些对政策相关研究感兴趣的代理人的资金，过分吹嘘研究结果的压力。而实验经济学家则毫无疑义地免除了这种压力。例如，对于实验经济学家来说，通过给可选择的决策贴上吸引人的标签，以博弈理论均衡来定义相关政策的特征，十分容易。但是现实地说，没有一种"囚徒困境"实验的变形能够提供足够的有关产业政策的新信息，而不管其决策是如何地被标记的。

（三）实验控制的局限性

建立和控制实验环境的技术困难构成了一个有效实验的重要障碍。当实验的目的在于得到有关个人偏好的信息时，这个问题就愈加突出了。例如，许多宏观政策的有效性依赖于对交互的暂时性交易的认知。人们今天的税收削减必然会带来日后的增加，或许是几十年以后。经济主体关心后代会发生什么事吗？经济主体有遗赠动机吗？尽管这些都是明显的行为问题，它们却很难在实验中得以辨认。大多数人可能仅仅认为遗赠是其晚年应该重视的问题，而根据在其他时间的有关预期行为做出的反应，可能是蹩脚的预测。尽管实验方案被精心地设计以提出得到的实验结果，可是我们可以公正地说相对于他们的动机而言，实验经济学家对偏好的推导并不满意。此外，关于在实验室中诱导一些经济环境的重要组成部分在技术上是否可能的问题，还存在着正在不断发展中的问题，如无限的程度和风险规避。

总之，经济学实验方法的优点是显著的。事实上，实验方法是补充而不是替代其他经验化的技术，不能将实验方法滥用于所有在经济实践中出现的问题和模型中。

第二章 经济学课堂实验的设计原则

根据经济学实验课程教学要求和需要，设计科学的课堂实验教学方案是开展经济学课堂实验教学的基本前提和基础。为了保证经济学课堂实验教学设计方案的科学性、可行性和针对性，应在全面分析经济学课堂实验构成要素、实验类型等特征的基础上，根据实验教学目的、实验环境条件、实验对象特征等实际情况，按照经济学实验设计的基本原则，设计出符合经济学课堂教学要求的实验方案。

第一节 经济学课堂实验的构成要素与类型

经济学课堂实验教学是以实验教师为实验的组织管理者，以学生为实验对象，以教室或计算机实验为实验场所，以实验设备、道具为媒介，在实验制度和课堂教学纪律的约束下师生间互动的教学过程。在经济学课堂实验教学中，实验教师可根据实验教学的目的和需要，科学选择实验类型，科学确定实验对象、实验设备、道具、实验制度等实验要素。

一、经济学课堂实验的构成要素

经济学课堂实验主要由实验场所和设施（教室或计算机实验室）、实验对象（学生）、实验控制者（教师）、实验道具、实验指南、实验结果分析等要素构成。

（一）实验场所和设施

实验场所和设施是进行经济学课堂实验教学的重要载体，无论哪种类型的经济学课堂实验，都必须有足够的实验场地和基本的实验设施。

1. 人工控制实验的实验室和设施

大多数人工控制实验都可以在普通教室内进行。人工控制下的实验一般只需要有大黑板、一两台投影仪、屏幕、足够所有实验对象使用的课桌、可供放置器材的桌子，就足以完成一次实验了。当然教室的空间足够大时，能使实验对象的位子隔得比较远，从而避免他们彼此之间用目光或声音进行交流。实验者的位置与每一个实验对象的位置之间要有便利的通道，方便在解释说明阶段的交流。例如，在口头双向拍卖中，每一实验对象应能听到其他人的声音，都能清楚地看到黑板或屏幕，通常U形教室可以满足这个条件。

2. 计算机化的实验室和设施

计算机化的实验室要求投入更多的空间、时间和资源。计算机化的实验室建设是一项固定成本较高、边际成本较低的投资。如果实验需求相当多，资源比较充足，出于以下两个原因，最好是建立一个专门的经济学计算机化的实验室：第一，经济学实验室的使用模式与计算机课程和其他课程的使用模式不同,实验受到实验对象的参与和同一实验系列中前面的实验完成的影响,往往一旦通知就立刻进行,这使得经济实验很难同提前几个月就安排好的课程共享设施。第二,实验所需要的设施是横向的,即在同一时段内同时使用多种设备,而个人对实验室的使用则是纵向的,常常是长期使用一种或几种设备,因为要做实验而关闭整个实验室会打乱其他人的计划。计算机实验室建设应主要考虑实验空间、布局、设备、网络、软件等因素,实验室主要设备应包括投影仪、终端机、终端控制机、软件,计算机之间要进行适当隔离。

(二)实验对象

经济学实验与其他经济研究方法不同,它是以人作为实验对象的。在实验中实验对象的选择会直接影响到实验结论的可信性,是选择学生还是非学生、新手还是所属实验领域的专家、已毕业者还是在校生、志愿者还是被征选者、熟人还是陌生人、男的还是女的,这些在实验方案中都必须明确下来。在选择合适的群体时还要注意的问题是:实验对象是否会因经验不足而无法深刻理解实验中的模拟市场?他们是否会由于同一问题的多次重复而感到厌烦?

1. 学生

原则上,被实验者可以是任何人,诸如大学生、专业人士和普通大众等,至于被实验者的人数则由实验和相关理论而定,而课堂教学型实验的实验对象只能是授课班级的学生。

多数实验以学生为实验对象,是因为将学生作为实验对象具有易得性,机会成本相对较低和学生具有相对陡峭的学习曲线等优势,此外用学生作为实验对象也可避免复杂的外部信息的干扰。学生实验群体往往掌握了语言、数学、统计及案例等方面的知识,而经济实验一般要求参与者具备这方面的技能,甚至是较高的要求,这就使学生成为经济学实验的最佳实验对象。但一些学者认为以学生为实验对象会破坏实验研究的外部有效性和一般性,他们认为学生是总人口中比重较小的、特殊的一个群体,适用于这一特殊群体的经济原理和适用于大的群体的经济原理可能并不相符。在组织实验过程中为有效处理这一问题,实验者应该对学生群体具备的能够影响结果的外部有效性的特征进行分析。通常实验者若选学生以外的人群作为实验对象,主要是因为现有的实验因某一特别原因可能用学生作为实验对象不合适。

为了减少次要自变量的干扰,多数实验都要求生成随机号码。研究人员必须在能生成随机号码的各种方法之间进行选择,并确定是否需要提前生成随机号码,如果是,还要确定是否允许让它们看起来是随机的。掷硬币、抽扑克、转轮、宾果游戏是常用的生成随机号码的方法。

2. 专业人士

在大多数实验中,实验经验(通常以实验对象参加实验的次数来衡量实验经验)是作为实验的可控变量处理的。如果实验所需的技能难以经由几个实验回合获得,那就需要招聘专业人士作为实验对象。在实验中聘用商业专业人士也许能够解决一些问题,但同时往往也带来另外一些问题。例如,伯恩斯在改进的实验室拍卖实验中,对专业购买者和学生购买者的行为进行了比较(Burns and Penny, 1985)。伯恩斯对学生们追求最大利润的行为进行激励，学生们被告知追求利润的最大化有利于理解交易过程，这些知识有助于撰写一篇论文（论文占课程成绩的 10%）；而对于专业购买者的激励则是在结束时选出最佳商人。结果表明学生在追求最大利润和学习方面更为熟练，而专业购买者则不顾价格的持续下降一味沉溺于增加购买量。在许多研究中，对学生和专业人士的激励是相同的。在西格和哈尔雷特（Siegel and Harnett, 1964）主持的双向议价实验中，实验对象除了学生，还有和顾客讨价还价经验丰富的通用电器的销售人员，研究结果发现学生和专业人士各自达成的协议彼此相似，并且符合根据竞价理论所做出的预测。德龙、霍尔西斯、尤克尔（De Jong et al., 1988）对商人和学生在密封报价市场上的行为进行了比较，提供给学生的激励是 10～25 美元。考虑到这一数目不足以激励公司合伙人和高级财务人员，实验者承诺如果他们比处于相同条件下的学生获得更高的分数，将发给他们纪念品。实验结果是，这两个市场的平均价格、利润和效率大致相同，但在商人参与的市场上价格、利润的变动范围要大一些。

（三）实验控制者

实验控制者是实验活动的组织实施者，担负着实验设计、实验观察、实验结果分析研究等任务。在经济学课堂实验中，实验控制者常由任课教师来担当。

（四）实验道具

实验道具是实验主体与实验对象之间相互作用的媒介物。自然科学研究的实验道具是各种仪器和设备。实验者利用实验中的作用装置与实验对象发生特定的相互作用，并通过仪器获取有关对象的信息。经济实验活动除在少数情况下，需要用到一些仪器设备外，一般情况是不需要什么仪器设备的。在经济学实验中，实验方式的选择对实验道具的选择具有较大的影响。根据经济学实验的手段，可将经济学实验分为计算机实验和人工控制的纸笔型实验。

1. 计算机实验的实验道具

实验越是与现实接近，需要引入的变量就越多，实验就越难控制，最后的数据必然也越难以处理。电子计算机的发展给这一难题的解决带来了契机。计算机模拟在实验经济学中的地位是引人注目的。计算机作为实验辅助工具，作为传递信息工具，标准化实验环境等手段非常重要。以史密斯导演的一次大型实验为例（目的是研究电网定价，后文有叙述），史密斯的实验使用自己实验室开发的软件"Power 2K"进行，整个实验系统设计得高度智能化，从而能够充分体现可控制性的特征，以至于非电力系统专业运行人员的实验参与者经过两天的培训就可以进行看起来十分专业的操作；而且通过操纵实验条件，得出了一系列结论，这些结论通过大量图表直观地表示出来，很容易被人理解和接受。20 世纪 80 年代初，史密斯在亚利桑那大学建立了第一个计算机化的双向拍卖实验市场，20 世纪 90 年代以来计算机价格的迅速下降以及相关软件的标准化使得计算机化的经济学实验日益被广泛应用，普洛特甚至在网络上进行了全球性的实验。

2. 人工控制的纸笔型实验的道具

早期的实验大都是在一般的教室或会议室借助纸笔黑板等设备进行的。人工控制的纸笔型实验常用的道具主要有扑克牌、卡片、硬币等。

（五）实验指南

实验指南是实验活动组织实施的具体计划，是在实验开始之前向被试陈述实验目的，界定被试的资源、信息和初始禀赋，解释被试要进行的选择和行动以及介绍被试的奖励支付规则的说明。实验指南主要包括实验目的、实验范例、私人信息、实验规则、实验软件的操作方法等内容。

1. 实验目的

对实验目的进行说明能满足实验对象的好奇心：为什么会有人付钱请他们来参加游戏，而这些游戏是他们即使得不到报酬也乐于参加的。对实验目的进行的书面说明要既满足实验对象的好奇心，也应避免造成"需求效应"，因为如果实验对象清楚地了解实验组织者期待于他们的行为方式，那么这种了解本身就会带来这种行为。因此，对实验目的的说明应尽量避免这种效应，这有助于维护实验的内部有效性。

2. 实验范例

实验指南中的范例有时会带来负面影响，因为实验对象可能会从中获得关于如何行动的含蓄建议。用量值的大小次序代替示例中使用的等级数字可以减少这一风险，也可通过做一个临时实验来发现这个练习的危险性，因为有时实验对象会将范例中错的大小次序带到实际实验中。注意，示例需经过仔细甄别，这样既能将机会、可能性的知识传授给实验对象，又不至于对实验对象应遵循什么战略、应做什么、不应做什么提出建议。为达到这一目的，一些实验者使用两个对称范例或一组范例。

3. 私人信息

实验指南中通常还包括一些关于资源、信息和奖金等个人私有信息，在一些实验过程中会由于有人要求澄清一些问题，而泄露有关信息，导致实验失败。如果指令中包括这样的信息，应明确指出这是私人信息，并提醒实验对象不能随意公开这些信息。

4. 实验规则

实验规则主要包括实验过程中应注意的事项、实验时间、实验轮次、收益计算方法和报酬发放标准等内容。实验注意事项主要用来说明在实验过程中应遵守哪些规则和要求，哪些行为是禁止的。实验时间主要用来说明每轮实验完成的时间要求。实验轮次规定了实验的重复的次数。收益计算方法用来说明实验者收益计算的规则和方法。实验报酬发放标准规定了实验报酬发放的依据、方法和标准等。

5. 实验软件的操作方法

如果实验是通过联网的计算机系统来进行的，则需要在实验说明中向被试介绍软件的操作方法。例如，在双向拍卖的市场实验计算机系统中，要介绍如何登录系统，如何发出报价和要价的指令，如何查看拍卖价格、成交结果、个人资产等信息。

（六）实验结果分析

实验结果是指实验付诸实施的全过程中产生的各种信息之和，是进行实验分析的根本依据。通过实验这一实践过程，一般总会或多或少地产生某些反映实验对象的本质特征及其发展变化规律的信息。这些信息可能产生于实验过程的各个阶段，也可能表现为多种多样的能够为感官和各种仪器设备感知相接收的现象形式，其中有一些还可以进行量的记录，即可以转变为各种数据形式的信息。

对实验数据进行分析是实验经济学研究的关键环节之一，它构成了实验经济学研究论文的基础。很多实验经济学家都偏好于"两阶段分析法"。第一阶段是对实验结果进行数量上的描述，如市场成交价格是多少、被试选择某个战略的比例是多少等。在这个阶段的分析中，主要应用的工具是图表，直观地表达实验在数量上的结果。第二个阶段是进行进一步的数量分析，通过分析找出一些特定问题的答案，这些问题包括我们所要研究的因素对实验结果产生了何种影响，或者判断实验数据在多大程度上与理论预测的结果存在一致性。

二、经济学课堂实验类型

根据经济学课堂实验的目的和要求高低，可将经济学课堂实验教学分为验证型实验、综合型实验和设计型实验三大类型，验证型实验是经济学课堂实验最为普遍的类型，而设计型实验在课堂教学中的要求最高的实验类型。

（一）验证型实验

验证型实验是大学生动手能力培养的重要环节。它重在通过实验对所学的经济现象、经济理论等进行验证，使学生能通过实验，树立实事求是、严谨踏实的学习态度，使学生分析、归纳、总结实验数据和实验现象的能力明显提高，为综合性实验教学的学习奠定坚实的基础。这种形式的实验教学，虽然在一定程度上锻炼了学生的基本实验操作技能，有助于理论知识的巩固，但学生会产生很大的依赖性，不能锻炼学生的独立操作以及分析问题和解决问题的能力，也激发不了学生对实验的兴趣和创新欲望，实验教学效果自然就不很理想。

（二）综合型实验

综合型实验是将所学理论知识经过系统归纳后，按照理论知识间的逻辑联系，进行的系统性实验，使学生通过实验达到总结归纳所学理论知识、培养系统思维的目的，是培养学生创新能力的重要手段。综合型实验教学就是对学生实践能力进行初步训练的最好课堂，通过综合型经济实验让学生感受、理解知识产生和发展的过程，培养学生的科学精神和创新思维习惯，重视培养学生收集处理信息的能力、获取新知识的能力、分析和解决问题的能力、语言文字表达能力以及团结协作的能力。综合型实验在内容上应密切结合专业的课程设置，在方法上直接面向社会、面向未来，激发学生对实验课的热情和兴趣，有效地培养学生的创业意识和创业能力。

（三）设计型实验

设计型实验是在掌握基础性实验和具备综合实验知识及能力后，对今后开展科学实验全过程进行初步训练的一种教学实验，它意在培养学生依据一定的原理、原则、规律等制定出具体实现实验目的和要求的方法、步骤、手段、程序、注意事项等，并以此进行实验。设计型实验在学生掌握了较强的实验技能后，只给出实验题目和要求，让学生自己设计实验方案，并在老师指导下进行实验研究。设计型实验将学习的主动权交给了学生自己，学生成了实验的主体。在没有详细的讲义，只有设计要求的前提下，学生要从查阅相关资料开始，设计实验线路、确定实验方案、自主测试和分析数据，得出实验结果及结论，并写出小论文式的实验报告。在实验过程中，要求学生自己查阅和搜集资料，自行应用所学的理论进行分析，从而自己设计出实验方案，并独立进行实验操作。设计型实验使学生在实验过程中变被动为主动，在实验技能、查阅文献、观察现象、分析问题和解决问题的能力诸方面得到全面训练。设计型实验作为实验教学的高级形式和阶段，是学生实验能力真正生成的重要标志，因而在整个实验教学中占有重要地位。

第二节　经济学课堂实验设计的基本原则

实验经济学的初学者在开始设计实验之前，总是充满了诸多疑惑，例如，实验条件是需要更接近于真实的市场，还是更接近于理论假设？如何诱发出被试的真实行为，而不是使他们感觉在做游戏？如何避免实验主持者的语言对被试的行为产生额外的影响？通过长期的实践，以史密斯为代表的实验经济学家不断总结有关这些问题的经验，在有关实验经济学的教科书和实验操作指南中对经济学实验的基本原则进行了详细的描述，逐渐成为经济学实验应该遵循的基本原则（Friedman and Sunder，1994）。在准备进行实验之前，了解这些基本原则，有助于我们建立对实验过程的基本认识和提高进行经济学实验的效果。

一、针对性原则

在经济学课堂实验设计时，应清楚地认识到经济学课堂实验和经济学研究型实验的差别，从经济学课堂教学的目的和基本要求出发，根据教学环境、教学条件、实验对象等特征，在进行实验方法、实验制度、实验激励、实验结果分析等实验设计时都应体现出课堂教学实验的特征。

在设计实验时，实验目的要明确，实验原理要正确，实验材料和实验手段的选择要恰当，整个设计思路和实验方法的确定都不能偏离经济学的基本知识和基本原理，实验设计方案应具有科学性和可行性。经济学实验的科学性具体表现为实验材料容易获得，实验装置简化，实验操作简便，实验效果明显并能在较短时间内完成。从实验目的、实验原理到材料用品的选择、实验操作等，都要符合实验者的一般认知水平，满足现有的条件，实验设计方案要具有较强的可行性和可操作性。

二、适度模拟真实世界

实验经济学的目的是通过受控实验对已有的经济理论进行检验，或通过实验发现经济规律。因此，在实验设计中首先要解决的问题是：在实验室中所进行的经济实验能否反映现实经济的运行？或者说，在实验室中运行的经济体系在多大程度上反映了"真实"的经济运行？在通常情况下，实验者在设计实验时往往是追求一种对实验室环境的现实主义设计，期望实验设计与真实的现实环境越接近越好。

事实上，要想在实验室里重现现实环境的复杂性是徒劳无益的，因为现实生活就像不规则的碎片，有无限的细节，它是自己最好的模型。不管你在实验室环境里如何努力地想将现实中的所有细节都考虑进去，但最终还是会有很多现实中的细节无法捕捉到。从这个意义上讲，完全与现实相符的模型是不存在的，在实验室环境中追求与现实完全相同的细节是绝无可能的。与此同时，在实验中试图复制理论模型中的精确的假设条件也往往是徒劳无益的，一个很现实的困难就是大多数正式的模型不考虑细节部分，实验工作者必须做出一些选择，这些选择对具体的行为而言是非常重要的，但是对理论而言却是非常武断的。在实验设计中，应尽量降低实验条件的复杂性，减少干扰实验结果的因素，以突出所需要研究的关键问题。所以，通常有效的实验设计所采用的经济系统和现实相比都相当简单，在某些方面甚至比有关的理论模型还要简单。

三、诱导价值原则

在经济学研究中，存在着许多不确定性因素，而所有的不确定性因素最终都归因于人的偏好的不确定性。在开展经济学实验时，要使具有不同特征的被试能够像真实的经济人（如消费者、厂商）一样的行为，就需要采用诱导价值原则。诱导价值是采用报酬媒介来确保被试行为与他们的利益最大化的目标相匹配。在经济学实验中，可通过一个货币奖励系统结构和一个产权系统，以真实的货币实现对实验者的偏好的控制，诱导实验者发挥被指定角色的特性，使其个人先天性的特性尽可能与实验无关。简单地说，即对于实验中得到的结果，实验者会按照一定规则给被实验者一定的真实货币作为奖励，以此来刺激参试人员，使其具有与真实世界相同的偏好结构。

在目前实验经济学的理论中，已较好地解决了在实验中对偏好的控制，这也成为经济实验区别于其他经济学研究方法的最主要的特点。使用报酬手段诱发经济主体的特征应满足以下条件：单调性、显著性、支配性、隐私性。

1. 单调性

单调性（monotonieity）是指被试的偏好函数呈单调递增或单调递减，即被试认为报酬越多越好而且不存在饱和状态，或愿意支付的成本"越少越好"，而最满足这个条件的就是货币报酬。因此，经济学实验中被试的报酬通常是真实的货币报酬。

2. 显著性

显著性（saliency）是指实验对象所得到的奖励取决于他对体制实验规则所定义的行为的理解以及其他人的行为，即被试的行动与报酬的关系，应该能突出显示实验主持者所希望的制度，被试也应理解这种关系。显著性意味着各个被试报酬与决策结果（如利润、效用等）相一致，并且报酬是被试作决策时最为关注的。

3. 支配性

支配性（dominance）指在一个实验中，参加者与其行为相联系的成本（或收益）是由实验控制者所定义的货币奖励结构支配的，通过这个规则，实验控制者可以完全控制参加者的偏好。

4. 隐私性

隐私性（privacy）指实验的每个参加者只知道他们自己的支付信息，即支付信息是私人信息，他人的相关信息只能通过观察市场行为来推断，如同真实世界所做出的经济决策一样，在实验中每人获得自己决策的报酬。

四、并行性原则

并行性是指在一个实验室中所得到的实验结果一定可以在另外同样的实验中重现，其设计实验的主要方法也可以在类似实验中应用，更重要的是，结论也能在非实验室环境下的真实世界（条件与实验室的相似）中成立。所以，在实验设计时实验环境、实验对象、实验方式、实验方式等方面要具有一般性，要考虑在大多数环境和条件下，能够多次重复和再现该实验，从而便于检验实验结果的稳定性和一般性。

五、随机化原则

所谓随机，就是每一个受试对象都有同等的机会被分配到任何一个组中去，分组的结果不受人为因素的干扰和影响。实验设计中必须贯彻随机化原则，因为在实验过程中许多非处理因素在设计时研究者并不完全知道，必须采用随机化的办法抵消这些干扰因素的影响。

第三节　经济学课堂实验教学过程

经济学课堂实验教学和科学研究型经济学实验的过程基本相同，都可分为实验设计、实验实施、实验分析和实验总结四个阶段，两者只在部分环节上存在差异。如在实验人员的选择方面，经济学课堂实验比科学研究实验简单，不需要进行实验者的招募。

一、实验设计阶段

实验设计阶段是实验方案的形成阶段，是整个经济学实验课堂教学的起点和基础，对于课堂教学具有十分重要的影响。总体而言，在实验设计阶段需要完成的工作包括以下几方面。

（一）确定实验的目的

应该澄清一个认识误区，不是所有的经济问题都可以做实验。在经济学实验方法可以实现的研究问题和研究目标范围内，可以根据研究问题，在整体上给出实验的目的、要求和预期目标。实验目的是实验设计的总依据，实验方案、对象选择等都由实验目的决定。

（二）确定实验基本因素

在确定主要问题之后，应确定实验条件的一些基本因素，对于任何一个因素，我们在实验中都可以将它作为处理变量，来分析这个因素的变化对实验结果产生的影响。根据各要素对实验结果产生的影响，可将实验中的基本要素划分为关键因素和干扰因素。如何根据实验目的，对这些因素加以区分和控制是实验结果是否有效的关键问题，在实验中我们感兴趣的是关键因素会产生怎样的效应。一个因素是关键因素还是干扰因素，取决于实验的研究目的。在相当多的实验中，被试带入实验室的经验背景、情绪和态度都可能成为干扰实验结果的因素。

（三）编写实验说明

实验指南是具体指导被试如何参加实验的文件，应包括实验的目的、实验室交易制度、各被试可能采取的行动等重要的实验信息，特别重要的是要明确说明被试的行动与报酬之间的关系。在经济实验中，被试按怎样的规定进行交易是很重要的，因为实验室交易规则看起来很小的改变可能对实验者的预测和观测的行为产生重大影响。根据实验条件，为参加实验的被试准备"实验说明"，使被试能够充分理解实验的目的、条件和操作的具体过程。实验指南的指导语关键要做到正确、明确及易于理解，要避免指导语中关于实验目的的叙述成为某种期望效果的暗示。

（四）进行测试性实验

为了对实验设计的有效性进行检验，在进行正式实验之前，要选取一些被试进行测试性实验。通过测试性实验，可以发现实验说明中是否存在模糊的用语，是否遗漏了一些重要信息，或者实验的时间是否过长。测试性实验对于积累实验知识和技能非常重要，根据测试的结果来对实验条件和实验说明作一些必要的改进。在这些程序完成之后，我们才能够正式开展实验。

（五）改进"实验说明"以及实验条件

根据测试性实验存在的问题，需要对实验设计方案进行仔细的修改，进一步补充实验设计遗漏的内容，对容易引起歧义的实验说明内容进行改进，补充完善相关的实验要求和规则，从而使实验设计方案更加科学合理。

二、实验实施阶段

实验实施阶段是按照实验设计方案开展实验的重要环节，是经济学课堂实验教学的关键所在，实验实施环节的组织、管理、协调等对实验课堂教学效果具有十分重要的影响。因此，在经济学实验课堂教学的实验阶段，教师应通过科学合理选择实验对象，有效组织管理实验过程，建立科学有效的激励机制，以保证实验实施阶段的顺利推进。

（一）选择被试

与物理、化学实验等自然科学实验不同的是，实验经济学把社会中的人作为实验对象。实验对象的差异，即人的差异会对实验结果产生巨大影响。假设研究人员已经选取了一定数量的实验参与者来参加某个相对实验。在这些实验参与者当中，哪些会参与参照组的实验、哪些会参与实验组的实验？而实施各个不同实验条件的顺序又是什么？这些是实验设计过程中所必须回答的问题。在选择被试时，要注意区分有实验经验的被试和没有经验的被试，避免在实验中混淆使用有经验的被试和新手，除非特定的实验设计要求做这样的混合。在通常情况下，有经验的被试仍然还保留着上次实验的实验说明，在新的实验中，只需要给他们提供一个实验说明的概要，就能让他们回想起这次实验与上次实验存在的差异。区分被试是否有经验，还需要我们在每次实验时都要保存个体被试参加实验的记录。

因此，在选择被试时，就要尽量注意减少被试的差异或选择被试差异对实验目的无关或者影响极小的被试。在条件允许的前提下，应尽可能地运用随机化设计。被试的数量与实验的质量有很大关系。由于预算经费、实验设备等限制，被试人数不宜过多，应视实验所要描述的实际经济系统而定。在总人数、经费预算、实验设备、时间等可能利用的限制下，可将参考数目作为上限，其下限可以由与实验经济相关的理论而定。一般来说，实验只要接近最小数的被试即可。如果被试数目过多，则需重复的实验次数越多，且过多的被试使实验不易控制，致使实验效率并未提高太多反而耗时耗资；被试数目过少，虽然省时省资，但是实验质量较差，不易达到实验目的。

（二）宣读实验指南

在实验时，主试或助手应大声朗读实验指导语或播放录音。即使应用计算机在被试的终端屏幕上已有实验指导语文字，主试也应朗读以提高被试的注意力，以期让被试完全理解实验指导语中的内容。口头宣读实验说明的好处在于可以让所有的人通过解释明白实验规则，并让被试知道实验说明是一种共同知识。

（三）处理被试疑问

即使是最详细的实验说明和演示，也可能会使被试产生疑问。对于如何处理这些疑问，我们有三个建议：①公开地回答这些疑问，以避免有些被试认为某些人得到了一些特别的信息；②提示被试在提问过程中不要透露自己的私人信息，同时实验组织者不能在回答问题时透露被试的私人信息；③在回答疑问的过程中，不能暗示被试实验中什么样的行为是正确的，或者是被希望的行为。

（四）进行实验

很多经济学实验都是重复进行一些相同的周期，这样做的目的是使被试的经验最大化，而且使被试的行为趋向于一种稳定的模式。有些实验会在实验开始之前就告诉被试行本次实验将持续多少个周期及每个周期的时间。而另一些实验则在事前不公布实验的周期数，或者在实验过程中随机决定何时结束实验，这是为了防止如果被试知道实验将持续多少个周期结束，他们会在随后几个周期采取一些"有些不同"的行为。

（五）记录实验数据

在实验之前，我们必须计划好如何记录实验数据。如果是计算机模式的实验，实验数据通常能由计算机系统自动保存，只需要在实验之后导出数据就可以了。如果是手工模式的实验，有些数据是记录在黑板上的。例如，双向拍卖中买卖双方的报价、要价、成交价格都是随着拍卖过程的进行记录在黑板上的，这就需要安排特定的实验助手，逐步将黑板上的信息记录在纸上。

（六）被试的报酬支付

这是实验设计的一个关键环节。被试都希望实验结束之后能被支付现金。给每个被试多少钱是一种私人信息，除非我们希望把"谁获得了最多的现金"也作为一种精神激励。为在实验中做出受控的经济环境，必须向被试支付现金，因为真实的货币更易给被试提供激励，减少被试行为的变异性，降低甚至排除随机行为带来的干扰。对于课堂实验而言，支付大笔的现金显然难以做到。因此探求合适的现金支付数量是经济学实验的重要课题，也许寻找现金的替代品作为实验的支付手段更为实际。在课堂实验中如果被试是在校学生的话，用学分代替真实货币也是可行的。

三、实验分析阶段

实验分析阶段是在实验数据收集汇总基础上，通过对实验数据的统计分析，揭示实验参与者的行为特征，用实验结果来检验、比较、评价经济理论，从而达到加深学生的经济理论认识、培养学生的独立思考能力的目的。

（一）实验数据汇总

对被试的实验数据进行分类汇总，是实验结果分析的基础和前提。数据资料在经济实验结果中一般都占有很大比重，是进行定性分析和定量分析的主要依据。对实验结果进行综合分析，首先是对各种数据资料的处理和分类。由于实验观察者从实验过程中获得的各种数据资料，来自各个实验对象，通常都是一堆未经组织的、看起来杂乱无章的数值，不仅看不出其规律性，甚至也不知道如何着手寻找其中可能隐含的规律，所以首先需要对其进行必要的整理，使其按照一定的要求组成若干有序集合。

经过整理的数据资料，可以比较清楚直观地显示出一些数据特征，以及各类数据之间的一些联系，从而反映出实验结果的某些特征及某些相互关系。这可为进一步的分析研究提供较为全面、准确的数据，由此为实验结果分析提供一些有益的启示和思路。

（二）实验数据统计分析

在大多数情况下，实验结果只是一堆散乱的数据资料和其他信息资料，往往什么问题也说明不了。只有经过一番去粗取精、去伪存真、由此及彼、由表及里的综合分析过程，才能使那些散乱的信息资料显现出内在的联系、规律，从而得出有价值的结论。综合分析一般要经过对实验结果的鉴别、技术处理、理论分析，以及对实验结论进行可靠性与普遍性的分析等过程。

实验结果的鉴别指对实验结果中的各种信息资料一一进行真伪分析，以去伪存真。由于观察者的失误、错误录入以及观察对象故意提供假信息等原因，在实验结果中就很难避免包含一些失实的信息，而依据失实的信息资料只能得出错误的结论，所以辨别信息资料的真伪就成为综合分析的首要工作。

实验结果的技术处理指对各种数据资料及其他一些资料进行必要的技术加工整理，使其由散乱的、互不联系的状态转化为一目了然的按照某种规律组合起来的状态，包括把实验数据描绘成曲线、图表等，并已对其中带有随机误差的近似数据根据需要进行合适的处理，包括估计数据的可靠程度，以及对带有误差的数据进行分析处理，把干扰"过滤"掉，得出真正需要的量等。

（三）实验结论

实验结论是在实验基础上的理性思维的产物，因而本身既有客观性的特点，又有主观性的特点。实验结论的正确与否，既要取决于实验本身的实践结果，又要取决于实验主体在综合分析的过程中的指导思想和采用的方法是否正确。对于一个成功的实验，若综合分析的指导思想或方法的不正确，也会做出错误的或没有价值的结论。

理论分析指以已知的假说和理论为依据，对经过技术处理的实验结果进行分析和评价。如果实验结果证明了实验的理论假设是正确的，这一具体实验过程也就基本完成了。如果实验结果与理论假设之间发生矛盾，则要认真分析其原因，发生矛盾的原因可能是实验结果的错误，也可能是理论假设的错误，还可能是实验结果和理论假设都是正确的，它们之间的矛盾是由某种未知因素造成的。对各种可能性都应进行深入分析，才能做出准确的判断。

通过理论分析确认实验结果与理论摆设相一致时，还需要对这一结论进行必要的可靠性分析和普遍性分析。可靠性指实验结论的可信程度，即实验结果的出现是必然的，还是带有某种偶然性，以及这种结果出现的概率有多大。通过对实验结果的可靠性分析，进而分析实验结果与理论假设相一致的可信程度。普遍性指实验结论的适用范围的大小，即这一结论仅仅是适合特定环境条件下的个别结论，还是带有一定普遍性的结论，以及这一结论在多大范围内是正确的。

四、实验总结阶段

实验总结阶段是对实验过程中出现的问题，取得的成果进行总结，在此基础上提出进一步改进的对策和措施。实验结果往往不是预期的那样可以证明理论假设的正确，而是证明了理论假设的错误或存在某些缺陷。在这种情况下，必须对实验进行反思，找出错误之所在，对实验方案进行重新设计。

第四节 经济学课堂实验的特征

实验经济学中的实验主要是进行科学研究，而经济学课堂实验的主要目的是激发学生学习兴趣，培养学生的独立思考能力等。由于经济学课堂实验的目的、实验对象、实验环境、实验制度等方面与科研型经济学实验存在着明显的差别，所以，经济学课堂实验和经济学科研实验相比具有十分明显的特征。

一、经济学课堂实验的特征

经济学课堂实验的主要特征主要体现在实验的目的、实验的对象、实验激励制度等方面。

（一）以辅助性课堂实验为主要教学形式

课堂实验是一种专门用来帮助学生理解经济学原理的互动的简短的游戏。将课堂实验运用于教学过程中，教师可以通过简便易操作的实验、深入浅出的情景设计，来帮助学生理解经济学原理。比如讲授供求定理和均衡价格时，可以请学生分别扮演买卖双方，在课堂上自由讨价还价，达成交易。根据几轮交易的数据，就可以构造出需求曲线、供给曲线及均衡价格。这种强调学生主体地位的现代教学方式，使教师讲授与学生主动参与相结合，有助于培养学生的发散思维、创新能力和自信心。

课堂实验教学有两种形式：一种是作为辅助，与经济学课堂教学相配合，每学期做 3～5 个重要的实验，使学生加深对经济学理论的理解；另一种是将课堂实验作为主体，把所有的经济学教学内容变成若干实验，从实验中体会和学习经济学。由于后者要求教师对实验经济学有深入理解和把握，还需要有配套的课程设置（分开开设初级经济学和中级经济学）和较为完善的标准实验室，而目前还不具备大规模推广的条件，因此，辅助性课堂实验是一种比较切实可行的方法。

（二）侧重验证型实验

验证型实验是为验证已有的理论而设置的实验。经济学课堂实验以验证性实验为主，主要目的是通过实验检验相关理论，加深知识理解。在验证型实验中，指导教师将实验所需用品准备齐全，学生根据"实验指导书"中的操作步骤进行操作，观察并记录下实验结果，按照要求将实验过程和结果整理出实验报告。验证性实验适宜按专业课程的开设来实施教学，每门专业课程根据相关内容开设 3～5 个实验，如微观经济学可以在"消费者行为"一章开设个人选择实验，产业经济学中可以开设产业组织实验，金融学和证券投资学中可以开设证券市场实验和行为金融学实验等。

综合型实验建立在验证型实验的基础上，由若干门课程中有一定内在联系的实验组成，学生需要综合运用多门课程的知识来完成实验。综合型实验的重点需要放在展示知识的内在联系上，要求学生已经学习完基础课程，做过一定数量的验证型实验，因而比较适合在高年级学生中以专题课的形式实验。

（三）被试对象之间相互较为熟悉

经济学课堂实验的对象是上课的学生，由于学生长期共同学习，他们之间互相了解、熟悉，这将在一定程度上影响实验的结果。实验设计中的另一个要点是控制实验参与者获得的信息。实验室利用各种设备来控制实验参与者获得的信息，而在课堂上进行如此严格的信息隔离是不可能的。因此，这种课堂实验数据作为科研数据是绝对不可行的。但是，在很大程度上，这不会影响多数实验的展示效果。为了在实验中保证私人信息的有效性，可以通过告知学生他们是竞争关系，如果泄露信息会影响自己的收益，从而为学生隐藏私人信息创造激励。

（四）激励的虚拟性

实验中实验对象效用的变化主要来自报酬，其他影响则可以忽略不计。教师希望学生能够扮演实验中的角色，而不是把现实的角色带入。否则，学生的自身目的，如希望给老师留下深刻印象获得高分等，会干扰其在实验中应该具有的目的。这需要在实验中尽量通过正式货币激励，让实验者的行为满足激励的单调性、显著性和占优性原则，进而在实验过程中做出符合实验要求的真实意愿行为。

在研究性实验中，在经济学实验中价值诱导的单调性、显著性等报酬激励原则对实验对象很重要，这可在很大程度上保证实验对象在实验中只关注报酬而不顾及其他。一般是通过将真实货币与实验对象的行动联系起来满足这三点。在课堂上，这种做法成本太高。对于学生来说，学分比金钱更重要。学生的竞争主要依靠的是成绩，这比利用货币更能激励学生，所以在经济学课堂实验中，实验激励的表现为虚拟激励。

二、经济学课堂实验应注意的事项

经济学课堂实验教学的目标、要求和实验对象的特殊性，使得经济学课堂实验的实验结果容易偏离预期的实验目标，课堂实验结果往往和研究型实验结果存在一定差距，为了尽可能消除课堂实验环境对学生实验行为的干扰，在经济学课堂实验教学中应注意以下事项。

（一）模拟构造单纯的经济环境

经济环境越单纯，突显性越高，实验结果的解释就越清晰。复杂的经济环境则可能造成实验结果解释的困难。实验指导语应正确明了，但在指导语中不应出现暗示性、引导性的语言。为测试被试对实验的理解程度，可设置若干"练习"或简单"问答题"，但要注意的是，这些"练习"或"问答题"不可对被试有某种暗示，以免造成偏差。

（二）高度重视激励方式的选择

对学生而言，利用课程成绩进行刺激也是可行的。用现金支付时，为使被试能对实验产生敏感反应，对被试的平均支付必高于被试群体的平均机会成本，否则不仅无法满足突显性，还可能使今后的实验招募不到足够的被试。为了在适当的总费用之下，达到较高的优超性和突显性，应尽量采用机会成本较低的被试。

（三）尽量较少对实验者的干扰

实验指南和实验过程中教师引导性的语言必将给学生以提示，使学生容易做出不符合自己真实意愿的行为，从而使实验数据失效。因此，在实验指南中，应尽量避免带有明显导向性的提示。例如，在"囚徒困境"实验中可选策略不要用"诚实"、"背叛"之类的词语来标记，只要用"策略 A"、"策略 B"就可以了。关于被试角色分配，要用"局中人 A"、"局中人 B"，不要用"领导"、"随从"、"我方"、"敌方"等。实验开始前和进行过程中，在实验者理解了实验的要求和规则后，实验教师不能在实验过程中进行提示、暗示等，以保证学生真实地做出自己的选择。

第三章 个人选择理论实验

传统经济学的完全理性和自利性假设的逻辑推论，是个体能够在稳定偏好下合理利用掌握的信息来预估选择结果及各种可能性，然后最大化自己的期望效用。决策者能够按照主观期望效用理论去决策时，需要一个前提基础，那就是决策者的偏好体系必须是稳定的、有序的，具体表现为偏好的占优性、不变性和传递性。但在现实中，个体的选择为与这些假设是不符的，真实人的偏好体系比期望效用理论所假设的要复杂得多，它往往违背偏好的支配性、不变性和传递性。由于经济学家所关注的微观经济理论依赖于个人偏好，而个人偏好在自然环境中很难被观察到，这促使经济学家逐步地依赖于实验方法，来验证对个体行为的假设。

1952年阿莱的"阿莱悖论"引发了人们对期望效用理论的质疑。在20世纪50年代前后，以行为经济学和实验经济学为代表的非主流选择理论，通过将心理学与经济学并轨，对个体选择中经常出现的非理性行为展开了以实验为分析手段的论证。实验经济学在风险决策领域所进行的实验研究最广泛采取的是彩票选择实验，即实验者根据一定的实验目标，在一些配对的组合中进行选择，这些配对的选择通常在收益值及赢得收益值的概率方面存在关联。通过实验经济学的论证，同结果效应、同比率效应、反射效应、概率性保险、孤立效应、偏好偏转等"悖论"的提出对预期效用理论形成了重大冲击，经济学人开始关注个体选择的非理性层面，经济学对个体选择的认知，越来越倾向于将诸如制度条件、心理因素、外部刺激等原先被主流经济理论视为外生变量的要素引入对个体选择的分析，理性选择理论在主流经济学的地位受到一定程度的动摇。

第一节 个体选择的期望效用理论

期望效用理论是分析风险和不确定性等决策问题的传统理论模型。期望效用理论是由冯·诺伊曼和摩根斯坦以及萨维奇（Savage）等人，在继承18世纪数学家伯努利对"圣彼得堡悖论"的解答基础上，进行严格的公理化阐述而在1944年提出的。后来，阿罗和德布鲁（Arrow and Debreu）将其吸收进瓦尔拉斯均衡的框架中，成为处理不确定性决策问题的分析范式和现代决策论的基石，描述了"理性人"在不确定性情境下的最优决策行为，成为个体选择的理论基础。

一、效用及效用函数

经济生活中存在着大量的不确定性，不确定性下的决策问题在实际的经济决策中，数量远远超过了确定情况下的决策，因而一直是经济学家潜心研究的课题之一。在确定情况下，决策者在决策之前知道真实的状态且能预见其结果，因此他可以理性地选择自己的行为。在不确定情况下，对未来可能出现的状态决策者预先不知道哪个会发生，所以许多年来，数学期望一直被认为是在风险条件下评价投资者决策的最佳规则，人们总是偏好期望高的事件。

效用是指个人在消费或占有某种数量的物品或服务时所感受到的满意程度，而效用函数就是描述这种满意程度大小的概念。权衡目标的均值和风险，要将决策者的"偏好"定量地描述出来，方法之一是寻找决策者的效用函数。在决策问题中，效用值能表示决策者对某种可能情况的偏好程度。因此，决策者可以按效用值或其均值排列的优先次序，将这种偏好程度规范化，可以用效用函数定量地表示出来。

二、期望效用理论的起源

设某项投资的收益分布状态为 $x_1, x_2, \cdots, x_n$，相应发生的概率分别为 $p_1, p_2, \cdots, p_n$，那么投资收益的数学期望值应为 $E(X) = \sum_{i=1}^{n} p_i \cdot x_i$，个体投资决策的是否会将 $E(X)$ 作为决策的参考依据呢？早在 18 世纪，数学家伯努利就对此类问题提出质疑，假定存在这样一种掷硬币的游戏，掷出指定的一面第一次可得 1 块金币，以后只要连续掷出那一面就可以获得翻倍的金币，并且游戏可以无限次地进行，游戏的期望收益为 $E(X) = 1/2 \times 1 + 1/4 \times 2 + 1/8 \times 4 + \cdots + 1/2^n \times 2^{n-1} = \infty$。不过，只要参加这一游戏需要付出的代价超过一定数额后，就不会有人愿意参加了。这里存在一个矛盾，即个体面对无限的期望收益只愿付出有限的代价，这就是"圣彼得堡悖论"。

伯努利的解决方式是用心理期望取代数学期望，用概率乘以个人的收益效用，而不是乘以货币价格。在伯努利看来收益效用是货币价格对数的线性函数，随着金钱的增加，金钱的效用在下降，因此，如果收益效用函数为 $u = \ln(X)$，因此 $X = 2$ 就是这个博弈的确定性等价，这就回答了"为什么个体面对无限的期望收益只愿付出有限的代价"这个问题。

从 1738 年伯努利最初提出，到 1944 年冯·诺伊曼和摩根斯坦给出完整的公理体系，再到 1954 年萨维奇的主观期望效用理论，发展到 Choquet 期望、等级依赖期望、最大最小期望，已被广泛应用到决策分析中，成为不确定条件下有关个体选择的经典理论。

三、期望效用理论的基本假设

根据 Tervsky 和 Kahnemann（1986）的研究，预期效用理论有四个重要的假设条件：消除性、传递性、占优性和不变性，并且这四个假设是按照规范要求进行排序的，借助这些假设，可以推导出期望效用理论。

（1）消除性。消除性指消除那些无论决策者作何选择都会产生同一结果的状态。所以，不同选项之间的选择仅仅依赖于其产生各种结果的状态。消除性有多种正式表达式，如"替代公理"、"确定事件原则"、"独立性条件"等。因而，将各种赌局之间的偏好表示为预期效用最大化，消除性是必要的，它与预期效用函数具有的概率线性性质是等价的。

（2）传递性。风险与无风险选择模型的基本假设是偏好的传递性。偏好的传递性假设对于序数效用表示的偏好不仅是必要的，而且基本上也是充分的。只要 $u（A）>u（B）$，则 A 优于 B，如果可以对某个选项赋予一个不依赖于其他选项的值，则传递性假设就能得到满足。因此，当能够单独对每个选项给予评价时，传递性可能成立；当一个选项的结果依赖于其他作比较的选项时，传递性就可能不成立。传递性的一个常见观点是循环偏好能支持货币泵现象，即一个偏好不满足传递性的人可通过一系列的付费交易，最终回到其最初的选择。

（3）占优性。它是理性选择显而易见的原理，如果一个选项在某种状态下优于另一个选项，而在所有其他状态下，都至少与另一个选项一样好，则应该选择这个占优的选项。比占优更强的一个条件是随机占优，它是指对于一维的风险赌局，如果 A 的累积分布位于 B 的累积分布的右侧，则 A 优于 B。如果一次按不同概率获得由低到高的抽奖结果水平的机会决定着另一次这样的抽奖，就可以说，一次抽奖随机优于另一次抽奖。随机占优偏好是以概率形式表现得越多越好的态度。与前两个假设条件相比，占优性更简单，也更具有吸引力，是选择行为理论的基石。

（4）不变性。预期效用理论关于选择的一个基本原则是不变性，它是指同一个选择问题的不同表述应该产生同样的偏好，也就是说，各种选项之间的偏好应独立于对它们的描述。如果决策者通过仔细考虑，认为某两个特征只不过是同一问题的不同描述而已，这两个特征就应该产生相同的选择，即使这种仔细考虑不存在收益。不变性体现了规范理论的直觉知识，既不影响实际结果的形式变化，也不应影响人们的选择。

四、期望效用理论

期望效用理论定义了不确定情况下前景效用的计算方法，描述了人们在不确定情况下的决策行为，以其简洁明了的形式和良好的拓展性在各种风险决策理论中占据了主导地位，给出了理性人在不确定情况下的行为准则。因为在存在风险和不确定因素的条件下的效用值也是不确定的，只能根据效用理论系统中的期望效用理论求出效用的期望值。

期望效用理论的基本内涵如下：在风险情境下的最终决策结果的效用水平是通过决策主体对各种可能出现的结果的加权估价后获得的，投资者追求的是加权估价后所形成的预期效用最大化。

期望效用函数指：假设在某一事件中有 p_1 的概率获得 x_1，有 p_2 的概率获得 x_2，…，有 p_n 的概率获得 x_n；那么，其期望效用值即为

$$\hat{u}(x) = E[u(x)] = \sum_{i=1}^{n} p_i \cdot u(x_i) = p_1 \cdot u(x_1) + p_2 \cdot u(x_2) + \cdots + p_n \cdot u(x_n)$$

这一模型表明，就结果而言，效用是加性且可分的；就概率而言，效用是线性的。而预期效用理论假设决策者是风险厌恶的，因此，决策者的效用函数具有向下凹的特性，可用模型表示为

$$\hat{u}(x) = u(\sum_{i=1}^{n} p_i \cdot x_i) > \sum_{i=1}^{n} p_i \cdot u(x_i)$$

第二节 "阿莱悖论"实验

1952 年，法国经济学家、诺贝尔经济学奖获得者阿莱设计了一个著名的实验，让实验参与者完成两对包含两个选择的选择题，通过对实验数据的统计分析，提出了"阿莱悖论"，最早通过实验对期望效用理论提出质疑。1979 年，麦克里蒙和拉森（MacCrimmon and Larsson，1979）根据"阿莱悖论"相同结果效应，又研究了一个相同比率效应问题。卡尼曼和特维斯基（Kahneman and Tversky，1979）通过实验得到了与同结果效应类似的相同比率效应，即如果对一组彩票中的收益概率进行相同比率的变换，也会产生不一致的选择。

一、实验目的

模仿再现有关个体选择行为的"阿莱悖论"实验，通过观察实验者在不确定性环境下的选择行为结果，比较结果和期望效用理论结果之间的偏离，引发学生对经济学研究范式的讨论和思考，加深学生对实验方法在经济学研究中的作用和意义的认识。

二、实验准备

（一）实验环境

我们设计一个包含有关收益的两组问题供学生选择，他们选择的目标通过选择决策实现收益的最大化，其总收益将作为本学期实验课程成绩的一部分。

实验的场地是一间敞亮的、空间较大的教室，或配有多台计算机终端系统的实验室。如果在教室中模拟实验者选择行为，需要配备足够的课桌椅、多媒体投影仪、联网的计算机、电子屏幕、黑板、粉笔、黑板擦、计算器，随机数生成软件、若干张白纸、直尺等道具。

（二）实验人员

本实验的实验人员数量没有严格要求，全班学生都可参加实验。可将实验人员分为实验参与者和实验工作人员，其中实验参与者的数量不限，将实验人员按照学号进行编号，标号分别为 A_1，A_2，A_3，…，A_n，实验工作人员可根据需要选择 2～4 名同学来担任。

（三）实验表格

在本实验中，需要准备若干份个人收益记录表（表 3-1）、1 份实验记录汇总表（3-2）、1 份实验数据汇总统计表（表 3-3）。

表 3-1 个人收益记录表

姓名：_____   编号：_____

问题	选项	收益
问题 1（A、B）		
问题 2（C、D）		

表 3-2　实验记录汇总表

实验者编号	问题 1		问题 2	
	选项	收益	选项	收益
A₁				
A₂				
A₃				
⋮				
⋮				
Aₙ				

表 3-3　实验数据汇总统计表

问题	选项人数		选项比例	
问题 1	A 选项人数	B 选项人数	A 选项比例	B 选项比例
问题 2	C 选项人数	D 选项人数	C 选项比例	D 选项比例

（四）实验指南

阅读教师实验指南，准备"实验者指南"和"实验工作人员指南"的电子版或纸质版，并提供给实验参与者和实验工作人员。

三、实验指南

（一）教师实验指南

1. 实验前的准备工作

在课堂实验开始之前，作为实验组织和管理者的教师应在课前准备好以下工作：

（1）仔细查阅和了解有关"阿莱悖论"及其实验的相关文献，系统掌握实验研究的有关进展，熟悉相关术语，以加深对本次课堂实验的理解和认识，在借鉴相关研究成果的基础上对课堂实验进行整体设计。

（2）准备若干份个人收益记录表、1 份实验记录汇总表、1 份实验数据汇总表、若干份实验指南。

（3）进行课堂实验设计。课堂实验设计的内容包括选择问题设计、实验总体进程设计、实验规则和注意事项设计、实验的收益获得规则设计等。

本实验为有关"阿莱悖论"的实验，共设计两组选择题供学生选择，在实验过程中只能进行一次选择，并根据选择结果计算实验收益。选择决策及收益计算时间控制在 10 分钟左右。

选择问题设计如下：

问题 1

选项 A：你有 100％的机会得到 100 元。

选项 B：你有 10％的机会得到 500 元，89％的机会得到 100 元，1％的机会什么也得不到。

问题 2

选项 C：你有 11％的机会得到 100 元，89％的机会什么也得不到。

选项 D：你 10％的机会得到 500 元，90％的机会什么也得不到。

（4）通知学生在课堂实验前了解课堂实验形成的经济学理论背景，并督促其完成必要的理论学习，仔细阅读实验指南或实验规则。

（5）检查课堂实验的教室实验环境准备和布置情况，对教室中的桌椅进行适当的调整，防止实验观察者、参与者之间进行交流协商，以保证实验参与者在实验过程中的独立性。

2. 实验过程中的管理、组织

本次课堂实验的流程如下：

（1）宣布课堂实验开始，利用多媒体设备展示或直接向学生发放纸质版的实验指南，让学生阅读了解实验的要求、规则、收益计算方法和注意事项等，同时提醒学生注意相关细节。

（2）利用随机数生成器或相关的随机数产生软件抽取 4 名实验工作人员，按照事先设计好的"实验工作人员指南"，对工作人员在实验中的职责作出分配，实验工作人员在实验中严格遵守中立立场，不得随意与实验参与者进行交流，或透露实验参与者的相关选择信息。

（3）安排实验工作人员在实验室或教室中的位置。将 2 名工作人员安排在讲台黑板附近，以便于他们记录实验数据和计时；将其他 2 名工作人员安排在实验区，让他们负责发放和收集实验收益记录表等工作，并允许他们自由走动。

（4）实验要求和注意事项。强调说明实验参与者和实验工作人员获取实验收益的必要性，其中实验参与者的收益取决于个人的决策行为，而实验工作人员的收益等于全体实验参与者最终收益的平均数，而每个实验参与者的目标都是在实验中获得尽可能多的收益。实验参与者之间不能进行交流和协商，实验工作人员和实验观察者不得随意泄露实验参与者的个人信息等。

（5）公布实验违规者的收益处罚事项。对实验参与者、实验工作人员和实验观察者的违规行为进行处罚是为了保证实验的有效性和收益的公平性。处罚必须与实验参与者的个人激励挂钩，对违规处罚的标准可视主观过错程度和对其他人的收益与实验数据的影响进行综合考虑。

（6）实验开始后，组织教师与工作人员要仔细观察和监督整个实验交易过程，及时地处理个别实验者出现的疑问，指导与督促实验参与者和实验工作人员规范地做好各项实验数据记录，并维持整个交易过程的秩序。

（7）进行实验过程的记录。及时对课堂实验过程中存在的问题和学生的疑问、建议加以记载，以便对课堂实验的设计方案进行进一步的完善。

3. 实验结果的讨论和分析

实验结束后，引导学生对以下问题进行讨论和分析：

（1）根据自己对两组问题选择的答案和预期效用理论计算自己的总收益。

（2）试根据对实验过程的观察和预期效用理论对实验者两个问题选择答案的数量进行预测。

（3）总结自己在实验中关于两组问题答案选择的依据和原则，比较自己选择结果导致的收益和预期效用理论收益最大化的差异，并思考造成差异的原因。

（4）进行实验结果的分析，通过统计全部实验参与者对两组问题答案数量，说明全部实验选择结果偏离预期效用理论的程度，并分析产生偏离的原因。

（5）根据分析过程指导学生撰写实验报告。实验报告应该包括实验目的、实验环境、实验设计的经济学理论、实验过程的记录、实验结果的分析、实验的主要结论等环节。

（二）实验者指南

欢迎你参加本次课堂实验，本实验是关于个体选择行为的实验。在实验中，要求大家对我们所列出的两组问题进行选择，并根据你的选择结果计算你的收益。在实验过程中应注意以下要求和规则：

（1）每一个实验者都以追求收益的最大化为目标；

（2）实验参与者之间不能交流和协商，每一个实验参与者都应独立作出选择；

（3）每个问题选择一次，每一个问题只能选择一个答案；

（4）选择答案后应根据选择的答案及时计算、记录自己的收益，答案选择及计算收益时间为 10 分钟；

（5）实验收益记录后，应将实验收益记录表交给实验工作人员，以便于汇总实验数据；

（6）对违反实验规则和程序的实验者相互交流协商、实验工作人员透露实验者选择信息等行为进行处罚，处罚的力度以违规行为对实验数据的影响程度、对其他参与者收益的影响程度而定。

（三）实验工作人员指南

首先，欢迎各位实验工作人员，你们将是这次课堂实验的管理者和组织者。

产生：由抽奖软件或随机数程序抽选 4 名实验工作人员。

分工及职责：4 名实验工作人员中，2 名负责实验数据的录入和汇总工作，另外 2 名负责收益记录表的发放和收缴，并负责核对实验参与者的收益。

工作注意事项：实验工作人员在实验过程中始终保持中立立场，既不能和实验参与者进行协商，也不能透露实验参与者的选择结果，以保证每一个实验参与者均能独立做出选择。

收益：实验工作人员因为没有直接参与实验，所以不能获得实验收益，从考核与激励的角度来说，应该给予适当的收益。一般而言，工作人员的收益应该相当于全体实验参与者平均实验收益。

四、实验过程

（1）实验人员的选择。实验人数不限，采用随机原则选取 4 名实验工作人员之后，可将全班剩余同学都确定为实验的参与者。

（2）宣读实验工作人员指南。实验人员选出后，实验教师应宣读"实验工作人员指南"，让其明确在实验中的工作任务和要求，重点向实验工作人员说明实验的注意事项和要求。

（3）发放实验材料。由实验工作人员向每个实验参与者发放 1 份个人收益记录表（表 3-1）等实验材料。

（4）宣布实验者实验。由实验教宣读和展示"实验者指南"，并在实验开始前询问实验参与者是否完全理解实验规则，如果实验参与者对实验规则存在疑问，应对实验规则进行解释，以使每个实验参与者都能完全掌握实验的规则、要求收益计算方法、实验时间及注意事项等内容。

（5）开展实验。在宣读实验指南后，正式开始实验，实验时间应控制在 10 分钟以内。

（6）记录实验者数据。实验结束后，教师指导实验工作人员对数据进行统计，实验参与者完善自己的实验记录单和相关信息，并将实验记录单上交，由工作人员进行检查、核对，并对错误信息及时更正并公示。实验工作人员汇总相关实验数据，包括实验记录总表和实验数据汇总表。工作人员用 EXCEL 或其他软件汇总全班同学的收益，并进行公示。

五、实验结果讨论和分析

（一）问题思考

在实验结果汇总统计前，引导学生思考以下几个问题：

（1）在问题 1 中选择哪个选项的比例较高？为什么？

（2）在问题 2 中选择哪个选项的比例较高？为什么？

（3）根据你对实验结果的观察，实验者对问题 1 和问题 2 的选择结果是否存在差异，这些实验结果说明了什么？

（二）实验数据汇总

将实验者选择问题 1 和问题 2 的答案进行汇总，并分别计算每个选项所占的比例，汇总为实验数据汇总统计表（表 3-4）。根据期望效用理论，理性人追求收益最大化时，在问题 1 中应选择 B 选项，在问题 2 中应选择 D 选项。而实验数据结果表明，88.23% 的实验者在问题 1 中选择了 A 选项，58.82% 的实验者在问题 2 中选择了 D 选项。

表 3-4　实验数据汇总统计表

问题	选项人数		选项比例	
问题 1	A 选项人数	B 选项人数	A 选项比例	B 选项比例
	35 人	16 人	88.23%	11.77%
问题 2	C 选项人数	D 选项人数	C 选项比例	D 选项比例
	21 人	30 人	41.18%	58.82%

（三）实验结果统计分析

1. 预期效用理论分析

按照期望效用理论，风险厌恶者应该选择 A 和 C，而风险喜好者应该选择 B 和 D。原因如下。

在问题 1 中：

实验者选择 A 的期望值＝100 元×100％＝100 元

实验者选择 B 的期望值＝500 元×10％＋100 万元×89％＋0×1％＝139 元

在问题 1 中，实验者选择 A 的期望值（100 元）虽然小于选择 B 的期望值（139 元），但是 A 的效用值大于 B 的效用值，即 $1.00U(100) > 0.89U(100) + 0.01U(0) + 0.1U(500)$。

在问题 2 中：

实验者选择 C 的期望值＝100 元×11％＋0×89％＝11 元

实验者选择 D 的期望值＝500 元×10％＋0×90％＝50 元

在问题 2 中，实验者选择 C 的期望值（11 元）小于选择 D 的期望值（50 元），认为 C 的效用值也小于 D 的效用值，即 $0.11U(100) + 0.89U(0) < 0.1U(500) + 0.9U(0)$。

2. 实验结果统计分析

通过实验数据汇总统计表（表 3-4）可发现，在回答问题 1 时，35 名实验者选择了 A 选项，16 名实验者选择 B 选项，分别占实验者总数的 88.23％和 11.77％，这说明大多数实验者认为 A 选项的效用大于 B 选项。在回答问题 2 时，21 名实验者选择了 A 选项，35 名实验者选择 B 选项，分别占实验者总数的 41.18％和 58.82％，这说明大多数实验者认为 D 选项的效用大于 C 选项。由此可知，大多数实验者认为：

问题 1 效用值

$U_A > U_B$ 即 $1.00U(100) > 0.89U(100) + 0.1U(500) + 0.01U(0)$　　（3-1）

问题 2 效用值

$U_C < U_D$ 即 $0.11U(100) + 0.89U(0) < 0.1U(500) + 0.9U(0)$　　（3-2）

由式（3-2）可得，$0.11U(100) < 0.01U(0) + 0.1U(500)$，由此可得：$1.00U(100) - 0.89U(100) < 0.01U(0) + 0.1U(500)$，即 $1.00U(100) < 0.89U(100) + 0.01U(0) + 0.1U(500)$。

这与式（3-1）是矛盾的，这就是"阿莱悖论"。

以上结果违背了期望效用理论的独立性（independence）原则或称为"确定事件原则"（sure thing principle）。依据独立性原则，人们对选择 A（C）或选择 B（D）的偏爱不应受到由 0.89 的概率所产生的共同结果值（100 或 0）的影响。"阿莱悖论"的解释是：出现"阿莱悖论"的原因是确定效应，即人在决策时，对结果确定的现象过度重视。

自"阿莱悖论"问世以来，研究者在 20 世纪七八十年代陆续积累了许多实验证据，证明独立性原则会被违背。决策领域也因此新发展了许多修订线性假说的理性期望模型（rational expectations model）。这些模型大都从修正线性概率的假设入手，提出各可能结果的效用不再被客观概率所乘，而是被非线性的决策权重（decision weights）所乘。而决策权重不必遵守概率的数学定律，并假定互补事件（complementary even）的决策权重之和可以小于 1，即 $w(P)+w(1-P)<1$，这既解释了期望效用理论无法解释的"阿莱悖论"等问题，又成功地描述了一种新的最大化的抉择反应。

第三节　偏好逆转实验

预期效用理论对个体偏好理性有一系列严格的公理化假定，可传递性是其对偏好的最基本假定，然而在一系列彩票选择实验中偏好传递性的假定却受到了显著的违背。偏好逆转现象最早由心理学家斯洛维克和力切特斯汀提出，并在反复实验的基础上于 1971 年采用实验方式加以论证，为验证其准确性，他们甚至在拉斯维加斯赌场利用赌场老手进行了实际研究（Slovic and Lichtenstein，1968）。此后实验经济学界掀起了一场关于偏好逆转实验的研究热潮，后来许多实验研究成果都证实了偏好逆转现象的存在（Lindman，1971；Grether and Plott，1979；Pommerehne et al.，1982；Fische and Hawkins，1993；Hawkins，1994），Hsee 等（1999）、Wong 和 Kwong（2005）等通过分析信息的呈现方式对被试的影响，也发现了偏好逆转现象。

一、实验目的

通过借鉴、模拟斯洛维克和力切特斯汀（Slovic and Lichtenstein，1968）、格雷特和普洛特（Grether and Plott，1979）有关偏好逆转的实验，通过向实验者提供两组问题选择，模拟再现个体实现效用最大化选择行为和定价行为，比较、分析实验者的选择行为和定价结果，以验证实验结果和期望效用理论之间的差异，揭示实验中存在的偏好逆转现象，进而让学生理解经典期望效用理论存在的问题。

二、实验准备

（一）实验环境

我们设计一个包含有关收益的两组问题供学生选择，他们选择的目标通过选择决策实现收益的最大化，其总收益将作为本学期实验课程成绩的一部分。

实验的场地是一间敞亮的、空间较大的教室，或配有多台计算机终端系统的实验室。如果在教室中进行偏好逆转实验，需要配备足够的课桌椅、多媒体投影仪、计算机、黑板、计算器，随机数生成软件等道具。

（二）实验人员

本实验的实验人员数量没有严格要求，全班学生都可参加实验。课件实验人员分为实验参与者和实验工作人员，其中实验参与者的数量不限，可选择 2 名实验工作人员。将实验人员按照学号进行编号，标号分别为 A_1，A_2，A_3，…，A_n。

（三）实验表格

在本实验中，需要准备若干份个人收益记录表（表3-5）、1 份实验记录汇总表（3-6）、1 份实验数据汇总统计表（表3-7）。

表3-5　个人收益记录表

姓名：＿＿＿＿＿＿　　　编号：＿＿＿＿＿＿

问题	选项	收益
问题 1（A、B）		
问题 2	转让 A 的价格	转让 B 的价格
	购买 A 的价格	购买 B 的价格

表3-6　实验记录汇总表

实验者编号	问题 1		转让价格		购买价格	
	选项	收益	A 选项	B 选项	A 选项	B 选项
A_1						
A_2						
A_3						
⋮						
⋮						
A_n						

表3-7　实验数据汇总统计表

问题	选项人数		选项比例	
问题 1	A 选项人数	B 选项人数	A 选项比例	B 选项比例
问题 2	转让 A 的价格	转让 B 的价格	购买 A 的价格	购买 B 的价格

（四）实验指南

阅读教师实验指南，准备"实验者指南"和"实验工作人员指南"的电子版或纸质版，并提供给各个实验参与者和实验观察者。

三、实验指南

（一）教师实验指南

1. 实验前的准备工作

在课堂实验开始之前，作为实验组织和管理者的教师应在课前准备好以下工作：

（1）仔细查阅和了解课堂实验的相关文献，熟悉相关术语，以加深对本次课堂实验的理解和认识，同时要了解参与实验班级的学科专业背景和整体班级氛围，提前对课堂实验进行总体设计。

（2）准备若干份个人收益记录表、1 份实验记录汇总表、1 份实验数据汇总统计表和若干份实验指南。

（3）进行课堂实验设计。课堂实验设计的内容包括选择问题设计、实验总体进程安排、实验规则和注意事项设计、实验的收益计算方法等。

本实验为不确定因素下的个体选择行为实验，实验共设计两组选择题供实验者回答，在问题 1 中，每个实验者只能选择一个选项并根据选择结果计算实验收益。问题 2 中的每个问题均应做出回答。每个实验者选择决策实验控制在 15 分钟左右。

选择问题设计如下：

问题 1

选项 A：你有 35/36 的机会得到 40 元钱，也有 1/36 的机会失去 10 元钱。

选项 B：你有 11/36 的机会得到 160 元钱，也有 25/36 的机会失去 15 元钱。

你会选择哪一个选项？

问题 2

转让：如果可以转让选择权，对问题 1 中每个选项你愿意转让的价格分别是多少？

购买：如果让你购买每个选择项，你愿意购买的价格分别是多少？

（4）通知学生在课堂实验前了解课堂实验形成的经济学理论背景，并督促其完成必要的理论学习，仔细阅读实验指南或实验规则。

（5）检查进行课堂实验的教室实验环境准备和布置，对教室中的桌椅进行适当的调整，防止实验观察者参与者之间进行交流协商，以保证实验参与者在实验过程中的独立性。

2. 实验过程中的管理、组织

本次课堂实验的流程如下：

（1）宣布课堂实验开始，利用多媒体设备展示或直接向学生发放纸质版的实验指南，让学生阅读了解实验的要求、规则、收益计算方法和注意事项等，同时提醒学生注意相关细节。

（2）利用随机数生成器或相关的随机数产生软件抽取 2 名实验工作人员，按照事先设计好的"实验工作人员指南"，对工作人员在实验中的职责进行分配，实验工作人员在实验中严格遵守中立立场，不得随意与实验参与者进行交流或透露实验参与者的相关选择信息。

（3）安排实验工作人员在实验室或教室中的位置。将一名工作人员安排在讲台黑板附近，以便于他们记录实验数据和计时，将另一名工作人员安排在实验区，让他们负责发放和收集实验收益记录表等工作，并允许他们自由走动。

（4）实验要求和注意事项。强调说明实验参与者和实验工作人员获取实验收益的必要性，其中实验参与者的收益取决于个人的决策行为，而实验工作人员的收益等于全体实验参与者最终收益的平均数，而每个实验参与者的目标都是在实验中获得尽可能多的收益。实验参与者之间不能进行交流和协商，实验工作人员和实验参与者不得随意泄露实验参与者的个人信息等。

（5）公布实验违规者的收益处罚事项。对实验参与者、实验工作人员和实验观察者的违规行为进行处罚是为了保证实验的有效性和收益的公平性。处罚必须与实验参与者的个人激励挂钩，对违规处罚的标准可视主观过错程度和对其他人的收益和实验数据的影响进行综合考虑。

（6）实验开始后，组织教师与工作人员要仔细观察和监督整个实验交易过程，及时地处理个别实验者出现的疑问，指导和督促实验参与者和实验工作人员规范地做好各项实验数据记录，并维持整个交易过程的秩序。

（7）进行一些实验过程的记录。及时对课堂实验过程中存在的问题和学生的疑问建议加以记载，以便对课堂实验的设计和思想进行完善。

3. 实验结果的讨论和分析

实验结束后，引导学生对以下问题进行讨论和分析：

（1）根据自己对问题选择的答案和预期效用理论计算自己的总收益。

（2）你对问题1的哪一个选项的转让价格高，为什么？

（3）你对问题1的哪一个选项的购买价格高，为什么？

（4）总结自己在实验中关于两组问题答案选择的依据和原则，你对问题1的选项及其定价是否在偏好上是一致的？

（5）进行实验结果的分析，通过统计全部实验参与者对问题1中两个选项的选择数量及定价情况，分析说明全部实验者的偏好和定价是否一致，并分析偏好和定价不一致原因。

（6）根据分析过程指导学生撰写实验报告。实验报告应该包括实验目的、实验环境、实验设计的经济学理论、实验过程的记录、实验结果的分析、实验的主要结论等环节。

（二）实验者指南

欢迎你参加本次课堂实验，本实验是关于个体选择行为的实验。在实验中，要求大家对我们所列出的两组问题进行选择，并根据你的选择结果计算你的收益。在实验过程中应注意以下要求和规则：

（1）每一个实验者都以追求收益的最大化为目标；

（2）实验参与者之间不能交流和协商，每一个实验参与者都应独立作出选择；

（3）答案选择只进行一次，不重复实验，每一个问题只能选择一个答案；

（4）选择答案后应根据选择的答案及时计算、记录自己的收益，答案选择及计算收益时间为 10 分钟；

（5）实验收益记录后，应将实验收益记录表交给实验工作人员，以便于汇总实验数据；

（6）对违反实验规则和程序的实验者相互交流协商、实验工作人员透露实验者选择信息等行为进行处罚，处罚的力度以违规行为对实验数据的影响程度、对其他参与者收益的影响程度而定。

（三）实验工作人员指南

首先欢迎各位实验工作人员，你们将是这次课堂实验的管理者和组织者。

（1）产生：由抽奖软件或随机数程序抽选 2 名实验工作人员。

（2）分工及职责：2 名实验工作人员中，一人负责实验数据的录入和汇总工作，另外一人负责收益记录表的发放和收缴，并负责核对实验参与者的收益。

（3）工作注意事项：实验工作人员在实验过程中始终保持中立立场，既不能和实验参与者进行协商，也不能透露实验参与者的选择结果，以保证每一个实验参与者均能独立作出选择。

（4）收益：实验工作人员因为没有直接参与实验，所以不能获得实验收益，从考核与激励的角度来说，应该给予适当的收益。工作人员的收益应该相当于全体实验参与者平均实验收益。

四、实验过程

（1）实验人员的选择。实验人数不限，采用随机原则选取 2 名实验工作人员之后，可将全班其他同学都确定为实验的参与者。

（2）宣读实验工作人员指南。实验人员选出后，实验教师应宣读"实验工作人员指南"，让其明确在实验中的工作任务和要求。

（3）发放实验材料。由实验工作人员向实验参与者发放收益记录表等实验材料。

（4）宣布实验者实验。由实验教宣读和展示"实验者指南"，并在实验开始前询问实验参与者是否完全理解实验规则，如果实验参与者对实验规则存在疑问，应对实验规则进行解释，以使每个实验参与者都能完全掌握实验的规则、要求收益计算方法、实验时间及注意事项等内容。

（5）开展实验。在宣读实验指南后，正式开始实验，实验时间应控制在 15 分钟以内。

（6）记录实验者数据。实验结束后，教师指导实验工作人员对数据进行统计，实验参与者完善自己的实验记录单和相关信息，并将实验记录单上交，由工作人员进行检查、核对，并对错误信息及时更正并公示。实验工作人员汇总相关实验数据，包括实验记录总表和实验数据汇总表。工作人员用 EXCEL 或其他软件汇总全班同学的收益，并进行公示。

五、实验结果讨论和分析

（一）问题思考

（1）在问题 1 中，实验者在 A、B 两个选项中选择哪一个选项较多？为什么？

（2）在转让问题 1 的 A、B 两个选项时，你愿意对哪个选项定价高的价格？为什么？

（3）在购买问题 1 的 A、B 两个选项时，你愿意对哪个选项出较高的价格？为什么？

（4）从经济学效用论的角度来看，对问题 1 中两个选择的选择及其定价是否存在矛盾之处，为什么？

（二）实验数据统计分析

1. 期望效用理论分析

期望效用理论在偏好不变假定下，认为每个决策者的效用函数是以决策者行为可能产生的结果为自变量的，假设自变量有 n 个取值（$x_1, x_2, \cdots, x_n$），假设现有行为 A 和行为 B 供决策者选择，行为 A 将会是自变量 x_i 以 p_i 概率实现，而行为 B 将会是自变量 x_i 以 p_j 概率实现，若决策者选择行为 A 放弃行为 B，则必有行为 A 所导致的效用函数期望值大于行为 B 所带来的效用函数期望值。数学方式的表达如下：

$$\sum p_i U(x_i) > \sum p_j U(x_i)$$

在实验中，实验者选择问题 1 中 A、B 两个选项的期望效用值分别为

$E_u(A) = 40 \times 35/36 - 10 \times 1/36 = 38.61$

$E_u(B) = 160 \times 11/36 - 15 \times 25/36 = 38.47$

按照期望效用理论，在具有风险和不确定条件下，个人的行为动机和准则是获得最大期望效用而不是获得最大期望金额值。那么当 $E_u(A) > E_u(B)$ 时，实验者就应该选择 A 选项并且对 A 选项给予较高的定价。

2. 实验统计数据分析

实验中问题 1 的 A 选项获得收益的概率较大，但获得的金额较小（简称"大概率、小结果"），由于选项以非常高的概率可获得 40 元钱，因此可称为"机会赌局"；而 B 选项虽然获得收益的概率较小，但获取的收益相对较高，因此可称为"金钱赌局"。将实验者选择问题 1 和问题 2 的答案进行汇总，并分别计算每个选项所占的比例，可得到实验数据汇总统计表（表 3-8）。

从实验数据的统计情况（表 3-8）来看，在问题 1 中有 30 人选择了 A 选项，有 19 人选择 B 选项，分别占实验参与者总人数的 61.22% 和 38.78%，这说明有 61.22% 的实验参与者认为 A 选项的效用大于 B 选项。在问题 2 中，在出让选择权的定价中，实验者对 A 选项的平均定价为 26.54 元，B 选项的平均定价为 27.85 元；在购买选择权的定价中，实验者对 A 选项的平均定价为 24.48 元，B 选项的平均定价为 25.32 元。实验结果表明，有相当一部分问题 1 中选择选项的实验者，在转让和购买 A 选项时的定价都比较低，出现了偏好和定价不一致的"偏好逆转"现象。

表 3-8　实验数据汇总统计表

问题	选项人数		选项比例	
问题1	A 选项人数	B 选项人数	A 选项比例	B 选项比例
	30 人	19 人	61.22%	38.78%
问题2	转让 A 的均价	转让 B 的均价	购买 A 的均价	购买 B 的均价
	26.54 元	27.85 元	24.48 元	25.32 元

（三）实验总结

偏好逆转实验中的一个重要发现是"接受愿意"与"支付愿意"间的巨大悬殊，即如果让人们对某种经济利益进行定价，则其得到这种经济利益所愿支付的最大值，远远小于其放弃这种经济利益所愿接受的最小补偿值。与"阿莱悖论"一样，偏好逆转是期望效用理论被违反的另一种情形，而偏好逆转是个体决策与偏好方面选择与定价不一致的现象。

对于偏好逆转的讨论是相当广泛的，学术界对于偏好逆转产生的原因尚未形成统一认识，通过对偏好逆转原因研究成果的分析，可将偏好逆转原因的理论解释归纳为三大类：①偏好逆转是由用人工方法来诱导彩票价格所引起的，逆转是由违反了传递性和程序不变性所引起的。②从理论上观察，霍尔特（Holt，1986）等表明偏好逆转是由违反独立性公理引起的。西格（Segal，1988）辩论说偏好逆转也许是由违反了复合彩票的简约公理引起的；Cox 和 Epstein（1989）则认为大量偏好逆转是由于被试反应违反了非对称公理，而这些结果与期望效用理论及其推广均不一致。③一些其他的解释，包括 Looms 和 Sugden（1983）的后悔理论、Lichtenstein 和 Slovic（1971）的锚固调整模型、Wilcox（1989）复杂决策成本论、Berg 和 Dickhaut（1990）的货币刺激不足论等。

第四节　前景理论实验

从 20 世纪 70 年代开始，卡尼曼和特维斯基在借鉴阿莱、斯洛维克和力切特斯汀等人研究的基础上，通过调查和试验，搜集了许多个体行为的研究成果，发现不确定条件下判断和决策的实际行为偏离期望效用理论的预测，而这些偏差具有规律性，从而质疑经济学的理性基本假设，向期望效用理论提出挑战，于 1979 年提出前景理论。前景理论相对于期望效用理论更准确描绘了决策者在不确定条件下的判断和决策行为，成为行为经济学的理论基石。前景选择遵循的是个体特殊的心理过程和规律，人们往往并不是在具有了完备的信息和充足的计算能力的前提下才做出对前景的选择，人们是根据价值的变化而不是价值的现有状况来分析决策，进行价值运算首先规定一个参照点，不同的决策构架将产生不同的参照点，价值相对于这个参照点就有不同的盈亏变化，这种变化将改变人们对价值的主观感受值函数，从而影响并改变人们的偏好。

一、实验目的

参照卡尼曼和特维斯基有关前景理论实验的设计框架，通过构造两组有关个体选择问题来模拟前景理论实验环境，让学生通过实验，感受不确定条件下的个体选择行为，验证、比较实验结果和期望效用理论结果之间的差距，理解实验结果反映出对期望效用理论消除性等假设背离，进一步思考期望效用理论存在的问题。

二、实验准备

（一）实验环境

我们设计一个包含有关个人选择行为的两组问题供学生选择，以观察他们在不确定条件下如何通过选择实验收益的最大化。

实验的场地是一间敞亮的、空间较大的教室，或配有多台计算机终端系统的实验室。如果在教室中进行前景理论实验，需要配备足够的课桌椅、多媒体投影仪、计算机、黑板、随机数生成软件等道具。

（二）实验人员

本实验的实验人员数量没有严格要求，全班学生都可参加实验。课件实验人员分为实验参与者和实验工作人员，其中实验参与者的数量不限，可选择 2 名实验工作人员。将实验人员按照学号进行编号，标号分别为 A_1，A_2，A_3，…，A_n。

（三）信息卡片和表格

在本实验中，需要准备若干份个人收益记录表（表 3-9）、1 份实验记录汇总表（3-10）、1 份实验数据汇总统计表（表 3-11）。

（四）实验指南

阅读教师实验指南，准备"实验者指南"和"实验工作人员指南"的电子版或纸质版，并提供给各个实验参与者和实验观察者。

表 3-9　个人收益记录表

问题	选项	收益
问题 1（A、B）		
问题 2（C、D）		

表 3-10　实验记录汇总表

实验者编号	问题 1		问题 2	
	选项	收益	选项	收益
A_1				
A_2				

续表

实验者编号	问题 1		问题 2	
	选项	收益	选项	收益
A₃				
⋮				
⋮				
Aₙ				

表 3-11　实验数据汇总统计表

问题	选项人数		选项比例	
问题 1	A 选项人数	B 选项人数	A 选项比例	B 选项比例
问题 2	C 选项人数	D 选项人数	C 选项比例	D 选项比例

三、实验指南

（一）教师实验指南

1. 实验前的准备工作

在课堂实验开始之前，作为实验组织和管理者的教师应在课前准备好以下工作：

（1）仔细查阅和了解课堂实验的相关文献，熟悉相关术语，以加深对本次课堂实验的理解和认识，同时要了解参与实验班级的学科专业背景和整体班级氛围，对课堂实验进行总体设计。

（2）准备若干个人收益记录表和实验数据汇总统计表、实验指南若干份。

（3）进行课堂实验设计。课堂实验设计的内容包括选择问题设计、实验总体进程设计、实验规则和注意事项设计、实验的收益计算规则设计等。

本实验为有关"阿莱悖论"的实验，共设计两组选择题供学生选择，在实验过程中只能进行一次选择，并根据选择结果计算实验收益。选择决策实验控制在 10 分钟左右。

选择问题设计如下：

问题 1

选项 A：你一定能赚 30 000 元。

选项 B：你有 80% 可能赚 40 000 元，20% 可能性什么也得不到。

你愿意选择哪一项呢？

问题 2

选项 C：你一定会赔 30 000 元。

选项 D：你有 80% 可能赔 40 000 元，20% 可能不赔钱。

你愿意选择哪一项呢？

（4）通知学生在课堂实验前了解课堂实验形成的经济学理论背景，并督促其完成必要的理论学习，仔细阅读实验指南或实验规则。

（5）检查进行课堂实验的教室实验环境准备和布置，对教室中的桌椅进行适当的调整，防止实验观察者参与者之间进行交流协商，以保证实验参与者在实验过程中的独立性。

2. 实验过程中的管理、组织

本次课堂实验的流程如下：

（1）宣布课堂实验开始，利用多媒体设备展示或直接向学生发放纸质版的实验指南，让学生阅读了解实验的要求、规则、收益计算方法和注意事项等，同时提醒学生注意相关细节。

（2）利用随机数生成器或相关的随机数产生软件抽取 2 名实验工作人员，按照事先设计好的"实验工作人员指南"，对工作人员在实验中的职责作出分配，实验工作人员在实验中严格遵守中立立场，不得随意与实验参与者进行交流或透露实验参与者的相关选择信息。

（3）安排实验工作人员在实验室或教室中的位置：将一名工作人员安排在讲台黑板附近，以便于他们记录实验数据和计时，将另一名工作人员安排在实验区，让他们负责发放和收集实验收益记录表等工作，并允许他们自由走动。

（4）实验要求和注意事项：强调说明实验参与者和实验工作人员获取实验收益的必要性，其中实验参与者的收益取决于个人的决策行为，而实验工作人员的收益等于全体实验参与者最终收益的平均数，而每个实验参与者的目标都是在实验中获得尽可能多的收益。实验参与者之间不能进行交流和协商，实验工作人员和实验参与者不得随意泄露实验参与者的个人信息等。

（5）公布实验违规者的收益处罚事项。对实验参与者、实验工作人员和实验观察者的违规行为进行处罚是为了保证实验的有效性和收益的公平性。处罚必须与实验参与者的个人激励挂钩，对违规处罚的标准可视主观过错程度和对其他人的收益和实验数据的影响综合考虑。

（6）实验开始后，组织教师与工作人员要仔细观察和监督整个实验交易过程，及时地处理个别实验者出现的疑问，指导和督促实验参与者和实验工作人员规范地做好各项实验数据记录，并维持整个交易过程的秩序。

（7）进行一些实验过程的记录。及时对课堂实验过程中存在的问题和学生的疑问建议加以记载，以便对课堂实验的设计和思想进行完善。

3. 实验结果的讨论和分析

实验结束后，引导学生对以下问题进行讨论和分析：

（1）根据自己对两组问题选择的答案和预期效用理论计算自己的收益和损失。

（2）试根据对实验过程的观察和预期效用理论对实验者两个问题选择答案的数量进行预测。

（3）总结自己在实验中关于两组问题答案选择的依据和原则，比较自己选择结果是否符合预期效用理论，如不符合，请思考造成差异的原因。

（4）进行实验结果的分析，通过统计全部实验参与者对两组问题答案数量，说明全部实验选择结果偏离预期效用理论的程度，并分析产生偏离的原因。

（5）根据分析过程指导学生撰写实验报告。实验报告应该包括实验目的、实验环境、实验设计的经济学理论、实验过程的记录、实验结果的分析、实验的主要结论等环节。

（二）实验者指南

欢迎你参加本次课堂实验，本实验是关于个体选择行为的实验。在实验中，要求大家对我们所列出的两组问题进行选择，并根据你的选择结果计算你的收益。在实验过程中应注意以下要求和规则：

（1）每一个实验者都以追求收益的最大化为目标；

（2）实验参与者之间不能交流和协商，每一个实验参与者都应独立作出选择；

（3）答案选择只进行一次，不重复实验，每一个问题只能选择一个答案；

（4）选择答案后应根据选择的答案及时计算、记录自己的收益，答案选择及计算收益时间为 10 分钟；

（5）实验收益记录后，应将实验收益记录表交给实验工作人员，以便于汇总实验数据；

（6）对违反实验规则和程序的实验者相互交流协商、实验工作人员透露实验者选择信息等行为进行处罚，处罚的力度以违规行为对实验数据的影响程度、对其他参与者收益的影响程度而定。

（三）实验工作人员指南

首先，欢迎各位实验工作人员，你们将是这次课堂实验的管理者和组织者。

（1）产生：由抽奖软件或随机数程序抽选 2 名实验工作人员。

（2）分工及职责：2 名实验工作人员中，一人负责实验数据的录入和汇总工作，另外一人负责收益记录表的发放和收缴，并负责核对实验参与者的收益。

（3）工作注意事项：实验工作人员在实验过程中始终保持中立立场，既不能和实验参与者进行协商，也不能透露实验参与者的选择结果，以保证每一个实验参与者均能独立作出选择。

（4）收益：实验工作人员因为没有直接参与实验，所以不能获得实验收益，从考核与激励的角度来说，应该给予适当的收益。一般的，工作人员的收益应该相当于全体实验参与者平均实验收益。

四、实验过程

（1）实验人员的选择。实验人数不限，采用随机原则选取 2 名实验工作人员之后，可将全班剩余同学都确定为实验的参与者。

（2）宣读实验工作人员指南。实验人员选出后，实验教师应宣读"实验工作人员指南"，让其明确在实验中的工作任务和要求。

（3）发放实验材料。由实验工作人员向实验参与者发放收益记录表等实验材料。

（4）宣布实验者实验。由实验教宣读和展示"实验者指南"，并在实验开始前询问实验参与者是否完全理解实验规则，如果实验参与者对实验规则存在疑问，应对实验规则进行解释，以使每个实验参与者都能完全掌握实验的规则、要求收益计算方法、实验时间及注意事项等内容。

（5）开展实验。在宣读实验指南后，正式开始实验，实验时间应控制在 10 分钟以内。

（6）记录实验者数据。实验结束后，教师指导实验工作人员对数据进行统计，实验参与者完善自己的实验记录单和相关信息，并将实验记录单上交，由工作人员进行检查、核对，并对错误信息及时更正并公示。实验工作人员汇总相关实验数据，包括实验记录总表和实验数据汇总表。工作人员用 EXCEL 或其他软件汇总全班同学的收益，并进行公示。

五、实验结果讨论和分析

（一）问题思考

（1）在问题 1 中实验者选择较多的选项是哪一个？为什么？

（2）在问题 2 中实验者选择较多的选项是哪一个？为什么？

（3）从预期效用理论来看，实验者对问题 1 和问题 2 的选择行为是否矛盾？为什么？

（二）理论分析

实验问题 1 表明，实验者面对的是收益，A 选项获得收益虽然较小，但是一个确定性事件，而 B 选项的收益虽然较大，但获得收益具有一定的风险。在问题 2 中实验者面对的是损失，A 选项虽然损失较小，但是一个确定性事件，而不选项虽然损失较大，但有较小的可能不损失。根据预期效用理论，在问题 1 中实验者选择 A、B 选项的预期收益分别为

$E_u(A) = 3000 \times 100\% = 3000$

$E_u(B) = 4000 \times 80\% + 0 \times 20\% = 3200$

在问题 2 中实验者选择 C、D 选项的预期损失分别为

$E_u(C) = 3000 \times 100\% = 3000$

$E_u(D) = 4000 \times 80\% + 0 \times 20\% = 3200$

根据预期效用理论，理性人在实验中在面对收益时应追求收益的最大化，在面临损失时应使损失实现最小化。所以，根据预期效用理论实验者在问题 1 中应该选择 B 选项，在问题 2 中应该选择 C 选项，因为在问题 1 中 B 选项的预期收益比 A 选项高，在问题 2 中 C 选项比 D 选项的损失小。

（三）实验结果统计分析

将实验者选择问题 1 和问题 2 的答案进行汇总，并分别计算每个选项所占的比例，可得到实验数据汇总统计表（表 3-12）。

表 3-12 实验数据汇总统计表

问题	选项人数		选项比例	
问题1	A 选项人数	B 选项人数	A 选项比例	B 选项比例
	34 人	12 人	73.91%	26.09%
问题2	C 选项人数	D 选项人数	C 选项比例	D 选项比例
	10 人	36 人	21.74%	78.26%

从实验数据统计结果来看，在实验中仅有 26.09% 和 21.74% 的实验者选择了 B 项和 C 项，并未实现收益最大化和损失最小化的目标。实验数据表明，实验者和经济学中"理性人"假设不一致。实验结果也表明，大多数的实验者对风险的态度是变化的。在问题 1 中，73.91% 的实验者选择了 A 选项，这说明大多数的实验者在面对收益时是厌恶风险的，而在问题 2 中有 78.26% 的实验者选择了 D 选项，这说明大多数实验者在面对损失时是偏好风险的。这说明实验者在实现过程中，出现了风险偏好不一致的现象，这违背了预期效用理论。

前景理论与预期效用理论的差别主要体现在用价值函数替换了预期效用论中的效用函数，前景理论中的价值函数是相对于某个参考点的利得和损失，而不是预期效用理论所重视的期末财富，将价值的载体落实到财富的改变而非最终状态上。卡尼曼和特维尔斯基的研究指出，在参考点上，人们更重视预期与结果的差距而不是结果本身。

前景理论通过大量的实验和效用函数的运用，概括起来基本内容主要有四点：①当人们面临条件相当的获得前景时更加倾向于实现风险规避，而面临条件相当的损失前景时更加倾向于风险趋向。②人们对损失和获得的敏感程度是不同的，人们对损失比对获得更敏感，即财富减少产生的痛苦与等量财富增加给人带来的快乐不相等，前者要大于后者。③大多数人对得失的判断往往根据参考点决定（参照依赖），人们不仅看重财富的绝对量，更加看重的是财富的变化量。④前期的决策的实际结果会影响后期的风险态度和决策。前期盈利可以使人的风险偏好增强，还可以降低后期的损失；而前期的损失会加剧以后亏损的痛苦，风险厌恶程度也相应提高。

第四章　厂商理论实验

厂商是西方经济学研究的主要决策行为主体，也是市场经济活动中投资和生产活动的主要参与者，其目标是通过投资、生产活动来实现利润最大化。因此，在经济学实验的设计中往往是通过考察其既定产量条件下的成本最小化决策或既定成本下的产量最大化、利润最大化决策等行为决策过程来理解投资、生产等经济活动。

第一节　厂商成本决策实验

消费者个人行为选择是目前为止经济学实验最为活跃的三大领域之一。但是，经济学实验的结果显示：个人偏好和市场相对价格既定条件下消费者个人的行为具有易变性。相对而言，作为投资和生产活动主体的厂商的行为则较为稳定，但近年来通过模拟厂商决策行为来验证一些经济学的假设和原理的大量尝试使得厂商的成本决策成为课堂实验中研究厂商决策行为的主要内容之一。

一、实验目的

本次课堂实验通过学生模拟厂商投入成本的过程，观察和体验不同类型成本投入对产量的影响，从而深入理解厂商利润最大化或产量最大化目标是如何通过投入组合数量的改变而实现的，并理解不同类型的成本对厂商产出决策的影响。

二、实验准备

（一）实验环境

本次实验我们模拟厂商在既定技术、既定市场价格（包括产品市场价格和要素市场价格）条件下如何通过对各种投入要素组合的选择来实现利润最大化。实验的场地可以是手工的，如一间敞亮的、空间较大的教室，或在配有多台计算机终端系统的实验室。如果在教室中模拟交易过程，需要配备足够的课桌椅、多媒体投影仪、联网的计算机、电子屏幕、黑板、粉笔、黑板擦、计算器、随机数生成软件、若干张白纸、直尺等道具。

（二）实验分组

在本实验中，将全班同学分为两大组：一大组为主体实验参与者，采用随机数生成软件选出，其数据进行实验报告分析，实验收益计入本人收益；另一大组为辅助性实验参与者，记录实验数据，包括记录本人收益，但实验数据不再作为实验报告分析依据。① 其中主体性实验参与者约为 36 人，分为 6 个实验小组。

（三）信息卡片和表格

在本次课堂实验中，需要准备记录个人信息的卡片（表 4-1）若干、个人实验记录表（表 4-2）若干份、实验数据汇总统计表（表 4-3、表 4-4）若干份。

表 4-1　生产者记录单

厂商编号：＿＿＿＿＿　生产监督员：＿＿＿＿＿

轮次	产量	工人人数	纸张数量	书桌成本	椅子成本	剪刀成本	蜡笔成本	直尺成本	工人成本	纸张成本	总不变成本	总可变成本	总成本	总收入	平均不变成本	平均可变成本	平均总成本	边际成本	利润

表 4-2　监督者记录单

厂商编号：＿＿＿＿＿　生产监督员：＿＿＿＿＿

轮次	产量	工人人数	纸张数量	书桌成本	椅子成本	剪刀成本	铅笔成本	直尺成本	蜡笔成本	工人成本	纸张成本

---

① 经济学的首要原则是"价值诱导原则"（induced value theory），这一原则在西方经济学课堂实验中如何实施是一个难点。可行的办法是将学生的实验与课程成绩挂钩。同时为了保证课堂实验实施的科学性与有效性，实验分组要兼顾随机性和获取收益的相对公平性。一种可行的分组是将全班同学分为主体性课堂实验参与者和辅助性课堂实验参与者。

表 4-3　实验公示栏表

总产量	轮次	1	2	3	4	5	6	7	8
厂商编号	A								
	B								
	C								
	D								
	E								
	F								

表 4-4　实验数据汇总统计表

班级：_____　时间：_____

轮次	产量	总不变成本	总可变成本	总成本	总收入	平均不变成本	平均可变成本	平均总成本	边际成本	利润
1										
2										
3										
4										
5										
6										
7										
8										

（四）实验指南

阅读教师实验指南，并准备"实验者指南"和"实验工作人员指南"的电子版或纸质版，并提供给各个实验参与者和实验观察者。

三、实验指南

（一）教师实验指南

1. 实验前的准备

在课堂实验开始之前，作为实验组织和管理者的教师的准备工作主要包括如下内容。

首先要进行实验设计。本次实验主要是通过学生模拟厂商短期生产决策以实现利润最大化的过程。因此需要考虑每个厂商投入的要素的种类，投入要素数量分为固定成本和可变成本数量，每个投入要素的价格，生产出产品的数量和价格等。为了简化课堂实验过程，可以假设每个要素投入的价格都是既定的、产品价格和市场需求是既定的，生产技术始终保持不变。

具体设计如下：

假设参加这次课堂实验的学生人数为 36 人，分为 6 个小组代表参加生产的 6 个厂商，A、B、C、D、E、F，每个小组任命一名组长负责组织和管理，同时随机抽取 4 名实验工作人员。

假设在这次课堂实验中每个厂商生产的产品是用一张 A₄ 纸制作的 8 张小卡片，卡片的规格是 4.3 厘米×5.6 厘米的矩形，尺寸误差不得超过 0.2 厘米，同时要在 8 张卡片上标注 "a₁、a₂、a₃、a₄、a₅、a₆、a₇、a₈" 的记号，涂上 8 种颜色，经检验合格方为 1 单位产品。生产此产品的投入要素和价格如表 4-5 所示。[①]

表 4-5　生产产品的投入要素和价格

投入要素	桌子	椅子	直尺	蜡笔	剪刀	铅笔	纸张	工人
单位价格/元	16	8	2	5	3	1	0.5（A₄）	12 元/人
投入数量	1 张	1 张	1 把	1 盒	1 把	1 支	不限	不限

在投入要素中，只有纸张和工人是可变生产要素，其余均为固定生产要素。

本次实验共进行 8 轮，在每轮实验中，除了固定生产要素的数量，纸张和工人都是依照一定的规则变化。在前 4 轮，依次投入的工人数是 1 个、2 个、3 个、4 个，而后 4 轮，投入的工人人数由厂商自己决策。

假设厂商生产 1 单位产品（经检验规格合格、依次标序、八种颜色的 8 张卡片）马上可以售出，其市场售价是 100 元/单位。

2. 实验过程中的管理、组织

本次课堂实验的流程和规则应该包括：

（1）讲解和分析实验设计内容和实验目的。

（2）介绍实验分组的规则，按照随机原则进行人数抽取、角色的选取。

（3）宣读或公示 "实验者指南" 和 "实验工作人员指南"，并强调本次课堂实验特别注意事项。

（4）待实验参与者和工作人员就位后，宣布 "主体性课堂实验" 开始，同时进行两个小组，如 A、B 两个小组，由组长负责同一小组生产的组织协调和管理，先可进行热身练习，确信没有任何疑义，宣布第 1 轮正式开始，各小组在组长的协调下协商投入要素的数量（主要是纸张），固定要素每轮都保持不变。工人数量投入的规则是第 1 轮 1 人、第 2 轮 2 人，第 3 轮 3 人，第 4 轮 4 人。从第 5 轮开始，投入的人数由小组成员协商共同决定。

（5）在产品的生产中需要注意的是，裁纸只能使用剪刀，不能使用其他方式，并且纸只能一张一张剪开，不能将纸折叠在一起裁开。本轮中投入的纸张都作为成本计入，若有未完成的产品视为半成品，如纸没有剪完、纸剪完了但没有做成卡片、卡片剪好了但没有标注序号等都视为半成品，或者制作好了部分卡片，没有达到 8 个数量也算作半成品，半成品可在下一轮继续进行生产，但成本要以 A₄ 纸为单位计入本轮成

---

① 本书涉及的信息方面的设计都以例子形式出现，为防止这些信息对学生课堂实验形成某种暗示，书中的个人信息设计都不宜作为实际课堂实验中的个人信息，教师应根据这些信息的设计原理，重新设计实验中的信息，以保证课堂实验的科学性和有效性。

本。如果在最后一轮出现的半成本则视为废品，不得计入产品数量。

（6）产品的检验和销售。每个厂商自行决定选择时机将生产好的产品送往生产监督者（由实验工作人员担任）那里检验，检验不合格的产品可由厂商重新生产。经检验合格的产品可直接进入市场销售，即由实验工作人员作为消费者购买，售价为 100 元/单位，不存在滞销、产品价格改变的情况。

在实验开始之前给大家 10 分钟的时间进行讨论，每一轮实验的时间为 5 分钟，每轮开始之前都给 3 分钟的时间进行总结和研究生产策略。每一轮结束后都要填写生产者记录表。

（7）随机抽取的 4 名工作人员负责生产规则的监督、产品的检验和登记，公示。严格监督每个厂商按照实验规则进行生产，按照实验规则的要求进行合格产品的检验和验收。

（8）按照以上规则和流程进行"辅助性课堂实验"。

3. 实验结果的讨论和分析

交易结束后，学生回到自己的座位上进行实验结果分析。

首先进行实验结果的讨论：

（1）实验小组的组长总结自己代表的厂商在生产过程中的组织、决策和策略的调整，并说明是如何实现利润最大化的。

（2）实验观察者根据公示的实验数据归纳六个厂商生产策略和决策过程，试归纳这六个厂商实现利润最大化的策略有何不同。

（3）老师选择有代表性的厂商的数据，向学生讲解这次厂商短期生产的过程，分析投入的生产要素在整个生产过程中的变化，以及其如何影响厂商的利润最大化决策。同时，通过数据来总结边际劳动报酬递减规律的情况。

其次进行实验结果的分析。

在本次厂商决策的课堂实验中，实验结果的分析应包括：

（1）根据假设数据计算厂商理论上最佳的投入组合和最大产量、理论上短期总成本、平均成本、平均可变成本、平均不变成本、边际成本、总产量、总收益、边际产量、平均产量、平均产量、平均收益、边际收益等数据。

（2）对实验数据进行汇总，包括短期总成本、平均成本、平均可变成本、平均不变成本、边际成本、总产量、总收益、边际产量、平均产量、平均产量、平均收益、边际收益等数据。

（3）对比实验与理论上对应的数据，结合实验目的分析实验效果。对于实验中形成的结论与理论上的差异应结合本次课堂实验设计和实验过程进行分析和解释。

（4）教师指导学生撰写实验报告。实验报告应该包括实验目的、实验环境、实验设计的西方经济学原理、实验过程的记录、实验结果的分析、实验的主要结论等环节。

（二）参与者实验指南

欢迎各位幸运的同学参加本次实验。

1. 实验总体规划

本次课堂实验我们模拟进行的是厂商在既定要素价格、市场产品价格下，在技术水平不变条件下短期生产投入决策的过程。

参加本次实验的同学由随机抽取的 36 人组成，分成 6 个实验小组，分别代表本次实验的 6 个厂商 A、B、C、D、E、F，每个实验小组 6 人，共同组成一个企业，代表一个厂商，按照实验要求，使用实验中提供的生产要素和原材料，在规定时间内完成产品生产，然后根据预先规定的产品价格、要素价格计算产品的投入成本、产量和利润，每一个厂商的目标是尽可能实现利润最大化，厂商的收益中 10% 作为企业管理者（选举或随机抽取的实验小组组长）的报酬，剩余收益在 6 名实验参加者之间进行平均分配，并计入本人本学期的实验总收益。

2. 时间限制

本次实验 8 轮，每轮的时间为 5 分钟，在实验开始之前，给每个实验小组 10 分钟时间进行讨论，决定生产的组织和投入策略，在每轮实验结束后，留出 3 分钟时间进行讨论和协调行动，并填写生产记录单。

生产规则：对于每一位厂商来说，假如投入的要素数量和价格如表 4-6 所示。

表 4-6 投入的要素数量和价格

投入要素	桌子	椅子	直尺	蜡笔	剪刀	铅笔	纸张	工人
单位价格/元	16	8	2	5	3	1	0.5 (A$_4$)	12 元/人
投入数量	1 张	1 张	1 把	1 盒	1 把	1 支	不限	不限

每个厂商利用上表中的投入要素生产的产品为由一张 A$_4$ 纸剪成 8 张卡片，其规格为 4.3 厘米×5.6 厘米的矩形，尺寸误差不得超过 0.2 厘米，同时要在 8 张卡片上标注"a_1、a_2、a_3、a_4、a_5、a_6、a_7、a_8"，涂上 8 种不同的颜色，经检验合格方为 1 单位产品。

在产品的生产中需要注意的是，裁纸只能使用剪刀，不能使用其他方式，并且纸只能一张一张剪开，不能将纸折叠在一起裁开。本轮中投入的纸张都作为成本计入，若有未完成的产品视为半成品，如纸没有剪完、纸剪完了但没有做成卡片、卡片剪好了但没有标注序号等都视为半成品，或者制作好了部分卡片，没有达到 8 个数量也算作半成品，半成品可在下一轮继续进行生产，但成本要以 A$_4$ 纸为单位计入本轮成本。如果在最后一轮出现的半成本则视为废品，不得计入产品数量。

每个厂商自行决定选择时机将生产好的产品送往生产监督者（由实验工作人员担任）那里检验，检验的标准是规格、标序和涂色三个指标，检验不合格的产品可由厂商重新生产。经检验合格的产品可直接进入市场销售，售价为 100 元/单位，不存在滞销、产品价格改变的情况。

3. 收益计算

厂商对收益的计算可以在每一轮结束后进行，最后在第 8 轮结束后将各轮收益加总，也可以在第 8 轮结束时进行计算。收益计算的方式如下：

厂商总收益（利润）＝销售价格 100 元×产品数量－生产总成本

生产总成本＝不变总成本＋可变总成本

每个厂商的收益最终要分配给扮演这个厂商的实验小组的每个成员，分配原则是平均分配，分配的程序是：先对实验小组的组长进行分配，他可以获得管理者报酬，其数额是厂商总收益的 10％，厂商剩余收益在 6 个成员中平均分配。

4. 记录、登记和公示

在每一轮结束后，厂商都要在自己的生产者记录表上记录投入的要素数量和产出量等信息；厂商在每一轮结束后都要由实验工作人员对投入状况进行登记并公示。

5. 违规及处理

在实验过程中，厂商生产产品的方式和手段违反实验规定，实验工作人员要及时制止，并收缴违反规定生产的产品或半成品，情节严重的要给予不低于厂商总收益 20％的收益处罚。

（三）实验工作人员指南

欢迎你们幸运地成为本次课堂实验的实验工作人员或市场交易管理人员，你们必须认真阅读本指南，实验工作人员履行职责的程度决定了本次实验能否顺利进行，也会从根本上影响本次课堂实验的结果。

1. 产生

本次实验工作人员是按照随机原则在全班同学中抽取的，共 4 名。

2. 分工

本次实验中，2 名工作人员负责监督生产过程和生产过程的记录，填写监督者记录表并计时；2 名工作人员负责产品的合格检验和生产记录数据的公示。

3. 职责

在实验开始之前，要对实验所需要的表格、实验环境协助老师进行布置和调整。

在生产进行过程中，实验工作人员要做到公平公正，严格监督。首先保持与负责监督厂商的合理距离，一方面便于监督其生产，另一方面便于产品的传递，同时两名监督者之间要互相监督，以防监督员与厂商之间的串谋。2 名监督生产过程的工作人员要监督厂商在生产过程中是否按照实验规则进行产品的生产，及时制止并按照规定采取相应的处罚措施。2 名负责检验产品的工作人员同样要认真负责，公平公正，严格按照规格、标序和涂色三个指标检验，对于不合格产品可以要求厂商重新生产，但如果在第 8 轮结束，则对不合格产品按照半成品、废品处理，成本计入本厂商的总成本。

对于实验过程中的违规行为的处理要公平公正公开，对于厂商异议的可由老师进行最终裁定。

实验结束后，对实验记录和生产者产量、成本、利润等数据进行汇总和分析，为实验结果的分析做好准备。

4. 收益

实验工作人员的收益是所有参加实验同学总收益的平均数。

四、实验过程

实验过程是指整个实验的实施过程，包括实验开始后的热身练习、实验具体过程和实验数据的统计、实验结果的讨论和分析、实验报告的撰写等环节。

（一）热身练习

在开始本实验之前，请进行以下热身练习，以便学生理解实验中的交易行为。

假如你作为厂商投入的要素价格如表 4-7 所示，同时假设生产 1 单位合格产品的市场价格是 60 元。

表 4-7　投入要素价格

投入要素	桌子	椅子	直尺	蜡笔	剪刀	铅笔	纸张	工人
单位价格/元	12	6	2	4	2	1	0.5（A₄）	10 元/人
投入数量	1 张	1 张	1 把	1 盒	1 把	1 支	不限	不限

（1）在第一轮中你只雇佣了 1 名工人，生产了 1 单位合格产品，那么你投入的不变成本是____元，可变成本是____元，总成本是____元，平均成本是____元，边际成本是____元，总收益是____元，利润是____元。

（2）在第二轮中你雇佣了 2 名工人，生产了 3 单位合格产品，那么你投入的不变成本是____元，可变成本是____元，总成本是____元，平均成本是____元，边际成本是____元，总收益是____元，利润是____元。

（3）在第三轮中你雇佣了 3 名工人，生产了 6 单位合格产品，那么你雇佣了 3 名工人，生产了 6 单位合格产品，那么你投入的不变成本是____元，可变成本是____元，总成本是____元，平均成本是____元，边际成本是____元，总收益是____元，利润是____元。

（4）在第四轮中你雇佣了 4 名工人，生产了 8 单位合格产品，那么你投入的不变成本是____元，可变成本是____元，总成本是____元，平均成本是____元，边际成本是____元，总收益是____元，利润是____元。

（5）如果你想获得最大的利润，那么雇佣的工人人数应该是____名，这时你投入的不变成本是____元，可变成本是____元，总成本是____元，平均成本是____元，边际成本是____元，获得的最大利润是____元。

（二）实验具体过程

（1）实验准备。实验准备阶段主要包括实验的总体设计、实验环境的布置、实验表格的准备、实验用具的准备和人员的分配等。

（2）实验指南。重点强调实验过程的一些规则，包括产品合格的规则、雇佣人数的增减规则、产品检验规则、个人信息保密的规则、数据登记规则、收益规则、公示规则等。

（3）实验具体流程。本次课堂实验共包括 8 轮，每轮时间为 5 分钟，雇佣人数从第 1 轮的 1 人增加到第 4 轮的 4 人，每轮只增加 1 人，5～8 轮雇佣人数由厂商自己决定。其他实验过程的规则同前面的实验没有多大的区别。

（4）实验数据汇总和实验结果分析。由工作人员完成对监督者记录单、实验记录汇总表的数据统计工作。其他同学在对实验结果进行充分讨论后，在老师指导下进行实验结果的分析。

（三）实验数据的统计及汇总

（1）实验结束后，教师应指导实验工作人员对数据进行统计，实验参与者完善自己的实验记录单和相关表单，并将实验记录单上交，由工作人员进行检查、核对，并对错误信息及时更正并公示。

（2）实验工作人员汇总相关实验数据，包括实验记录总表和实验数据汇总表。

（3）工作人员用 EXCEL 或其他软件汇总全班同学的收益，并进行公示。

五、实验结果讨论和分析

（一）相关经济学理论背景

在西方经济学中，生产是通过生产函数来表示的，生产函数是指在既定的资源禀赋和既定的生产要素价格条件下，生产者投入的各种要素组合与最大产量之间的函数关系，厂商的生产函数可以表示为 $Q = F(L,K,X,\cdots)$，这个函数在本质上表现了厂商生产的技术关系。如果存在不变的要素投入，而至少有一种生产要素的投入是可变的，则这个生产函数是短期的，如果所有生产要素都是可变的，则这个生产函数是长期的。短期的生产函数 $Q = F(L,K^*)$（其中，L 是可变的，而 K^* 则表示其他不变的生产要素投入）可以表现为产量在其他要素不变的情况下随着一种生产要素投入量的变化而变化，满足这种可变要素投入的边际产量递减规律的要求；而长期生产函数 $Q = F(L,K)$ 则表现在一簇等产量曲线中，随着等产量曲线外移而产量不断增加、规模不断增大的过程。

短期生产函数表达的含义是，存在不变的生产要素投入，当至少有一种生产要素变动时，厂商的产量变动情况。比如在 $Q = F(L,K^*)$ 中，L 是可变的，而 K^* 则表示其他不变的生产要素投入，则总产量 $Q = F(L,K^*)$ 会随着 L 投入的变化而变化，但产量增加的速度是逐渐递减的，这就是劳动的边际产量 MP_L 或劳动的边际生产力递减规律作用的结果，表现在短期总产量曲线上，如图 4-1，总产量曲线中产量 Q 随着劳动投入 L 的增加先以递增的速度增加，

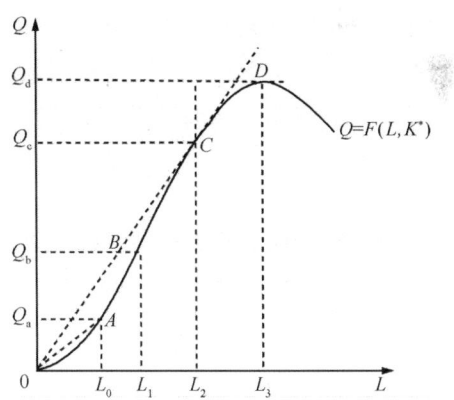

图 4-1　一种可变要素劳动投入变动对产出的影响

增加到一定程度再以递减的速度增加，在产量达到 L_2 之前，随着劳动投入量的增加，产量以递增的速度增加，表现为 A 点到 B 点再到 C 点的斜率是递增的，当劳动投入量大于 L_2 而小于 L_3，产量绝对量是增加的，但以递减的速度增加，当劳动投入量继续增加并大于 L_3 时，总产量开始递减。如果厂商生产的产品的市场价格保持不变，则厂商的总收益也呈现出同样的变化趋势。

对于厂商来说，他的目标是利润最大化，其总利润不但取决于总收益的变化趋势及规模，还取决于厂商投入要素的成本的变化趋势和规模。厂商投入的成本在短期内

分为固定成本和可变成本,固定成本不会随着产量的变化而变化,而可变成本则会受产量变化的影响。因此,当要素价格 w、r 与产出品价格 P 保持不变时,厂商利润目标 π 主要取决于投入可变生产要素 L 的变化情况:$\pi = TR - TC = PQ(L, K^*) - (rK + wL)$。

（二）实验结果的讨论

请本次课堂实验的参与者和场外观察者在实验结束后思考讨论以下问题:

（1）实验参与者总结自己的决策过程和特点。

（2）实验观察者总结和讨论从第 1 轮到第 4 轮,随每个厂商工人人数变化其成本和产量如何变化?

（3）什么是边际产量递减规律? 那么在这次实验中有没有观察到这一现象,为什么?

（4）老师引导学生讨论,厂商是如何通过投入的调整来实现利润最大化目标的? 如果在长期,厂商如何实现利润最大化的目标?

（三）实验结果的分析

此次实验结果的分析过程和步骤参见其前面"教师实验指南"的相关内容。

第二节　垄断厂商差别定价实验

在市场经济中,作为生产主体的厂商有多种类型,依据其所在的市场结构环境将厂商分为完全竞争厂商、完全垄断厂商、垄断竞争厂商和寡头垄断厂商,完全竞争厂商是其生产的产品的市场价格被动接受者,而其他三种类型的厂商在一定程度上对其生产的产品价格都存在一定程度的控制性,尤其是垄断厂商可以针对不同消费群体和市场实行歧视价格,从而获得更多的垄断利润。获得最大化利润的目标除了对产量、价格和规模的调整,还可以通过对价格的操纵实现,这正是本次课堂实验所要观察和验证的。

后面通过垄断市场课堂实验将验证完全垄断厂商通过对产量的调整以实现利润最大化的过程,垄断厂商还可通过对价格的操纵来获得更多的垄断利润,这正是本次课堂实验所要观察的。

一、实验目的

这次课堂实验的目的,是通过参与和观察课堂实验过程,让学生体验和认识垄断厂商通过价格歧视的方式来提高利润水平,同时了解垄断厂商实施价格歧视的条件、其对垄断市场效率产生的影响等,从而进一步加深对厂商行为和垄断现象的理解。

二、实验准备

（一）实验环境

本次实验我们模拟完全垄断厂商在技术水平不变、要素价格不变的前提下通过对价格的操纵来实现更多的利润的决策过程。

实验的场地可以是手工的，如一间敞亮的、空间较大的教室，或在配有多台计算机终端系统的实验室。如果在教室中模拟交易过程，需要配备足够的课桌椅、多媒体投影仪、联网的计算机、电子屏幕、黑板、粉笔、黑板擦、计算器，随机数生成软件、若干张白纸、直尺等道具。教室中布置形成供买卖双方围坐的空间，其他同学围坐在他们周围，并保持足够的空间和距离，以免其他同学干扰实验参加者的决策和影响实验结果的有效性。

（二）实验分组

在本实验中，将全班同学分为两大组，一大组为主体实验参与者，参与者约为15人，另外有实验工作人员4人，采用随机数生成软件随机选出；另一大组为辅助性实验参与者。

（三）信息卡片和表格

在本实验中，需要准备记录个人信息（如图4-2和图4-3，表4-8和表4-9中的设计例子）的卡片若干、个人实验记录表若干份、实验数据统计总表若干份。

B_2	A_1
商品序数：2	商品序数：1
买方价值：20	买方价值：8

图 4-2 消费者信息举例

S
商品序数： 1 2 3 4 5 6 7 8 9 10 11 12
买方价值： 5 5 5 5 5 5 5 5 5 5 5 5

图 4-3 厂商个人信息表样式

注：A_1、B_1 表示不同的消费者信息。

表 4-8 厂商的个人信息

商品序数	第1单位	第2单位	第3单位	……	第18单位	第19单位	第20单位
边际成本/元	2	2	2	……	2	2	2

表 4-9 消费者的个人信息

市场Ⅰ	商品序数	1	2	3	4	5	6
	保留价格/元	26	24	22	20	18	16
市场Ⅱ	商品序数	1	2	3	4	5	6
	保留价格/元	14	13	12	11	10	9

（四）实验指南

阅读教师实验指南，准备"实验者指南"和"实验工作人员指南"的电子版或纸质版，并提供给各个实验参与者和实验观察者。

三、实验指南

(一)教师实验指南

1. 实验前的准备

在课堂实验开始之前,作为实验组织和管理者的教师的准备工作主要包括以下内容。

首先要进行实验设计。本次实验主要是通过学生模拟垄断厂商通过价格歧视或差别定价以实现更多利润的过程。因此,需要考虑将参加实验的同学分为厂商组和消费者组分别代表市场的供给方和市场的需求方,厂商由 3 人构成,而消费者则由 12 人构成,同时配备实验工作人员 4 人。

厂商的个人初始资源禀赋(initial endowments)是包括一组边际成本的信息,是给定的。边际成本可以按照递增的规律设计,代表厂商按照边际成本递增的方式提供越来越多的产品,当然为了简化,也可以设计为固定不变的边际成本,如 MC=5 元,代表厂商每提供一单位商品的成本都固定为 5 元。整个需求市场消费者的初始资源禀赋也是给定的,整个市场内消费者的偏好或初始资源禀赋总体上受边际效用递减规律的制约,因此整个市场需求曲线是向右下方倾斜的。这样,在设计消费者的买方价值时,考虑从第 1 单位较高的保留价格到第 12 单位保留价格呈现出递减的变化规律,同时因为本实验中厂商面临的消费市场是分割的,因此将厂商和消费者的个人信息设计如下,假设市场厂商的边际成本函数为 MC=5,两个市场需求函数分别为 $P=25-Q, P=20-2Q$,分别代表市场I和市场II,根据以上假设设计的需求和信息表如表 4-10、表 4-11 所示。

表 4-10　市场供给的信息

商品序数	第 1 单位	第 2 单位	第 3 单位	……	第 12 单位
边际成本/元	5	5	5	……	5

表 4-11　市场需求的信息

市场I	商品序数	1	2	3	4	5	6
	保留价格/元	24	23	22	21	20	19
市场II	商品序数	1	2	3	4	5	6
	保留价格/元	18	16	14	12	10	8

根据此市场需求和供给信息来制作消费者和厂商的个人信息卡片;确定交易价格的变化幅度,如 10、5、1、0.5、0.1 等,设计者要考虑交易的次数和价格收敛的可能性,并考虑市场供给曲线和市场需求曲线之间均衡的可能性,提前进行预演和理论估算,估计两个最大利润的产量和价格,混合市场的垄断产量、价格和利润,对市场I和市场II分别估算其市场总剩余和混合市场总剩余等;本次课堂实验设计的轮次共 8 轮;对实验工作人员进行培训,以便熟练实验流程和规则等。

在实际课堂实验中教师可以依据以上原理重新设计实验数据,以保证实验过程和实验结果的科学性。

2. 实验过程中的管理、组织

本次课堂实验的流程包括以下几个方面。

（1）讲解和分析实验设计内容和实验目的。

（2）介绍实验分组的规则，按照随机原则进行人数抽取、角色的选取。

（3）宣读或公示"实验者指南"和"实验工作人员指南"，并强调实验注意事项。

（4）待实验参与者和工作人员就位后，宣布"主体性课堂实验"开始，发放预备个人信息表和个人实验记录单，进行热身练习，确信没有任何疑义，宣布第 1 轮正式开始，发放正式信息卡，计时开始，厂商向两个市场分别提出报价，也可提出相同报价，但要大声宣示，消费者可以用举手加语言表示接受这一报价，并交回信息卡，每次报价的时间间隔为 2 分钟，超过 2 分钟仍然没有成交，则为无效报价。全部交易共分 1～4 轮和 5～8 轮两阶段，时间限制在 40 分钟左右。

（5）重新发放买方信息卡，然后按照同样程序和规则开始第 2～8 轮。特别注意的是，在第 4 轮完成、实验第一阶段结束后，应将两个市场的消费者信息进行对换，厂商信息保持不变，然后开始第二阶段 5～8 轮实验，同时在第 4 轮、第 8 轮结束时，专门留给实验参与者 3 分钟时间以进行收益计算和填写收益记录单。

（6）在实验进行过程中，第 4 轮和第 8 轮，实验工作人员应将每个人的收益情况进行通报。

（7）按照以上规则和流程进行"辅助性课堂实验"。

3. 实验结果的讨论和分析

交易结束后，学生回到自己的座位上进行实验结果的分析。

首先进行实验结果的讨论，同时实验工作人员进行实验数据的汇总。

在实验统计数据没有出来之前，可以让学生讨论以下方面的问题：

（1）厂商总结自己的报价依据和调整报价的策略；

（2）实验观察者根据实验过程中的公开信息总结实验参与者的决策在不同轮次的特点和报价的规律等；

（3）在实验中，厂商的报价是不是随心所欲无所限制的？为什么？

（4）预测因为参与实验人数的有限性和信息的不充分对完全垄断市场均衡有何影响；

（5）讨论模拟的完全垄断市场的市场效率如何。

其次进行实验结果的分析。

（1）公示实验信息，包括每位实验参与者的信息表和价格，实验结束时不同市场的需求信息表、厂商的成本、交易记录结果写在黑板上或通过屏幕公开。

（2）根据个人信息卡片上的买方价值和卖方成本假设数据作出供求表和供求曲线（也可直接公布设计信息卡的供求曲线），并求出理论上均衡价格、均衡数量和社会总福利水平（社会总收益）等变量数据。

（3）将实验结果中的价格变化用描点法绘制在实验次数为横轴、价格为纵轴的平面坐标系上，引导学生分析价格收敛的过程，对价格变化和两个市场的价格收敛值差别进行解释。

例如，按照上面的设计，假设在实验中不同市场下实验的数据如表 4-12 所示。

表 4-12　实验数据

实验轮次	市场 I		市场 II	
	成交价格/元	成交数量/个	成交价格/元	成交数量/个
1	23	1	18	0
2	20	4	15	2
3	18	6	14	2
4	22	2	12	3
5	18	6	10	4
6	20	4	10	4
7	19	5	9	4
8	20	4	7	6

价格变动统计如图 4-4 和图 4-5 所示。

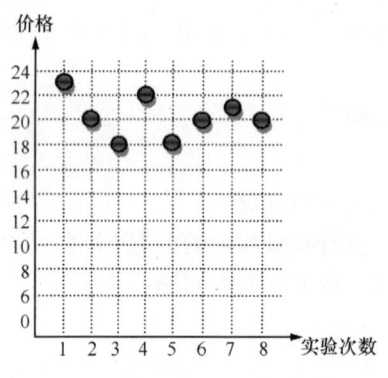

图 4-4　市场 I 中价格变化趋势

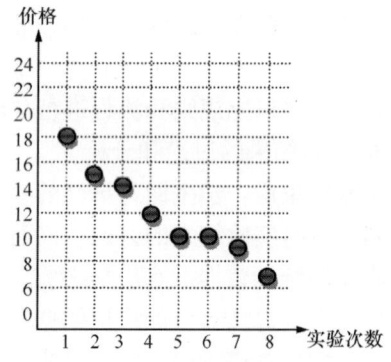

图 4-5　市场 II 中价格变化趋势

（4）对比实验与理论上数据，结合实验目的分析实验效果。如果实验结果验证了理论的预测则证明本次课堂实验是有效的，如果实验结果与理论预测相差较大，则要结合实验设计和实验过程对其进行合理解释。

（5）指导学生撰写实验报告。实验报告应该包括实验目的、实验环境、实验设计的经济学原理、实验过程的记录、实验结果的分析、实验的主要结论等环节。

（二）实验者指南

欢迎各位幸运的同学参加本次课堂实验，这次课堂实验我们模拟某种产品的完全垄断市场的交易。在交易中，大家将通过对想象的产品交易来获取收益。每一位实验参与者的目标是通过市场交易实现实验收益的最大化。

本次完全垄断课堂由全班同学来参与完成，其中随机抽取的 15 人进行"主体性课堂实验"，剩余同学参与"辅助性课堂实验"。

1. 分组及角色配备

用随机数生成软件随机抽取"主体性课堂实验"的 15 人，其中消费者 12 人，分成两个市场，分别命名为 A_1、A_2、A_3、A_4、A_5、A_6 和 B_1、B_2、B_3、B_4、B_5、B_6，厂商为 3 人，共同来完成厂商 S 的任务，同时随机抽取实验工作人员 4 人。

整个实验为 8 轮，每轮实验时间为 2 分钟，第 4 轮、第 8 轮结束后分别留出 3 分钟时间用于实验记录表的完善和实验收益的计算。

2. 实验规则

在熟悉实验规则和流程后，用备用信息卡进行热身练习，对出现的疑问及实验中的其他问题及时提出，由教师或实验工作人员进行解答，没有任何疑问时，老师可以宣布实验开始。

先由 2 个实验工作人员发放厂商信息卡片，按照随机原则分别给市场 I、市场 II 中的消费者发放信息卡片，厂商和消费者对实验收益记录单进行登记。

在每一轮实验中，厂商分别针对不同的市场进行 2 次报价，两个市场的消费者信息是私人信息，报价必须是 0.5 的倍数，要高于自己打算出售的那一单位的边际成本，报价一旦公布不得修改。

对于消费者来说，在厂商报价后，根据个人信息决定购买或不购买，但一定要小于自己的买方价值。

在整个交易过程中，厂商和消费者都不得互相暗示和以各种方式泄露自己的个人信息，否则认定为违规。同时消费者的决策都是独立做出的，不得互相串通以获得不当利益，扰乱整个课堂实验秩序。

3. 收益计算

实验参与者的目标是通过实验决策获取收益，在整个实验过程中追求实验总收益最大化。

$$厂商收益 = 成交价格 \times 成交数量 - 出售商品的边际成本总和$$
$$单个消费者收益 = 买方价值（保留价格）- 成交价格$$

在实验中，厂商的总收益要在 3 名扮演厂商的参与者之间平分。

4. 登记和公示

在整个实验过程中，厂商和消费者的角色如姓名、编号等、厂商的报价、消费者愿意并实际购买的数量都要在实验收益记录单中登记，在实验结束后予以公开。

5. 非常交易的处理

在整个实验过程中，厂商报价后，所有消费者愿意购买的数量大于厂商能够出卖的数量，则实际的成交对象及成交数量以抽签的方式决定；消费者愿意购买的数量小于厂商能够出卖的数量，则以消费者实际购买的数量成交。

6. 实验违规的处罚。

在本次课堂实验中，个人信息不得随意泄露给交易对方，同时作为消费者的决策是独立作出的，消费者决策的原则是交易价格小于买方价值。

因此，在实验进行中故意泄露自己信息的行为，消费者与对方讨价还价、暗示成交的行为、厂商故意让对方成交的"让利"行为等都视为实验违规行为，视情况给予一定的收益处罚。

7. 特别注意

(1) 每位实验参与者卡片上的信息是私人信息,在实验过程中不能随意泄露,只有成交价格、报价是公共信息。

(2) 每位实验参与者的目标是在每一轮实验中尽可能找到成交者,成交后的收益要大于零,在整个实验中的目标是实现实验总收益最大化。

(3) 在报价中,厂商在每一轮实验中有两次报价机会,而消费者只能就购买与不购买作出决策,不得与厂商讨价还价或以其他方式暗示成交或施加压力。

(三) 实验工作人员指南

欢迎你幸运地成为本次课堂实验的工作人员,你们是这次课堂实验的主要组织者和管理者。

(1) 产生。本实验中的工作人员按照随机抽取的原则产生,无论在"主体性课堂实验"或"非主体性课堂实验"中,实验工作人员一般为 4 名。

(2) 分工与职责。4 名实验工作人员中,3 人负责收发卡片,1 人负责登记、公示和计时。

分发卡片的 3 名工作人员中,2 人分别负责两个市场的消费者,1 人负责厂商。

在第 1 轮实验开始时,首先将厂商的信息卡发放,随后按照随机原则发放 12 名消费者的信息卡,同时协助登记厂商姓名、消费者的姓名及实验编号。

在厂商报价后及时检查厂商报价是否符合实验规则,在消费者作出购买决策时监督消费者的决策是否符合实验要求。当厂商在一定报价下的出售数量不等于消费者的购买数量时,工作人员采用抽签办法进行处理。当厂商报价和消费者的决策结束后,负责将实验参与者的信息卡收起。

第 2 轮开始后,重新按照随机原则在分发 12 名消费者的信息卡,按照以上职责完成第 2~8 轮实验。

4 名工作人员在实验结束时负责实验数据的汇总和实验者收益的核算。

(3) 收益。实验工作人员的收益一般是全班所有参加实验者的平均收益。

(4) 中立的立场。实验工作人员在整个实验过程中都要保持中立的立场,不得随意泄露实验参与者的私人信息,不得对实验参与者决策进行暗示,否则视为违反实验规定,视情况给予一定的实验收益处罚。

四、实验过程

实验过程是指整个实验的实施过程,包括实验开始后的热身练习、实验具体过程和实验数据的统计、实验结果的讨论和分析、实验报告的撰写等环节。

(一) 热身练习

以表 4-4 中消费者和厂商的信息为例,设计以下热身练习。

(1) 如果厂商打算出售 6 单位商品,报价是 0.5 的倍数,厂商打算两次报价都为 10 元,这时市场 I 消费者愿意购买量为____单位,市场 II 消费者愿意购买量为____单位，实际成交量应为____单位。

（2）如果厂商打算出售更多数量，两次报价都为12元，这时市场Ⅰ消费者愿意购买量为____单位，市场Ⅱ消费者愿意购买量为____单位，实际成交量应为____单位。

从上面两轮报价可以看出，市场____的消费者保留价格低，市场____的消费者的保留价格高。

（3）在新一轮实验中，厂商针对不同市场实行不同报价，如果市场Ⅰ的报价为20元，则市场Ⅰ消费者愿意购买的数量为____单位，实际成交量为____单位，厂商的收益为____元，消费者的收益为____元，对市场Ⅱ的报价如果为10元，市场Ⅱ消费者愿意购买量为____单位，实际成交量应为____单位，厂商的收益为____元，消费者的收益为____元，在本轮实验中，厂商的总收益为____元。

（4）在新一轮实验中，厂商针对不同市场实行不同报价，如果市场Ⅰ的报价为18元，则市场Ⅰ消费者愿意购买的数量为____单位，实际成交量则为____单位，厂商的收益为____元，消费者的收益为____元，对市场Ⅱ的报价如果为8元，市场Ⅱ消费者愿意购买量为____单位，实际成交量应为____单位，厂商的收益为____元，消费者的收益为____元，在这一轮实验中，厂商的总收益为____元。

（5）根据上两轮厂商报价及其收益，厂商在新一轮实验中将市场Ⅰ的报价如果再降低为16元，则市场Ⅰ消费者愿意购买的数量为____单位，实际成交量则为____单位，厂商的收益为____元，消费者的收益为____元，对市场Ⅱ的报价如果为6元，市场Ⅱ消费者愿意购买量为____单位，实际成交量应为____单位，厂商的收益为____元，消费者的收益为____元，在这一轮实验中，厂商的总收益为____元。因此厂商的报价策略调整是____的（成功/失败）。那么厂商应该将市场Ⅰ的报价____（提高/降低），将市场Ⅱ的报价____（提高/降低）。

（6）如果厂商在新一轮实验中将市场Ⅰ的报价调整为20元，则市场Ⅰ消费者愿意购买的数量为____单位，实际成交量则为____单位，厂商的收益为____元，消费者的收益为____元，对市场Ⅱ的报价如果调整为6元，市场Ⅱ消费者愿意购买量为____单位，实际成交量应为____单位，厂商的收益为____元，消费者的收益为____元，在这一轮实验中，厂商的总收益为____元。因此厂商的报价策略调整是____的（成功/失败）。那么厂商应该将市场Ⅰ的报价____（提高/降低），将市场Ⅱ的报价____（提高/降低）。

如果上述信息保持不变，你认为厂商在市场Ⅰ和市场Ⅱ最优的报价分别是____元和____元。通过热身练习来思考你在实验中对应角色的决策行为和策略。

（二）实验过程

（1）按照随机原则将实验者分成消费者小组和厂商小组，两个小组围坐在实验桌的四周，厂商应该与消费者保持一定的距离，各消费者之间也应保持一定的距离。工作人员按照分工在相应区域就位。

（2）分发并指导实验工作人员阅读"实验工作人员指南"，并对实验工作人员在实验中的工作和职责进行适当培训。

（3）分发或制作个人实验记录单，并由教师指导相关信息的填写。

（4）教师分发并宣读"实验者指南"，并对特别注意事项加以强调，包括报价规则、信息保密和公开、收益目标、每轮时间限制等。

（5）进行实验前的热身练习，熟悉收益规则，引导实验参与者确定交易策略。

（6）工作人员、实验参与者按序就座，将信息卡发放给厂商，老师宣布"主体性课堂实验"第1轮实验开始，开始计时，由工作人员按照随机原则对市场消费者发放卡片。

（7）在第1轮中，先由厂商根据愿意出售数量进行报价（可以是相同的报价，也可以针对不同市场实行不同报价）—消费者确定购买决策—市场确定成交数量，实验参与者计算收益、填写实验收益记录单，第1轮结束。工作人员重新发放消费者信息，按照上述流程和规则完成第2～4轮，第一阶段结束，两个市场的消费者信息进行对换，厂商信息保持不变，然后开始第二阶段5～8轮实验；第4轮、第8轮结束，分别留出3分钟时间，实验参与者填写收益记录单。

注意：应将实验1～8轮控制在1节课内，以免实验数据出现异常。

（8）进行辅助性课堂实验。让剩余同学参与同样的实验，以获取实验收益进行课程考核。

（三）实验数据的统计及汇总

（1）实验结束后，教师应该指导实验工作人员对数据进行统计，实验参与者完善自己的实验记录单和相关信息，并将实验记录单上交，由工作人员进行检查、核对，并对错误信息及时更正并公示。

（2）实验工作人员汇总相关实验数据，包括实验记录总表和实验数据汇总表，实验工作人员可以对厂商在两个市场的报价和总利润的变动情况绘制成趋势图，分析厂商报价的策略。

（3）工作人员用EXCEL或其他软件汇总全班同学的收益，并进行公示。

五、实验结果讨论和分析

（一）相关经济学理论背景

1. 完全垄断市场及特征

在西方经济学中，垄断包括产品市场和要素市场中的卖方垄断和买方垄断，在微观经济学中垄断（monopoly）主要指卖方垄断，这种市场中只有一个卖方，但有许多买方。买方垄断（monopsony）则刚好相反，是指市场中有许多卖方，但只有一个买方。形成垄断的原因一般有四个方面：第一，单独一家厂商有可能控制着为生产某一特定产品所必需的某种基本投入品的全部供给；第二，某一厂商之所以可能成为垄断者是因为，在可获利的价格下，其平均成本最低点处的产量足以满足整个市场的需求，基于这种原因形成的垄断被称为自然垄断（natural monopolies）；第三，某一厂商凭借产品或某些制造工艺的专利权而独享某种产品的垄断权益；第四，某一厂商凭借某一政府机构向其颁发的经营特许证而有可能成为垄断厂商。

完全垄断产品市场一般具有四个特征：第一，整个行业中只有唯一厂商。厂商代表了整个行业，并且提供了整个市场，乃至整个行业所需要的产量。第二，产品无替代品。垄断厂商提供的产品是独一无二的，当这种产品的价格提高时，并不存在导致其需求量减少的替代效应。第三，厂商是产品价格的制定者。厂商可以决定产量进而影响价格，特别是可根据不同的市场需求条件实行歧视价格或差别定价。第四，其他厂商难以进入。完全垄断市场存在着其他竞争者进入的技术障碍、制度障碍和政策障碍等，这是垄断市场最主要的特征。

2. 完全垄断市场中厂商的决策及市场均衡

完全垄断市场的上述特征决定了垄断厂商是市场上唯一的供给者，与完全竞争厂商不同，垄断厂商不是市场价格的被动接受者，而是价格的制定者。因为没有竞争对手的存在，厂商可以通过产量的调整来控制和操纵价格，他完全可以根据利润目标自行决定自己的产量和销售价格，以实现利润最大化。

尽管垄断厂商是产量的决定者和价格的操纵者，但产品价格最终要受制于市场需求。因此，垄断厂商不实施歧视价格时，他必须在"产量少、价格高"和"产量多、价格少"之间做出选择，也就是他必须考虑市场购买状况，因此，要扩大产品销售量，就得降低产品价格；反之，要索取高价，就只能少销售产品。

在完全垄断条件下，平均收益等于产品价格，但当销售量增加时，产品的价格会下降，从而边际收益会减少，平均收益就不会等于边际收益，而是大于边际收益。

完全垄断厂商的收益状况是：$P = AR > MR$。

在完全垄断市场上，厂商实现利润最大化的条件仍然是：MR＝MC。因此均衡产量满足的条件是 MC（Q）＝MR（Q），当垄断厂商实现均衡时，整个垄断市场也就实现了均衡，但由于在完全垄断市场，厂商的价格和产量之间不能存在严格的一一对应关系：当市场需求大时，厂商定价高，不同的产品价格可能对应同一产量，类似地，不同的产量也有可能对应统一价格。因此，垄断厂商的均衡过程就是垄断市场的均衡过程，垄断厂商与市场需求之间的关系也是垄断市场供给与需求的关系，垄断市场并不存在有规则的厂商和市场供给曲线。

3. 完全垄断市场的市场绩效

一般认为，在微观经济学涉及的四种市场结构中，完全垄断市场的市场效率最低，社会总福利最小。因此，完全垄断市场均衡时并没有实现帕累托最优，存在着帕累托改进的机会。垄断市场低效率是和其他市场相比较而言的，特别是和完全竞争市场均衡状态相比较，垄断市场均衡时的产量少、价格高，存在着资源的不充分利用的情况。

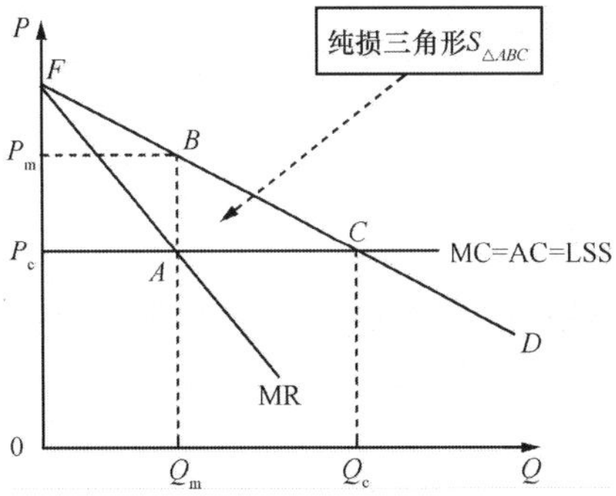

如图 4-6 所示，完全垄断市场按照 MR＝MC 原则来确定的产量为 Q_m，价格为 P_m，此时的消费者剩余为 S_{FP_mB}，生产者剩余为 $S_{P_mP_cAB}$，社会总福利为 S_{FP_cAB}，而相反完全竞争市场按照 P＝MC 原则来确定的产量为 Q_c，价格为 P_c，此时的消费者剩余为 S_{FP_cC}，生产者剩余为 0，社会总福利为 S_{FP_cC}，因此产量更高、价格更低、社会福利达到最帕累托最优，因此完全垄

图 4-6　完全竞争与完全垄断市场比较：价格与产量

断市场均衡时的状态则存在着帕累托改进①。

4. 完全垄断厂商的定价策略

当一个行业中只有少数几个厂商时，这些厂商就可能对市场价格和产量进行控制，从而以垄断的方式行事。许多厂商可能是某些产品供给的垄断者，也可能是某些原料、劳动力需求等要素市场的买方垄断势力。具有垄断势力的企业经理的任务要比经营完全竞争企业的经理人员更为艰巨，对后者来说，经理人员对市场价格没有任何影响力，因此，在经营管理企业中只需考虑企业的运行成本，选择价格与边际成本相等产量即可实现利益最大化，但一个具有一定垄断势力的企业经营管理人员必须关心产品需求的特性，即使他们给企业的产品定一个单一的价格，也必须先求出需求弹性的粗略估计值，以确定那个价格（以及相应的产量水平）应该是多少。更为重要的是，具有垄断势力企业的经营管理人员还可以针对不同的顾客制定不同的价格，以获得更多的利润。

从定价策略上来看，垄断企业可以通过价格歧视（price discrimination）、两部收费制（two-parttariff）和捆绑销售（bunding）来实现针对不同顾客和市场制订不同的价格，从而获得更多的利润。价格歧视是针对不同顾客制订不同的价格，有时是完全相同的产品，有时是有微小差异的产品。而两部收费制中，顾客必须预先付费，以得到日后（以额外的成本）购买该商品的权利。这种做法的经典例子是游乐场，在那里顾客先购买门票，然后还要为玩某个具体娱乐项目额外付费。还有，吉列剃须刀的价格给拥有者购买吉列刀片的机会，长途电话的月费计价给用户以通信分钟付费的机会等。捆绑销售就是简单地把不同的产品放在一起并一揽子出售，如计算机与某个软件包一起出售，电话卡与手机一块销售等。

在以上三种垄断厂商的定价策略中，最典型的当数价格歧视。

5. 价格歧视

价格歧视就是根据不同顾客的偏好和不同市场的需求弹性，并且能够对这些不同的顾客和市场进行有效隔离时，就可以索取不同的价格。因此，实施价格歧视的条件一般有两个方面：第一，市场的消费者有不同的偏好，且这些偏好能够被区分开，这样垄断厂商就可以根据不同的消费者或消费者群体实施不同的价格；第二，不同的消费者或不同的销售市场是互相隔离的，这样就排除了中间商低价购进商品而高价转卖牟利的现象，从而不同市场上的价格差得以保留。实施价格歧视的目标则是最大限度地攫取消费者剩余，以进一步增加厂商利润。价格歧视按照攫取消费者利润的不同程度划分为一级价格歧视（first-degreepricediscrimination）、二级价格歧视（second-degreepricediscrimination）和三级价格歧视（third-degreepricediscrimination）三种形式。

一级价格歧视（图4-7）：就是垄断厂商会将价格确定在消费者购买每一单位产品所愿意支付的最高价格（又称消费者的保留价格）上的定价形式，按照每个消费者的保留价格出售产品，所以又称完全价格歧视。一级价格歧视首先会将全部消费者剩余

---

① 具体可参见高鸿业主编《西方经济学（微观部分）》（第五版）（中国人民大学出版社，2011年）第322～324页的内容。

$S_{\triangle FP_mA}$ 转化为厂商的利润，厂商的利润是全社会的总剩余。但从市场效率的角度来看，一级价格歧视条件下，厂商将价格确定在 $P = MC$ 上，价格不是厂商利润最大化时的价格 P_m 而是 P_c，会使得社会福利总水平增加到完全竞争市场的水平，实现了市场效率最大化。但是在垄断厂商实行一级价格歧视条件下不但全社会消费者剩余都转化为厂商的利润，而且因为扩大产量和降低价格而净增的社会福利也变为厂商利润的一部分。但在现实的社会经济中，一级价格歧视几乎完全不可能。

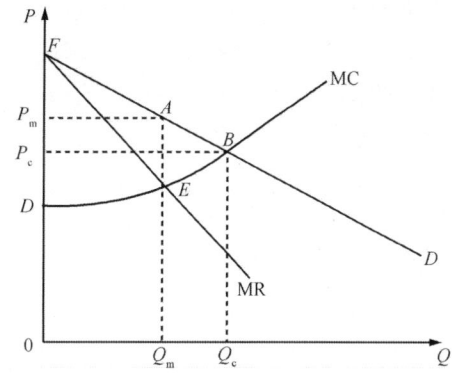

图 4-7　一级价格歧视对市场效率和分配的影响

　　二级价格歧视是厂商通过对相同货物或服务的不同消费量或"区段"索取不同的价格的定价策略。二级价格歧视的一个例子就是数量折扣，如购买一个铅笔的价格是 0.3 元/支，而购买一盒 12 支铅笔的只需付 2.4 元即可。另一个例子是电力公司、天然气公司和市政供水公司的分段定价（block pricing），在分段定价下，针对不同数量的商品或商品的不同部分向消费者收取不同的价格。如果存在规模经济从而平均成本和边际成本下降时，政府可能会鼓励企业实行分段计价，通过扩大产量和实现较大的规模经济，允许企业取得更大的利润。而消费者的福利将增加，在垄断厂商实行二级价格歧视的条件下，消费者的部分剩余被垄断厂商攫取。

　　三级价格歧视，是将消费者分为有不同需求曲线的两组或更多组。这也是最现实的、最为普遍的价格歧视形式，如常规的和特价机票；对学生和老年人的价格折扣；持有某产品优惠卡和没有优惠卡的顾客等。

　　垄断厂商实行三级价格歧视的定价策略，必须要能够区分不同的顾客群体和市场，在一些方面这种区分较为容易，比如学生和老年人通常比其他人愿意支付的少，因为他们收入低，航空公司可以很容易地根据出行时间段区分商务人士和度假的顾客，许多品牌产品本身能够将消费者区分开来等。

　　当不同市场或消费者群体能够区分时，垄断厂商如何通过定价策略来实现三级价格歧视的目的呢？

　　首先，假如将某种产品的市场可以有效地区分为两个市场：市场 1 和市场 2，因为厂商生产的总产量要在两个市场之间进行分配，厂商实现利润最大化的条件是在两个市场的边际收益相等，假设为 $MR_1 = MR_2$，如果两个市场的边际收益不相等，则厂商会通过对两个市场销售数量的调整来实现，当 $MR_1 > MR_2$ 时，厂商会增加市场 1 的销售量而减少市场 2 的销售量，从而使总利润水平增加，直到二者相等时为止，同样当 $MR_1 < MR_2$ 时，厂商会减少市场 1 的销售量而增加市场 2 的销售量，直到实现 $MR_1 = MR_2$。

　　其次，要实现两个市场的边际收益和厂商边际成本相等。如果厂商总产量在两个市场形成的结果是 $MR_1 = MR_2 > MC$，则厂商增加两个市场的产量或降低两个市场的产品销售价格，直到总产量调整到满足 $MR_1 = MR_2 = MC$ 时为止，如果厂商总产量在两个市场形成的结果是 $MR_1 = MR_2 < MC$，则厂商会减少总产量或提高两个市场的产品价格，直到总产量调整到满足 $MR_1 = MR_2 = MC$ 时为止，这时的总产量保证了厂商利润最大化的目的。

下面用代数方法来考察。假设垄断厂商在市场 1 和市场 2 上销售同一种产品，在市场 1 销售价格为 P_1，在市场 2 销售价格为 P_2，假设垄断厂商生产的总产量是 Q，在市场 1 的产量为 Q_1，在市场 2 的产量为 Q_2，且满足 $Q = Q_1 + Q_2$，假设生产 Q 的总成本为 $C(Q)$，那么这个垄断厂商的总利润可以表示为

$$\pi = P_1Q_1 + P_2Q_2 - C(Q)$$

垄断厂商应该不但增加对两个市场的产量 Q_1 和 Q_2，直到从最后一单位产量的销售中获得的利润为 0，首先考虑市场 1 中产量的增加使得其利润为 0，则有

$$\Delta\pi/\Delta Q_1 = \Delta(P_1Q_1)/\Delta Q_1 - \Delta C/\Delta Q_1 = 0$$

因此，有

$$MR_1 = MC$$

同理，对于市场 2，也存在

$$MR_2 = MC$$

把两个市场放在一起，厂商要实现利润最大的产量必须满足

$$MR_1 = MR_2 = MC$$

同时也可联系两个市场不同的需求弹性来确定垄断厂商在两个市场的相对价格。假设市场 1 的需求价格弹性为 ε_1，市场 2 的需求价格弹性为 ε_2，由上面的关系式可得

$$MR_1 = d(TR_1)/dQ_1 = d(P_1Q_1)/dQ_1 = d(P_1)/dQ_1 \cdot Q_1 + P_1 = P_1(1 + 1/\varepsilon_1)$$

同理，市场 2 上也存在：

$$MR_2 = d(TR_2)/dQ_2 = d(P_2Q_2)/dQ_2 = d(P_2)/dQ_2 \cdot Q_2 + P_2 = P_2(1 + 1/\varepsilon_2)$$

根据垄断厂商在两个市场上产量的分配原则是 $MR_1(Q) = MR_2(Q)$，则两个市场上的相对价格必须满足的关系是 $P_1(1 + 1/\varepsilon_1) = P_2(1 + 1/\varepsilon_2)$，即

$$P_1/P_2 = (1 + 1/\varepsilon_2)/(1 + 1/\varepsilon_1)$$

其含义是，垄断厂商在两个需求弹性不同的市场实行三级价格歧视的定价策略是：对需求弹性较低的市场索取较高的价格，而对需求弹性较高的市场索取较低的价格。

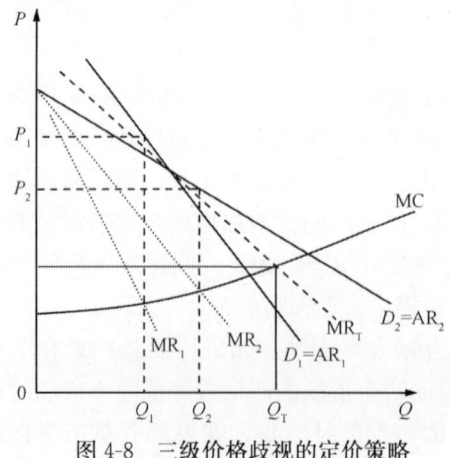

三级价格歧视的定价过程参见图 4-8，第一组消费者的需求曲线 D_1 的需求价格弹性比第二组消费者的需求曲线 D_2 要小，而对第一组消费者的要价也较高，为 P_1，对需求价格弹性较高的第二组消费者的要价要低一些，为 P_2。总产量 $Q_T = Q_1 + Q_2$ 由边际收益曲线 MR_1 和 MR_2 水平相加所生成的虚线 MR_T 与边际成本曲线 MC 的交点得到。由于 MC 必须等于 MR_1 和 MR_2，我们可以从这个交点向左边画一条水平线，以找到数量 Q_1 和 Q_2。

图 4-8　三级价格歧视的定价策略

（二）实验结果的讨论

仔细观察实验过程，试讨论以下问题：

（1）作为实验市场中的卖方，你的价格决策是如何做出的？在整个实验过程中，你发现消费者的数量变化有何规律？你如何调整自己的报价？你的报价变动对你的利润有何影响？

（2）随着实验的进行，消费者剩余有何变化趋势？给予不同消费者以不同价格，消费者有何感受？

（3）还有没有其他增加利润的办法？在这些方法的使用过程中，厂商需要付出什么样的成本？

（4）有没有可能提高消费者剩余？办法是什么？

（5）在讨论中教师要引导同学特别注意以下问题：①为什么不同的市场会有不同的价格？②厂商是否实现了利润最大化？③价格歧视需要什么条件？④厂商实行价格歧视的后果是什么？

（三）实验结果的分析

此次完全垄断市场厂商歧视定价决策的课堂实验中，实验结果的分析过程包括：

第一，根据设计数据作出供求表。

第二，根据设计数据作出供求曲线，并求出实验中设定的初始资源禀赋条件下完全垄断市场理论上的均衡价格、均衡数量和社会总福利水平（社会总收益）等数据和变量。

第三，对实验中的数据进行汇总，填写实验记录汇总表和核算每位同学的收益数据。

第四，对比实验与理论上数据，结合实验目的分析实验效果。如果实验结果验证了理论的预测，则本次课堂实验是有效的，如果实验结果与理论预测相差较大，那么要结合实验设计、实验过程仔细分析产生的原因。

第五，指导学生撰写实验报告。实验报告应该包括实验目的、实验环境、实验设计的西方经济学原理、实验过程的记录、实验结果的分析、实验的主要结论等环节。

第三节　厂商进入和退出市场实验

在短期中，厂商在既定生产规模（用固定成本表示）的前提下通过对产量的调整来实现利润最大化的目的，但在长期内，厂商可以通过对生产规模、产量的调整来实现经营目标，如果经过调整后仍不能实现正常盈利目标，厂商可以选择退出这个市场，当一个市场的利润水平显著高于其他行业的水平时，厂商可以通过投资设厂进入这个市场，以分享利润。本次课堂实验主要基于成本和赢利的比较来模拟厂商进入和退出的决策过程。

一、实验目的

本次课堂实验通过学生模拟厂商在市场需求稳定的前提下，厂商基于成本和利润的比较而做出的进入和退出的经营决策，进而亲身体验厂商进入和退出一个市场的决策过程，思考厂商做出经营决策的主要制约因素，进而思考其政策含义。

二、实验准备

（一）实验环境

本次课堂实验我们模拟厂商在既定技术、既定产品市场价格条件下在面对成本和利润的变化时如何做出进入和退出市场的经营决策过程。实验的场地可以是手工的，如一间敞亮的、空间较大的教室，或在配有多台计算机终端系统的实验室。如果在教室中模拟交易过程，需要配备足够的课桌椅、多媒体投影仪、联网的计算机、电子屏幕、黑板、粉笔、黑板擦、计算器，随机数生成软件、若干张白纸、直尺等道具。

（二）实验分组

本次课堂实验中，将全班同学分为两大组：一大组为主体实验参与者，采用随机数产生软件随机选出；另一大组为辅助性实验参与者，其中主体性实验参与者约为30人，其中18人分成6个小组代表6个厂商，每小组3人，其余12名同学代表有一定购买力和购买愿望的消费者。

（三）信息卡片和表格

在本实验中，需要准备记录个人信息（表4-13、表4-14、表4-15）的卡片若干，个人实验记录表（表4-16、表4-17）、实验数据汇总表等（表4-18、表4-19、表4-20）若干份。

表 4-13　厂商的私人信息表（供热身练习）

厂商编号	S_1		S_2		S_3		S_4	
商品序数	1	2	1	2	1	2	1	2
MC	6	10	5	11	4	12	7	9

表 4-14　消费者私人信息表（供热身练习）

消费者编号	B_1	B_2	B_3	B_4	B_5	B_6	B_7	B_8
商品序数	1	1	1	1	1	1	1	1
保留价格/元	18	17	16	15	14	13	12	11

表 4-15　消费者个人信息（全部消费者）

产品序数	1	2	3	4	5	6	7	8	9	10	11	12
保留价格/元	5	6	7	8	9	10	11	12	13	14	15	16

表 4-16　厂商信息（代表6位厂商）

产品序数	1	2	3	4	5	6	7	8	9	10	11	12
边际成本/元	2	3	4	5	6	7	8	9	11	11	12	13

表 4-17　厂商进入成本信息表

轮　次	1	2	3	4	5	6	7	8
进入成本/元	3.5	4	3.5	2	3	5	3	4

表 4-18　个人收益记录单

轮次	1	2	3	4	小计	5	6	7	8	总计
成交量										
交易价格										
收益										

表 4-19　实验结果记录总表

	轮次	1	2	3	4	小计	5	6	7	8	总计
S_1	报价 1										
	出售数量										
	报价 2										
	出售数量										
	报价 3										
	出售数量										
	进入成本										
	收益										
S_2	报价 1										
	出售数量										
	报价 2										
	出售数量										
	报价 3										
	出售数量										
	进入成本										
	收益										
S_3	报价 1										
	出售数量										
	报价 2										
	出售数量										
	报价 3										
	出售数量										
	进入成本										
	收益										

表 4-20 实验数据汇总表

轮　次	1	2	3	4	5	6	7	8
进入成本								
厂商数量								
厂商总利润								

（四）实验指南

阅读教师实验指南，并准备"实验者指南"和"实验工作人员指南"的电子版或纸质版，并提供给各个实验参与者和实验观察者。

三、实验指南

（一）教师实验指南

1. 实验前的准备

在课堂实验开始之前，作为实验组织和管理者的教师应在课前做好充分的准备工作。其中最为主要的是实验过程的设计。

（1）分组：在本实验中，应该随机选取至少 34 人参加实验，其中厂商 18 人，代表 6 个厂商：S_1、S_2、S_3、S_4、S_5、S_6，而消费者共 12 人，实验工作人员 4 名。

（2）信息：代表厂商的小组的卡片上的信息是可以按照固定不变的边际成本出售 2 单位商品。消费者卡片上的信息是按照保留价格（或买方价值）可以购买 1 单位商品。消费者信息和厂商信息在实验中都是私人信息。以上信息参见本实验中的表 4-13～表 4-16。在本实验中，厂商还将得到一个表示厂商进入成本的信息（表 4-17），进入成本就是厂商在进入市场时先要支付的一个固定费用。

（3）实验流程：本实验分为两个阶段，共 8 轮。第一阶段（1～4 轮）由主持老师依次询问各个厂商是否愿意进入市场，一旦厂商决定进入，必须先支付进入的固定费用（各个厂商进入费用相同），进入成本在每轮中从表 4-17 中随机抽取；第二阶段（5～8 轮）：每个进入厂商必须公开报价，并将报价公布在黑板上或屏幕上，由消费者决定是否与其签订销售合同。

每 1 轮的具体过程：在每轮中每个厂商均有三次报价机会，每次报价均为 1 或 0.5 的倍数。假设有 3 个厂商进入，每个厂商的边际成本均为 3 元，进入固定费用为 4 元，第一次报价，3 个厂商的价格分别为 6 元、6 元和 7 元，一位消费者购买价格为 6 元的产品，两位厂商通过抽签方式决定其中一位厂商以 6 元价格出售自己的 1 单位产品，交易的如果是厂商 1，则其利润为 $6-3=3$（元）；第二次报价为 6 元、5 元、6 元，则有两位消费者要求购买，接受 5 元的报价，厂商 2 售出自己的全部 2 单位产品，利润为 $5×2-3×2=4$（元），除去进入市场的费用不亏不盈；第三次报价分别为 5 元、5 元，所有消费者决定购买，通过抽签决定两位消费者与两位厂商签订购买合同，成交后的结果是：厂商 1 总共获得 5 元利润，扣除进入市场费用 4 元，盈利 1 元，厂商 3 出售 2 单位的利润为 $5×2-3×2=4$（元），扣除进入市场的固定费用后不亏不盈。实验结束后每个人交回信息卡，这一轮实验结束。

（4）收益计算：

$$厂商每轮收益＝成交价格×成交数量－边际成本×成交数量－进入市场成本$$
$$消费者每轮收益＝保留价格－成交价格$$

收益记录参见本实验表 4-18。

2. 实验过程中的管理、组织

课堂实验应形成相对稳定的程序和流程。

（1）流程：本次课堂实验共 8 轮，分为两个阶段，第一阶段由组织教师作为中介经纪人参与，主要通过询问每个厂商是否愿意支付固定进入费用进入市场；第二阶段每个进入者公开报价，并将报价公示，然后由消费者选择是否进行购买。

（2）规则：每个厂商和消费者的信息都是私人信息，不得私下和随意泄露给实验参与者和场外观察者；每一轮中做出决策进入市场厂商都有 2 单位商品可供出售，但要支付进入市场的固定费用，每一轮中选择进入的厂商都有三次报价机会；如果厂商报价后，出现愿意购买的数量多于厂商出售数量或愿意购买的数量少于厂商出售的数量都通过抽签方式加以确定；每一轮中厂商的信息和消费者的信息都会打乱重新分发；每一轮中厂商进入的固定费用都一样，但不同轮次的固定费用有可能不一样（由工作人员按随机原则确定）；消费者只能就是否成交做出决定，不能讨价还价。

3. 实验结果的讨论和分析

交易结束后，学生回到自己的座位上，接下来进行实验结果的分析。

首先进行实验结果的讨论。

在实验统计数据没有出来之前，可以让学生讨论以下方面的问题：

（1）厂商总结自己的报价和成交数量、利润的变动趋势及规律。

（2）第一阶段 1～4 轮，与第二阶段的 5～8 轮有何差异？实验观察者根据实验过程中的公开信息总结实验参与者的决策在不同阶段的成交量和报价的特点等。

（3）厂商进入市场的动机是什么？主要影响因素是什么？

（4）厂商进入的均衡数量是多少？与什么因素有关？

（5）厂商进入对社会总福利有何影响？进入厂商的数量对社会福利有何影响？

（6）如果进入成本提高，厂商进入的数量会有何变化？试分析成本降低对厂商有何影响？

其次进行实验结果的分析。

在本次厂商进入和退出市场的课堂实验中，实验结果的分析包括以下几个方面：

（1）根据设计数据作出供求表和供求曲线，并求出理论上厂商进入和退出市场的均衡价格、均衡数量等数据。

（2）对实验中的数据进行汇总，包括两个阶段上交易价格、成交数量、消费者收益、生产者收益、社会总收益等数据，填写实验记录汇总表和核算每位同学的收益数据。

（3）对比实验与理论上数据，结合实验目的分析实验效果。如果实验结果验证了理论的预测，则本次课堂实验室是有效的，如果实验结果与理论预测相差较大，则要结合实验目的、实验设计、实验过程仔细分析产生偏差的原因。

（4）指导学生撰写实验报告。实验报告应该包括实验目的、实验环境、实验设计的经济学原理、实验过程的记录、实验结果的分析、实验的主要结论等环节。

（二）实验者指南

欢迎各位幸运的同学参加本次课堂实验。本次课堂实验我们模拟厂商基于成本考虑进入和退出某个市场的决策行为和过程。在市场交易中，参与者将通过对想象的产品的交易来获取收益，同时假设这个产品的规格、质量没有差别。

1. 随机分组

我们将随机抽取 18 人，每 3 人一组，分成 6 组，代表 6 个厂商 S_1、S_2、S_3、S_4、S_5、S_6，随机选出 12 人代表独立进行决策的 12 个消费者，共同组成产品需求市场，随机选出 4 人作为实验工作人员，分别在实验区的中心围绕实验桌而坐，各实验参与者之间是独立利益的商品市场交易主体，因此需要保持相当的距离以免私人信息泄露。

2. 总体进程

实验共分两个阶段：第一阶段 1～4 轮是厂商进入市场的私密决策阶段，由实验组织者的老师逐个询问厂商进入意愿和决策；第二阶段 5～8 轮是厂商公开决策阶段，厂商公开决定进入决策，同时公开其市场报价，由消费者决定选择交易价格和对象。

3. 私人信息

在每一轮实验中，厂商的个人信息保持不变，如果决策进入的厂商可以按照既定的边际成本出售 2 单位商品，并且有 3 次报价机会，但进入市场的决策做出后，要支付一个固定的进入成本；作为消费者的个人信息提供了按保留价格可以购买 1 单位商品的机会。

4. 交易规则

当老师宣布实验开始，进行主体性课堂实验第一阶段第 1 轮实验，先随机抽取进入的成本（当每 1 轮设计不同的进入成本时），然后由组织教师依次询问厂商是否愿意作出进入市场的决策，做出进入决策的厂商就可以开始报价，报价必须是 0.5 的倍数，同时按照个人信息中提供的边际成本，考虑进入成本的基础上开始第 1 次报价，报价后由消费者选择是否成交，但不允许讨价还价，然后确定成交数量，厂商计算自己的利润，没有出售完的厂商继续进行第 2 次报价，确定成交数量，厂商计算利润，没有出售完的厂商第 3 次报价，确定成交量，计算利润。最后厂商计算总的利润，来评估进入行为的后果。这样，第 1 轮结束。按照同样的规则完成第一阶段 1～4 轮实验。

然后进行第二阶段，组织者宣布开始第 5 轮，进入厂商必须为其产品公开报价，并将报价写在黑板上或公布在屏幕上，每个厂商有三次报价机会，每次报价均为 0.5 的倍数，每次报价后，依据消费者意愿和出价从高到低决定是否购买并签订购买合同。

当厂商要出售的数量与消费者要购买的数量不一致时，采用抽签的方式加以决定。

5. 收益记录和计算

每一轮结束后，厂商和消费者都要填写自己的收益记录单，在第 4 轮、第 8 轮结束时分别留出大约 3 分钟时间供各个实验参与者计算自己的收益。实验参加者总收益计算公式：

$$厂商收益（厂商利润）=\sum（交易价格－边际成本）\times交易数量－\sum进入成本$$

$$消费者收益=\sum（保留价格－成交价格）$$

当每一轮实验结束时，每个厂商都退出市场，在下一轮实验开始时，厂商将重新考虑进入，而首次的进入成本不再考虑。

6. 特别注意事项

（1）每位实验参与者的目标是：在每一轮实验中尽可能找到成交者，成交后的收益要大于零，在整个实验中的目标是实现实验总收益最大化。

（2）在报价中，买方遵循原则是低于自己买方价值；而卖方遵循的原则是高于自己卖方成本。

（3）如果出现了厂商要出售的数量和消费者要购买的数量不一致且不能决定时，通过抽签的方式决定。

（三）实验工作人员指南

欢迎你被选中参加本次课堂实验，你们是本次课堂实验的实际组织者和管理者。

（1）产生：采用随机数生成器软件或抽奖软件，随机抽取 4 名学生担任本实验中的工作人员。

（2）分工：在 4 名实验工作人员中，2 人负责发放卡片，其中 1 人负责发放买方的卡片，1 人负责发放卖方的卡片；另外 2 人成为市场交易管理人员，负责登记和公示，1 人负责在实验记录总表上登记成交者的姓名、实验角色、买方价值和卖方成本、成交价格等信息，同时检查交易的有效性。交易的有效性是指成交价格必须是 0.5 的倍数，成交价格应低于买方价值，同时高于卖方成本，假如不符合以上的有效性，则将卡片交还给买卖双方重新交易；1 人负责在黑板上公示每一个成交价，并负责计时。

在课堂实验结束时，实验工作人员应该负责实验数据的统计和汇总工作。

（3）注意事项：实验工作人员在实验过程中始终保持中立，对于实验中涉及的私人信息，如买方价值和卖方成本都要严格保密，同时对于实验涉及的公共信息，如买方出价、卖方要价、成交价格要大声宣示，以便实验参与者和实验观察者能够及时获取信息。

工作人员在分发卡片或扑克牌的过程中始终注意随机性，包括乱序发牌、交换买卖角色发牌等。

（4）收益：实验工作人员的收益应该相当于全体实验参与者平均实验收益。

四、实验过程

实验过程是指整个实验的实施过程，包括实验开始后的热身练习、实验具体过程和实验数据的统计、实验结果的讨论和分析、实验报告的撰写等环节。

（一）热身练习

在本次课堂实验开始之前，请进行以下热身练习，以便学生理解实验中的交易行为。

假设这个产品市场的有 4 个厂商 S_1、S_2、S_3、S_4，每个厂商可以提供 2 单位产品，假设其提供产品的边际成本随机抽取的结果如表 4-21 所示，8 位消费者的个人信息经过随机抽取如表 4-22 所示。

表 4-21　厂商的私人信息表（供热身练习）

厂商编号	S_1		S_2		S_3		S_4	
商品序数	1	2	1	2	1	2	1	2
MC	6	10	5	11	4	12	7	9

表 4-22　消费者私人信息表（供热身练习）

消费者编号	B_1	B_2	B_3	B_4	B_5	B_6	B_7	B_8
商品序数	1	1	1	1	1	1	1	1
保留价格	18	17	16	15	14	13	12	11

（1）现在假设第 1 轮实验开始后，编号为 S_1、S_4 的厂商决定进入市场，进入成本为 5 元，根据实验规则，他们各有三次报价机会，报价是 0.5 的倍数，假设两个厂商第一次报价分别是 10 元和 12 元，则根据消费者私人信息，能够以 10 元成交的消费者编号是＿＿＿＿＿＿＿，能够以 12 元成交的消费者是＿＿＿＿＿＿，假设通过抽签的方式决定 B_3 与 S_1 成交，而 B_4、B_6 同 S_4 成交，则厂商 S_1 从这次交易中获得的收益是＿＿元，厂商 S_4 从这次交易中获得的收益是＿＿元，消费者 B_3 的收益是＿＿元，消费者 B_4 的收益是＿＿元，消费者 B_6 的收益是＿＿元；然后厂商 S_1 进行第二次报价，第二次报价为 15 元，则能够与之成交的消费者是＿＿＿＿＿，通过抽签决定的消费者是 B_2，则厂商 S_1 可从这次交易中获得的收益是＿＿元，两次报价后。两个厂商的总利润分别是＿＿元和＿＿元。

（2）现在假设开始新的一轮实验，编号为 S_1、S_3 的厂商进入市场，进入成本为 6 元，根据实验规则，他们各有三次报价机会，报价是 0.5 的倍数，假设两个厂商第一次公开报价分别是 12 元和 15 元，消费者进行选择，按照随机原则，消费者 B_3 先选择交易对象，他会选择编号为＿＿的厂商进行交易，其收益为＿＿元，然后消费者 B_1 选择交易对象，他会选择编号为＿＿的厂商进行交易，其收益为＿＿元，然后消费者 B_3 选择交易对象，他会选择编号为＿＿的厂商进行交易，其收益为＿＿元，然后消费者 B_2 选择交易对象，他会选择编号为＿＿的厂商进行交易，其收益为＿＿元，从第一次公开报价交易中，厂商 S_1 从这次交易中获得的利润是＿＿元，厂商 S_3 从这次交易中获得的利润是＿＿元。

（3）如果在本轮实验中，进入的是 3 个厂商 S_1、S_2、S_3，根据上面信息表，他们三次报价的范围可以是＿＿＿＿＿元，三个厂商的总利润分别是＿＿元、＿＿元和＿＿元；如果四个厂商都进入市场，则根据上面的信息表，他们三次报价的范围应该是＿＿＿元，三个厂商的总利润分别是＿＿元、＿＿元和＿＿元。随着进入市场厂商数量的增多，厂商的利润变化趋势是＿＿＿＿（增加/减少）的。

（二）实验过程

（1）随机抽取 18 人，每 3 人一组，分成 6 组，代表 6 个厂商 S_1、S_2、S_3、S_4、S_5、

S_6，随机选出 12 人代表独立进行决策的 12 个消费者，共同组成产品需求市场，随机选出 4 人作为实验工作人员，各实验参与者之间是独立利益的商品市场交易主体，因此需要保持相当的距离以免私人信息泄露。

（2）教师指导实验工作人员阅读"实验工作人员指南"，并对实验过程中数据的记录、公示和统计方式进行适当的培训。

（3）教师分发并宣读"实验者指南"，并对包括报价规则、信息保密和公开、收益目标、每轮时间限制等注意事项加以强调。

（4）进行实验前的热身练习，熟悉收益规则，引导实验者确定交易策略。

（5）教师要求工作人员、实验参与者按序就座，宣布主体性课堂实验第 1 轮实验开始，开始计时，由工作人员按照随机原则发放信息卡片，收益记录等实验材料。

（6）实验共分两个阶段：第一阶段 1~4 轮是厂商进入市场的私密决策阶段，由实验组织者的老师逐个询问厂商进入意愿和决策；第二阶段 5~8 轮是厂商公开决策阶段，厂商公开决定进入决策，同时公开其市场报价，由消费者按照随机原则确定交易次序从低到高地选择交易价格和交易对象。

（7）进行辅助性课堂实验，让剩余同学参与同样的实验，以获取实验收益进行课程考核。

（三）实验数据的统计及汇总

（1）在每轮实验结束后，要求实验参加者及时计算、记录自己的实验数据，实验工作人员应在检查、核对实验参与者实验记录单和相关表单，记录、汇总每轮实验数据，并对错误数据进行公布，指出其错误所在。

（2）实验工作人员根据实验参与者收益记录单，汇总相关实验数据，完成实验记录总表和实验数据汇总表。

（3）工作人员用 EXCEL 或其他软件汇总全班同学的收益，并进行公示。

五、实验结果讨论和分析

（一）相关经济学理论背景

在某种产品交易市场上，不考虑技术、生产规模等因素的前提下，厂商进入一个市场的需要付出一定的成本，这些成本包括固定资产投入、各种手续办理费用等，在市场已经实现了充分竞争的条件下，各个厂商的进入成本应该是趋于一致的。但是随着企业数量的增加，企业利润会逐步下降，直到进入企业没有利润，企业就不会进入。

设市场需求曲线是 $P = a - bQ$，厂商以最小有效规模进入市场，进入成本为 F，可变成本为 MC，企业产量为 q，企业进入以后价格变化到 $P = a - bkQ$。当 $(P - MC) q = F$ 时，厂商进入将趋于停止，即 $(a - bkQ - MC) q = F$，解出 $k = (a - MC) / (bq) - F/(bq^2)$。

在完全竞争市场长期均衡水平上，企业不再有边际利润，企业不再进入，即 $P = MC$，也就是 $a - bkQ = MC$，$k = (a - MC) / bq$。

这是在没有考虑进入成本时的进入企业的数量，它要大于考虑进入成本的企业数量。

（二）实验结果的讨论

请本课堂实验的参与者和场外观察者讨论以下问题：

（1）厂商进入市场的激励是什么？这种激励会随着轮次的增加呈现出何种变化趋势？（建议由代表厂商的同学和代表消费者的同学分别回答这一问题。）

（2）厂商进入的均衡数量是多少？与什么因素有关？（建议与上面问题结合讨论。）

（3）厂商进入市场对社会总福利有何影响？进入数量与社会总福利之间的关系是什么？（建议参加实验的同学估计在厂商不断进入的条件下社会总福利有何变化？观察厂商进入对整个市场上所有厂商利润的影响，得出对厂商进入市场的一般性结论。）

（4）如果进入成本提高，厂商进入的数量有何变化？讨论降低进入成本的意义。

（三）实验结果的分析

本次课堂实验结果的分析参见本次实验中"实验指南"中的教师实验指南。

第五章　市场理论课堂实验

市场理论实验是西方经济学家们进行的最早的一类经济学实验。20 世纪 40 年代哈佛大学经济学教授张伯伦在经济学课堂上的尝试引起了人们对经济学中应用实验方法的兴趣，其中，弗农·L. 史密斯作为张伯伦课堂实验的参与者之一，后来成为经济学实验方法的积极倡导者，他 1955 年进入美国普渡大学工作，第二年春季开始了长达六年的经济学市场理论课堂实验，结果是"震惊"和"令人难以置信的"。尽管课堂实验中的完全竞争市场不符合经典经济学理论关于参与者人数众多、完全信息等假设，但市场在较短时间内仍实现了动态性均衡，实验方法也证明了完全竞争市场的有效性，这些令人惊异的结论和史密斯在实验方法方面的探索，奠定了经济学实验方法的理论和实践的基础。

通过国内外学者的不断探索和完善，市场理论中的实验方法已经延伸到劳动力市场、国际贸易市场和证券市场等领域，成为经济学实验中最为成熟的领域之一。

第一节　完全竞争市场实验

最早的市场实验始于完全竞争市场实验。本节中，将主要进行完全竞争市场均衡的实验，通过学生扮演交易者，在课堂参与模拟完全竞争市场的交易过程，来体验和认知完全竞争市场价格与供求机制如何相互作用来实现市场的均衡过程，通过分析来思考实验中的完全竞争市场均衡与经济学理论中的完全竞争市场有何异同，以及在有限的参与人数和有限的信息条件下，课堂实验中的完全竞争市场能否实现竞争性均衡，能否验证理论上关于完全竞争市场是有效的结论等。

实验一　经典的完全竞争市场课堂实验——口头双向拍卖实验[①]

拍卖作为日常生活中常见的交易方式，从典型的古玩字画等收藏品，到资源矿产、证券交易、电波频率等，拍卖设计的领域不胜枚举，其形式也多种多样。狭义的拍卖是指有一定使用范围及特殊规则的市场交易行为；广义的拍卖则是指市场经济价格均衡机制及资源配置的内在过程和本质机理。

双向拍卖（double action, two-sided auction）中存在不止一个买方和卖方，在交易期间，任何买方都可以公开宣布他愿意在某一特定价格上购买单位商品；与此同时，任何卖方也可以公开宣布他愿意在某一特定价格上出售单位商品。一旦买方的报价被

---

① 用口头双向拍卖这种市场交易制度是弗农史密斯 1956 年在改进张伯伦 1948 年在课堂上企图验证"不完全信息条件下竞争性均衡无法实现"的命题的一个方面，前者认为应该在交易制度上进行改进，则结论将更有说服力。参见弗农·史密斯. 实验经济学论文集. 李建标等译. 北京：首都经贸大学出版社，2008：216.

卖方接受，就会有一个单位的商品成交，或者买方接受卖方的出价，也会有一个单位的商品成交。如果买方报价未被卖方接受，则买方可以逐渐提高他的报价，同时卖方在没有成交价的前提下也可逐渐降低自己的报价，直到一方被另一方接受为止。然后，新的一轮交易开始，直到不再有新的交易发生，或者达到事先规定的交易时间结束。双向拍卖是对竞争市场交易机制最好的模拟，通过买方和卖方的报价使得拍卖能稳定而快速地收敛到均衡。由于在双向拍卖中，每个参与者必须决定是否出价、出价多少以及是否接受别人的报价，而且参与者并不知道别人的期望收益，不知道市场上有多少潜在的可实现的交易，不知道自己的行为对他人的影响。

双向拍卖市场的交易制度与证券交易所的交易规则相似，即买卖双方随机报价，最高的买方报价作为现实买方报价被公开，同样最低的卖方报价作为现实卖方报价也被公开。一旦有其他的买方报价高于现实买方报价，他的报价即为新的现实买方报价；同样，一旦有其他卖方报价高于现实卖方报价，他的报价也成为新的现实卖方报价。因此，对交易所数据的实证研究是检验双向拍卖制度的方法之一。Cohen 等在对纽约证券交易所（NYSE）和美国证券交易所（AMEX）的实验研究中得出结论，双向拍卖市场可以降低商品交易的价格，尤其是在商品不是很多的情况下。Stoll 和 Whaley 对 1982～1986 年的 NYSE 普通股票股价的研究也表明，在符合双向拍卖的假设下，股票价格的波动较小，更趋于均衡。

一、实验目的

本实验最先是由史密斯在 1956 年进行尝试的，最初主要是用来验证不完全信息条件下完全竞争市场不能实现均衡的结论，但实验结果却证明了在信息不完全的条件下竞争性均衡是可以实现的。1996 年查尔斯·A. 霍尔特在 *The Journal of Economic Perspectives* 上发表了论文 *Classroom Games：Trading in a Pit Market*，对口头双向拍卖课堂实验进行了设计。这一实验通过让学生扮演商品的购买者和出售者，参与竞争市场中的口头双向拍卖，以再现市场这只"看不见的手"的神奇力量，进而亲身体验市场中的竞争行为和市场价格动态均衡的实现过程，直接感受完全竞争条件下的市场效率。

二、实验准备

（一）实验环境

我们假设一个非常简化的苹果买卖的市场，有 20～24 位同学将参加这一市场交易的模拟过程，在一个阳光明媚的星期天早晨，你和你的同学来到某个苹果农贸市场购买和销售苹果，你们每一个人的目标是在这个苹果交易过程中获得尽可能多的收益，你的收益将构成本学期你这门课程成绩的一部分。

实验的场地是一间敞亮的、空间较大的教室，或配有多台计算机终端系统的实验室。如果在教室中模拟苹果交易过程，需要配备足够的课桌椅、多媒体投影仪、联网的计算机、电子屏幕、黑板、粉笔、黑板擦、计算器，随机数生成软件、若干张白纸、直尺等。

（二）实验分组

在本实验中，将参与实验的人数分为两大组，一大组为主体性课堂实验参与者，随机抽取 24 人，其中实验工作人员 4 名，实验参与者 20 人，买方和卖方各 10 人，另一大组为辅助性课堂实验参与者参与实验。

（三）信息卡片和表格

在本实验中，需要准备个人信息的卡片（图 5-1）若干，份数以实验中参与人数为限，卡片上记录买方信息和卖方信息，买方的主要信息是买方购买一个苹果所愿意支付的最高价格（或数字），卖方的主要信息是卖方愿意出售一个苹果的最低成本（或数字）；准备个人实验记录表（表 5-1）若干份，保证实验中人手一份；实验供求双方信息表（表 5-2、表 5-3）实验数据统计总表若干份（表 5-4、表 5-5、表 5-6）。

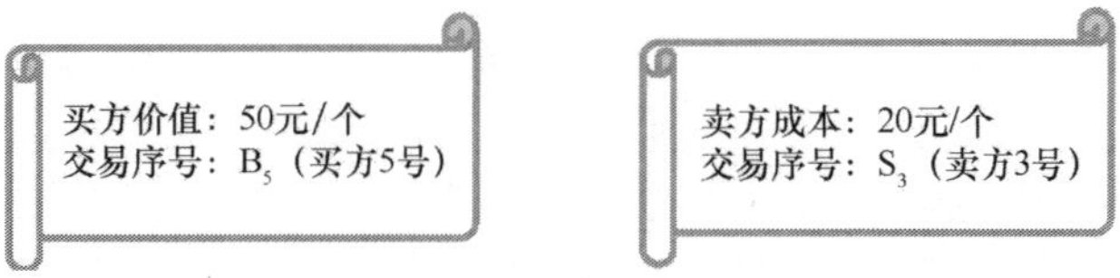

图 5-1　完全竞争市场实验个人信息卡片样式

注：左边为买方个人信息表，右边为卖方个人信息表。

表 5-1　个人实验记录表

实验总收益：＿＿＿＿＿＿＿

轮　次	买方价值/卖方成本	成交价格	买方收益/卖方收益
第 1 轮			
第 2 轮			
第 3 轮			
第 4 轮			
第 5 轮			
第 6 轮			
第 7 轮			
第 8 轮			

学号：＿＿＿＿＿姓名：＿＿＿＿＿班级：＿＿＿实验中的角色及编号：＿＿＿

表 5-2　实验中的买卖双方个人信息表（样表）

买方编号	1	2	3	4	5	6	7	8	9	10
买方成本	12	11	10	9	8	7	6	5	4	3
卖方编号	1	2	3	4	5	6	7	8	9	10
卖方成本	1	2	3	4	5	6	7	8	9	10

表 5-3　实验中理论上的供求表（样表）

价格	1	2	3	4	5	6	7	8	9	10	11	12
需求量	10	10	9	8	7	6	5	4	3	2	1	0
供给量	0	1	2	3	4	5	6	7	8	9	10	10

注：根据表 5-2 提供的买卖双方初始的个人信息表测算，同时假设在交易中的报价均为"1 元"的倍数，在交易中买卖的收益不能为 0 或负值。

表 5-4　口头双向拍卖实验记录总表（用于课堂实验过程）

轮次	买方收益	卖方价值	成交价格	卖方成本	卖方收益
第 1 轮					
第 2 轮					
第 3 轮					
第 4 轮					
第 5 轮					
第 6 轮					
第 7 轮					
第 8 轮					

时间：_____ 地点：____ 班级：_____

表 5-5　口头双向拍卖实验数据汇总表（用于课堂实验结束分析）

轮次	平均成交价格	成交量	买方总收益	卖方总收益	社会总收益
第 1 轮					
第 2 轮					
第 3 轮					
第 4 轮					
第 5 轮					
第 6 轮					
第 7 轮					
第 8 轮					

时间：_____ 地点：____ 班级：_____

表 5-6　全班同学实验收益汇总表

学号	姓名	口头双向拍卖实验收益	备注
123456	王小二	45 元	
123457	李小	24 元	工作人员收益

（四）实验指南

阅读教师实验指南，准备"实验者指南"和"实验工作人员指南"的电子版或纸质版，并提供给各个将要参加实验的同学。

三、实验指南

（一）教师实验指南

1. 实验前的准备工作

在课堂实验开始之前，作为实验组织和管理者的教师应在课前做好以下准备工作：

（1）仔细查阅和了解课堂实验的相关文献，熟悉相关术语，以加深对本次课堂实验的理解和认识，同时要了解参与实验班级的学科专业背景和整体班级氛围，提前对课堂实验进行总体设计。

（2）准备好实验的道具，如个人信息卡片或扑克牌等，准备若干实验记录单和实验记录总表、实验数据汇总表、全班同学实验收益汇总表、实验指南若干份，条件允许也可准备若干现金或小礼品以备课堂实验支付。

（3）进行课堂实验设计。课堂实验设计的内容包括个人信息的设计、实验总体进程设计、实验规则和注意事项设计、实验收益获得规则设计等。

在实验设计中，每个参与者的个人信息，即参与实验者的初始资源禀赋，可以用扑克牌记录。应该预先设计好实验的需求和供给数据，并描绘出需求曲线和供给曲线的形状，预先确定成交数量和成交价格的范围，在此基础上设计个人信息。如发给买方的为红花色扑克牌（红桃或方片）10、9、9、8、8、7、7、6、5、4，发给卖方的为黑花色扑克牌（梅花或黑桃）1、1、2、3、3、4、5、5、6、7，或制作卡片，买方的信息是 12、11、10、9、8、7、6、5、4、3；卖方的信息是 1、2、3、4、5、6、7、8、9、10（表 5-2）。卡片上提供的个人信息应该包括：交易角色，即卖方 S 或买方 B；初始资源禀赋，即买方价值（最高出价）和卖方的最低成本；在交易中的编号，如买方 6号 B_6、卖方 8 号 S_8 等。

本次是市场交易实验，交易制度是口头双向拍卖，总共进行 8 轮，每轮的时间限定为 5 分钟，在每一轮中，报价遵循"先买方后卖方"的原则，每次只能由买方或卖方的一个人报价，报价是"1"的倍数或"0.5"的倍数，买方报价遵循"高于买方已有的报价而低于自己的买方价值"，卖方报价遵循"低于卖方已有的报价而高于自己的卖方成本"；出现成交价后将交易双方的卡片上交并进行登记，然后剩下的买卖双方按同样的规则和程序重新进行报价，成交价出现之前的报价作废，直到出现下一个成交价，这个过程持续到 5 分钟时间结束。按照同样的程序和规则完成剩下的轮次。

（4）通知学生在课堂实验前了解课堂实验设计的经济学理论背景，并督促其完成必要的理论学习，仔细阅读实验指南或实验规则，对实验工作者进行数据统计的方法要提前进行培训，包括 EXCEL 等软件的使用。

（5）检查进行课堂实验的教室实验环境准备和布置，对教室中的桌椅进行适当的调整，要区分实验区和非实验区，留出足够的实验空间供实验参与者自由走动，一定程度上防止实验观察者对实验过程的干扰和保证实验参与者在实验过程中的独立性。

2. 实验过程中的管理、组织

本次课堂实验的流程如下：

（1）宣布课堂实验开始，利用多媒体公开展示或发放纸质版"实验者指南"，教师指导学生仔细阅读，同时提醒注意相关细节。

（2）利用随机数生成器或相关的随机数产生软件抽取 4 名工作人员和 20 名或至少16 位实验参与者[①]，利用扑克牌的颜色或花色对工作人员进行分工，其中 2 名为实验记录者，2 名为卡片或扑克牌发放者；按照随机性、对偶性原则确定 16～20 名实验参与者的买方或卖方角色。

（3）强调实验工作人员的职责和注意事项。按照事先设计好的"实验工作人员指南"，对工作人员在实验中的职责作出分配，实验工作人员在实验中要严格遵守中立立场，特别强调工作人员严格保密接触到的实验中的任何个人信息，如买方价值和卖方成本的信息，不得随意与实验参与者或非实验参与者进行交流和透露实验中属于"私人信息"的任何内容。

（4）安排实验工作人员在实验室或教室中的位置：工作人员 2 人在讲台黑板附近，负责记录和计时，2 人在可以接触到实验者的实验区，可以自由走动；安排实验参与者按照一定顺序、买卖双方相对而坐的原则在实验区就座，买卖双方可以相互传递信息同时要保持一定的距离；其他所有非实验参与者在非实验区就座，要求他们保持实验过程中的安静，认真观察和记录，不得随意走动或与实验工作人员、实验参与者进行交流。

（5）强调注意事项。包括实验参与者和实验工作人员获取实验收益的必要性。实验工作人员的收益以全体实验参与者最终收益的平均数为宜，每个实验参与者的目标都是在实验中获得尽可能多的收益。实验参与者不得随意或故意泄露个人信息等。

（6）公布实验违规者的收益处罚事项。对实验参与者、实验工作人员和实验观察者的违规行为进行处罚是为了保证实验的有效性和收益的公平性。处罚必须与实验参与者的个人激励挂钩，以获取实际效果，对违规处罚的标准可视主观过错程度和对其他人的收益和实验数据的影响综合考虑。将收益与学生的课程考核挂钩，那么一定量收益上的损益会形成较强的行为约束。

（7）教师公布实验的总体进程。如总的轮次、每一轮次的时间限制或约束等。本次实验共进行 6～8 轮，每一轮的时间为 5 分钟，买卖角色一旦确定就不再变动，每一轮实验结束后，收回实验者的个人信息卡片打乱按照随机、买卖角色不变的原则重新发放。

（8）实验开始后，组织教师与工作人员要仔细观察和监督整个实验交易过程，及时地处理个别实验者出现的疑问，指导和督促实验参与者和实验工作人员规范地做好各项实验数据记录，并维持整个交易过程的秩序。

[①] 将学生实验收益与最终考核挂钩，是为了提高实验的参与动机，因此将课堂实验分为主体性课堂实验和辅助性课堂实验两部分，既要保证实验参与这抽取的随机性，又要保证每个同学收益的机会均等。本书中实验过程都是以主体性课堂实验为主来进行分析的。

（9）进行一些实验过程的记录。及时对课堂实验过程中存在的问题和学生的疑问建议加以记载，以便对课堂实验的设计进行完善。

3. 实验结果的讨论和分析

交易结束后，学生回到自己的座位进行实验结果分析。

首先进行实验结果的讨论。

在实验统计数据没有出来之前，可以让学生讨论以下方面的问题：

（1）试根据自己在实验中获得的个人信息和公开的交易价格、交易数量预测理论上竞争市场均衡时的均衡价格和均衡数量；

（2）总结自己报价的原则和依据；

（3）实验观察者根据实验过程中的公开信息总结实验参与者决策的特点，报价的规律等。

其次进行实验结果的分析。

在双向口头拍卖实验中，实验结果的分析应包括以下步骤。

第一步：根据假设的个人信息数据（初始资源禀赋）作出供求表。实验结束后，应该公布该实验中买方和卖方的个人信息（表5-2），根据这个初始的个人信息做出实验中理论上的供求表（表5-3）。

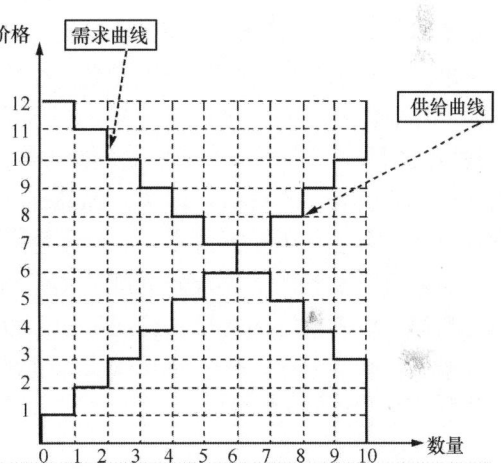

图 5-2　理论上阶梯状的供求曲线

第二步：根据以上数据绘出理论上的需求、供给曲线。为了保证分析的方便，在描绘出需求曲线和供给曲线上的一些点之后，将这些点连接起来分别形成阶梯状的供给曲线和需求曲线（图5-2）。根据阶梯状的供给曲线和需求曲线，可以找到理论上均衡价格、均衡数量和社会总福利水平（社会总收益）。

第三步：根据实验结果作出相关数据。教师指导工作人员对实验数据进行汇总，完成实验数据汇总表和个人收益汇总表，即填写表5-5、表5-6。

第四步：对比实验数据与理论上数据，结合实验目的分析实验效果。对比分析的数据指标包括每轮平均价格、平均成交量、买方收益、卖方收益和社会总收益的数据等，也可对变量的偏离程度进行分析，主要包括市场效率的偏离程度和成交量的偏离程度，具体计算如下。

如果用理论上的总利润表示市场效率，即当完全竞争市场实现均衡时社会总福利达到最大，则

市场效率偏离理论水平的程度＝每轮实际平均总利润/理论总利润×100%。

如果将完全竞争市场均衡时的成交量视为理想的或理论上的成交量，则

成交量偏离理论水平的程度＝（平均成交量－理论上的成交量）/理论成交量×100%

实验效果表现为实验结论,一般分为两个方面:一是实验结果很好地验证了理论的预测;二是实验结果与理论预测相差较大。对于后者要分析产生偏离的原因。

第五步:根据分析过程指导学生撰写实验报告。实验报告应该包括实验目的、实验环境、实验设计的经济学原理、实验过程的记录、实验结果的分析、实验的主要结论等环节。

(二)实验者指南

欢迎你参加本次课堂实验!这次课堂实验将模拟苹果的市场交易。在交易中,大家将通过对想象的苹果的交易来获取收益,同时假设苹果的规格、质量没有差别。我们将随机选出 4 人作为实验工作人员,随机选出 20 人作为苹果交易的双方,买卖双方各为 10 人,分别在实验区的两边相对而坐,以能够看见多媒体和黑板为佳。

第一,在实验中,买方在黑板的右面而卖方在黑板的左面按照顺序(顺序由你抽到的信息卡片上信息确定)排列,2 名工作人员负责计时、记录交易数据、在黑板上或多媒体上对要价和出价信息进行公示,2 名工作人员负责发放扑克牌或者卡片,同时对交易者违反实验规定的行为和交易现象进行监督和纠正。

第二,每个交易者都将随机拿到一个标志着买方信息或卖方信息的卡片。买方拿到的卡片上标明了买方角色及编号、买方价值等信息,而卖方拿到的卡片上标明了卖方角色及编号,卖方成本等信息(如果双方拿到的是扑克牌,买方拿到红花色的牌,上面的数字代表买方价值,即买方愿意购买一个苹果的最高价格,卖方拿到黑花色的牌,上面的数字代表卖方成本,即卖方愿意出售一个苹果的最低成本)。

买卖双方拿到的卡片或扑克牌的信息属于个人信息,实验参与者不能随意透露或有意泄露,否则认定为违反实验规定的行为,要给予一定的收益处罚。

第三,在实验中,每一位实验参与者的目标是尽可能获得收益,实现实验收益最大化。

个人实验收益的计算方法:

$$买方收益=买方价值-成交价格$$
$$卖方收益=成交价格-卖方成本$$

第四,本次课堂实验共进行 8~10 轮,每轮实验的时间为 5 分钟(注意:实验开始后不再提醒时间进度,以免影响大家的决策行为),当发放卡片和进行登记时,时间应该暂停。当老师宣布第 1 轮开始时,计时开始,先由买方的某一个人根据自己的个人信息报出购买一个苹果的价格(出价),根据这一报价,卖方的某一个人根据自己的成本信息报出自己能够接受的出售一个苹果的价格(要价),报价的方式是举手加大声口头报价,报价必须是 1 的倍数(也可以是 0.5 的倍数)。如果报价不相等,再由买方的第二个人出价,出价的规则是低于自己愿意支付的最高价(注意不能等于自己的买方价值),同时高于买方中已有的出价,再由卖方的第二个人要价,同样只能大于自己的卖方成本而低于已有的卖方要价,如此类推,直到出现成交价格为止。买方的报价遵循"由低到高"的原则,报价越来越高,而卖方的报价遵循"由高到低"的原则,报价越来越低。例如,买方的价值为 20 元,已有的买方报价为 11 元,则买方的报价是在 11~20 元的任何一个 1 的倍数上的价格,即 12 元,13 元,……,19 元等,当然报价越低收益越多；如果卖方的成本为 8 元，已有的卖方报价为 32 元，则卖方的报价是在 8～32 元的任何一个 1 的倍数上的价格，即 31 元，30 元，……，10 元，9 元等，当然报价越高收益越多。

在报价过程中，一名工作人员负责在黑板上公开记载双方的每一个报价，以便实验参与者和场外观察者及时获得报价的信息。

当出现成交价格时，发放卡片的同学负责去核对成交者报价是否符合实验要求，如果符合报价的规则和顺序时，将卡片从两位成交者的手中收走，到前台进行实验登记，由登记同学再次核对，正确时大声宣告成交价格，同时两位成交者在自己的实验记录单上填写相关信息，计算自己的收益。

如果不符合实验报价规则，则取消登记，将卡片发放回交易方重新进行报价，实验继续进行。

在这一过程中要求实验工作人员不得随意泄露成交者的卖方成本和买方价值信息，只有成交价格和报价是公开信息。

第 1 轮继续进行，交易价格出现前的报价全部作废，重新开始要价和出价，直至出现成交价格，工作人员进行公示和登记，实验收益者计算个人收益，然后第 2 个成交价格、第 3 个成交价格出现，……，直到第 1 轮 5 分钟时间结束，双方的报价和交易行为应立即停止，工作人员不再进行登记和公示，并将实验参与者手中剩余的卡片收集起来。

在每轮实验中，每一个买方或卖方只能出现一个成交价格，只能获得一次收益，不能重复报价。

第五，第 1 轮实验结束后，开始进行第 2 轮，工作人员将实验参与者手中的卡片或扑克牌收集起来，打乱顺序，重新发放（注意：买方与卖方的身份不变，原属于买方的卡片在买方中重新发放，而原属于卖方的卡片在卖方中重新发放）。

第六，按照以上规则和程序继续进行第 3 轮、第 4 轮、……、第 8 轮，完成全部实验。

第七，违反实验规则和程序的行为及处罚。

为了保证课堂实验的顺利进行，获得相对科学的实验数据，维护每位同学公平获得收益的权利，对于实验过程中的一些违规行为应该进行处罚。这些违规行为包括：实验参与者随意或故意泄露自己的个人信息并与对方进行讨价还价的行为；违反了每轮实验只交易一次的规定；违反发放卡片的程序，私自调换卡片的行为；故意让对方获益而扰乱交易秩序的行为等。

实验工作人员随意泄露实验者的个人信息，使交易数据受损的情况也应予以收益处罚。

实验观察者保持中立，不得随意泄露交易者的个人信息，否则也予以收益处罚。

处罚的力度以违规行为对实验数据的影响程度、对其他参与者收益的影响程度而酌定。

特别注意事项：

（1）每位实验者卡片上的信息是私人信息，在实验过程中不能随意泄露，只有成交价格、报价是公共信息。

（2）每位实验参与者的目标是在每一轮实验中尽可能实现成交，并取得大于零的收益，在整个实验中的目标是实现实验总收益最大化。

（3）在一个成交价格出现前的报价中，买方遵循的原则是低于自己买方价值但高于已有的报价；而卖方遵循的原则是低于已有的报价而高于自己的卖方成本。

（4）如果报价中出现两位以上相同的报价者，采用抽签的方式决定实际的成交者。

（三）实验工作人员指南

首先欢迎各位实验工作人员，你们将是这次课堂实验的实际管理者和组织者。

（1）产生：实验工作人员的产生按照随机原则产生。

（2）分工及职责：本实验中的 4 名工作人员中，2 人负责发放卡片，1 人专门发放买方的卡片，1 人负责发放卖方的卡片；另外两人负责登记和公示，1 人负责在实验记录总表上登记成交者的姓名、实验角色、买方价值和卖方成本、成交价格等信息，同时检查交易的有效性，交易的有效性是指成交价格必须是 1 或 0.5 的倍数，成交价格应低于买方价值大于已有的买方报价，同时高于卖方成本而小于已有的卖方报价，假如不符合以上的有效性，则将卡片交还给买卖双方重新交易；1 人负责在黑板上公示每一个买方的出价、每一个卖方的要价和成交价，同时负责计时。

实验工作人员在实验结束时负责实验数据的统计和汇总工作，也包括每位学生实验收益的统计。

（3）工作注意事项：实验工作人员在实验过程中始终保持中立立场，对于实验中涉及的私人信息，如买方价值和卖方成本都要严格保密，同时对于实验中的公共信息，如买方出价、卖方要价、成交价格要大声宣示，以便实验参与者和观察者能够及时获取信息。

工作人员在分发卡片或扑克牌的过程中始终注意随机性，包括乱序发牌、交换买卖角色发牌等。

（4）收益：实验工作人员因为没有直接参与实验，所以不能获得实验收益，从考核与激励的角度来说，应该给予适当的收益。一般地，工作人员的收益应该相当于全体实验参与者平均实验收益。

四、实验过程

实验过程是指整个实验的实施过程，包括实验开始后的热身练习、实验具体过程和实验数据的统计、实验结果讨论和分析、实验报告的撰写等环节。

（一）热身练习

在开始本实验之前，请进行以下热身练习，以便学生理解实验中的交易行为和动机。

假设一个供给者提供一个苹果的卖方成本是 10 元，他遇到的市场需求者购买一个苹果的买方价值为 30 元。

（1）如果供给者以价格 25 元卖给需求者一个苹果，他将得到____元利润，需求者将得到____元收益，二者共同得到____元利润（将二者的收益加总）；如果供给者以价格 15 元卖给需求者一个苹果，他将得到＿＿＿元利润，需求者将得到＿＿＿元收益，二者共同得到＿＿＿元利润（将二者的收益加总）。

（2）使双方都获得相同收益或利润的成交价格应该是＿＿＿元，使双方获得收益之和最大的成交价格是＿＿＿元。

（3）使卖方和买方都能获得 1 元或更多利润的最高的苹果价格是＿＿＿元，如果以这个价格成交，则双方获得的总利润或总收益是＿＿＿元。

（4）使卖方和买方都能获得 1 元或更多利润的最低的苹果价格是＿＿＿元，如果以这个价格成交，则双方获得的总利润或总收益是＿＿＿元。

（二）实验过程

（1）按照随机原则将实验者分组，并将"买方"与"卖方"分列两排在实验区就座，工作人员各就各位。

（2）教师指导实验工作人员阅读"实验工作人员指南"，并对实验过程中数据的记录、公示和统计方式进行适当的培训。

（3）分发或制作个人实验记录单，并由教师进行指导相关信息的填写。

（4）教师分发并宣读"实验者指南"，并对包括报价规则、信息保密和公开、收益目标、每轮时间限制等注意事项加以强调。

（5）进行实验前的热身练习，熟悉收益规则，引导实验者确定交易策略。

（6）教师要求工作人员、实验参与者按序就座，宣布主体性课堂实验第 1 轮开始，开始计时，由工作人员按照随机原则发放信息卡片。

（7）在每一轮中，报价顺序为"买方—卖方—买方—卖方—……"，出现成交价格，收卡片—公示—登记，收益记录表填写，再按照"先买方后卖方"顺序重新开始，直到时间结束。然后进行第 2 轮、第 3 轮、……、第 8 轮，完成全部实验。

注意：应将实验 1~8 轮控制在 1 节课内，以免实验数据出现异常。

（8）进行辅助性课堂实验，让剩余同学参与同样的实验，以获取实验收益以便进行课程考核。

（三）实验数据的统计及汇总

（1）实验结束后，教师应该指导实验工作人员对数据进行统计，实验参与者完善自己的实验记录单和相关信息（表 5-1），将实验记录单上交，由工作人员进行检查、核对，并对错误信息及时更正并公示。

（2）实验工作人员汇总相关实验数据，包括实验记录总表（表 5-4）和实验数据汇总表（表 5-5）。

（3）工作人员用 EXCEL 或其他软件汇总全班同学的收益，并进行公示，如表 5-6。

五、实验结果讨论和分析

（一）相关经济学理论背景

1. 完全竞争市场及其特征

完全竞争及均衡是整个微观经济学的核心。完全竞争市场是经济学中最理想的市场竞争状态，也是分析其他市场竞争程度和效率的标准。

完全竞争市场分析的两个基本假设是：资源稀缺性假设和理性经济人假设。

资源稀缺性假设反映了资本主义市场经济中资源私有制产权的内在要求。在西方经济学中，基本的经济资源或要素包括三大类，资本、劳动和土地（代表一切自然供给固定的资源），后来又加入了第四种基本资源，即企业家才能，也就是组织管理企业，将以上三种资源整合以实现利润最大化目标。在资本主义市场经济条件下，资本、劳动、土地和企业家才能的产权都是清晰的，这些资源都不能免费获得，要获得这些资源从事经济活动，必须付出机会成本意义上的价格，因此，这些资源都是稀缺的，用这些资源生产的产品和劳务也是稀缺的。这样，资源稀缺性的客观要求意味着人们从事经济活动要受到资源的约束，必须考虑资源的合理配置，追求资源的有效率使用。

理性经济人假设则是对资本主义市场经济中资本主导下的生产关系的反映。具体要求是：每个经济主体追求利益最大化。西方经济学认为，在市场经济中，经济人假设直观地反映了人们追逐利益的特性，亚当·斯密说："我们的晚餐并非来自屠宰商、酿酒师和面包师的恩惠，而是来自他们对自身利益的关切。"这是经济社会中每一个基于生存和发展的经济主体最直接最客观的要求，也是一切社会中人基于生存和发展的客观要求，所以，西方经济学家认为经济人假设反映了人的最本质的客观要求，一切社会概莫能外。"经济人"假设，一方面反映了人们追逐利益最大化的要求，另一方面强调人们追逐利益的要求是理性的，即人们有能力，包括逻辑推理能力能够实现这一最大利益。具体来说，"经济人"假设意味着经济活动的主体（消费者、生产者）通过经济活动在一系列约束条件下来实现自身利益最大化。消费者的效用水平主要取决于消费的各种商品数量组合，消费者追求效用最大化，约束条件是用以购买商品的预算，以既定的预算支出选择效用最大化的商品组合，或者以最小的预算收入达到既定的效用水平。生产者追求利润最大化，约束条件是各种要素投入和生产技术水平。生产者以既定的投入约束下选择最优的要素组合以获取最大的产量[①]或利润水平，或者以最小化的投入水平获得既定的产量或利润。

这两个假设条件是形成完全竞争市场均衡模型的前提和基础。从整个经济社会来看，完全经济市场就是完全由"看不见的手"来实现资源配置，不需要政府的任何干预。其特征主要有四个方面：一是完全竞争市场上的产品是同质的，是完全的替代品，消费者从这个市场中任何一个厂商那里购买到的产品都没有差别，或者消费者在认知方面不认为有差别；二是市场上有许多的买者和卖者，市场参与者的数量很多；三是信息是完全的，即市场参与者包括买者和卖者都可以知晓一切交易的信息，买者完全了解自己购买产品的性能、质量以及外形特征等，甚至知晓其生产的成本和厂商的情况，而卖者完全了解消费者的偏好、消费数量和预算的情况，即完全了解消费函数和需求曲线的形状和特征；四是资源具有完全的流动性且不受任何限制，资本、劳动力、资本和企业家才能都是可以自由进出这个市场而不受任何制度的、法律的或技术的

---

① 厂商在既定投入技术和要素条件下实现产量最大化的同时就实现了利润最大化，参见高鸿业主编《西方经济学（微观部分）》（第五版）（中国人民大学出版社，2011 年）第 119、120 页的证明。

限制。

2. 完全竞争市场的均衡

均衡是整个西方经济学的核心概念和基本分析理念。均衡来源于物理学，是指某一物体在各种力的相互作用下处于相对静止的状态，在不受任何外力的冲击时几乎可以一直保持下去的一种物理现象。西方经济学中的均衡是指在一定的条件下（外生变量保持不变），某些经济变量（内生变量）由于势均力敌、相互制约而出现的一种经济状态和能够保持下去的趋势，如消费者均衡、生产者均衡、市场均衡，一般均衡、国民收入均衡、宏观经济的均衡等。均衡既是西方经济学分析经济现象、经济问题的方法论，也是解决经济现象和社会经济问题的基本思路和目标。

（1）完全竞争市场的均衡状态和条件。西方经济学家都认为，市场中存在着均衡的力量，供给、需求和价格构成了经济状态发生改变或均衡的基本力量，三者相互作用的机制就是市场机制。大量的研究认为，市场机制存在着趋于均衡的力量：当市场实现均衡时，不存在改变这一经济状态的任何内部的原因。不考虑其他因素，完全竞争市场实现均衡的条件是供给等于需求。当完全竞争市场实现均衡时的价格称为均衡价格，数量称为均衡数量，从利益的变化上来看，消费者和生产者都没有激励进行改变，即实现了消费者认为利益最好的情况，也实现了生产者认为的利益的最好情况。在没有任何价格以外因素的冲击下，完全竞争市场的均衡状态将一直保持下去。

（2）完全竞争市场均衡的自发实现过程（图5-3）。如果只考虑由需求、供给和价格构成的完全竞争市场模型，受各种外部因素变动的影响，均衡的经济状态是偶然的，而不均衡的状态是常见的。但也正是供求与价格机制的相互作用，才使得现实的市场存在着一种变动的趋势，即市场内部会趋于均衡。完全竞争市场的机制就是从不均衡自动趋向均衡的机制。不均衡有两种情况：一是价格过高，如图5-3中的P_1，在这种价格条件下，越来越多的生产者认为这种价格水平上

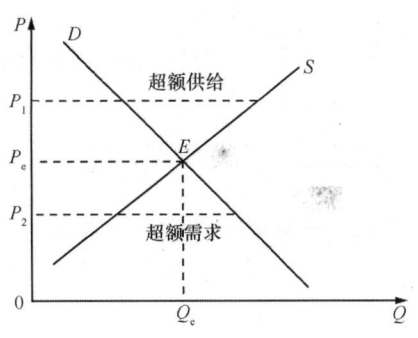

图 5-3　市场自发均衡过程

提供产品有利可图，因而表现为较多的供给量，而消费者则由于边际消费倾向递减规律的制约，表现为较少的需求量，这时市场处于需求小于供给的不均衡状态，较多的供给体现为单个生产者库存的增加上，因此他们之间通过降价促销的竞争形成了价格下降的压力，市场上的超额供给会逐渐减少，直到实现均衡，供给等于需求，价格就不再变动。另一种是价格过低，当现实市场的价格处在P_3水平上，对于受边际消费倾向递减规律制约的消费者来说，购买较多的商品较为划算，因此表现为较多的需求量，而厂商受技术和成本制约，出于利润考虑，生产并提供较少的商品较为合理，因此，在这个价格条件上表现为较少的供给量，市场的态势也是不均衡的，供给小于需求（图5-3），消费者为了获得自己需要的商品，他们之间的竞争提高了价格，价格趋于上升，市场上的超额需求会趋于下降，直到实现供给等于需求的市场均衡E。

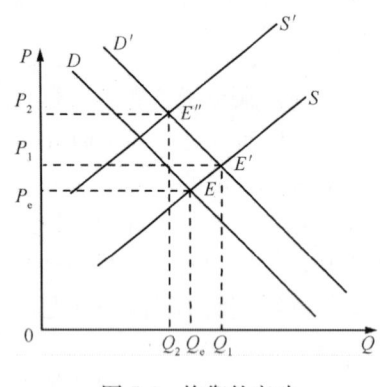

图 5-4　均衡的变动

（3）完全竞争市场均衡的变动（图 5-4）。如果不考虑市场外部因素，则完全竞争市场存在着趋于均衡的内部机制，如果考虑完全竞争市场的外部因素（外生力量）的变动，则市场的均衡经常会受到冲击。当受到商品本身价格之外的因素冲击时，市场原有的均衡会遭到破坏，如图 5-4，在几何图像中表现为供给曲线的移动或者需求曲线的移动，微观经济学中称之为需求的变动或供给的变动。在外生力量的冲击下，完全竞争市场会偏离原有的均衡，然后在市场内部机制的作用下，市场会重新实现新的均衡。具体来看，一种情况是需求冲击，表现为需求的变动或需求曲线的移动，如图 5-4，假设由于消费者偏好的改变，消费者在相同价格条件下表现为更多的需求量，表现为需求曲线向右上方平移，则原有价格 P_e 条件下，需求大于供给，存在超额需求，市场处于不均衡状态，价格存在上涨的压力，这种状态一直持续到价格达到 P_2 时为止，实现新的均衡 E'，新的均衡数量为 Q_3，均衡价格为 P_2。同时假设由于原材料成本上升，在相同价格条件下，生产者愿意和能够提供的数量下降，表现为供给的变动和供给曲线的移动，如图 5-4，供给曲线向左上方平移，在价格 P_2 条件下，需求大于供给，存在超额需求，市场处于不均衡状态，价格存在上涨的压力，一直持续到价格达到 P_1 时为止，从而实现的新的均衡 E''，新的均衡数量为 Q_1，均衡价格为 P_1。

3. 完全竞争市场的效率

由于完全竞争市场均衡是一种符合所有市场参与主体愿望和利益的一种状态，因此也是一种理想的市场经济状态。西方经济学用市场效率来描述这一状态，认为完全竞争市场均衡状态时的市场效率是最高的，而完全垄断市场的市场效率是最低的，完全垄断市场和寡头市场的市场效率居中。

西方经济学家用社会经济总福利来衡量市场效率，认为完全竞争市场均衡时实现了社会福利的最大化，因此，与完全竞争市场相比，完全垄断市场、垄断竞争市场、寡头市场在实现均衡时并没有实现社会福利最大化。社会福利由消费者剩余与生产者剩余构成，参见图 5-5，消费者剩余是指消费者购买一定数量的商品时愿意支付的价格与实际支付的价格（交易价格）的差额，如图 5-5 中三角形的面积 $S_{\triangle AEP_1}$ 所表示，而生产者剩余是生产者出售一定数量商品时实际获得的总支付与其实际成本之间的差额，如同中的三角形面积 $S_{\triangle BEP_1}$ 所表示。

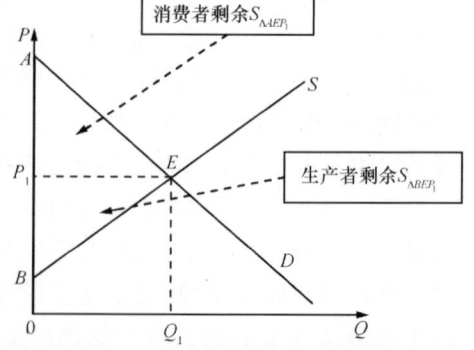

图 5-5　消费者剩余和生产者剩余

（二）实验结果的讨论

请本课堂实验的参与者和场外观察者在进行实验结果分析之前讨论以下问题：

（1）在整个实验中，第 1 轮与其他各轮次总体上有何不同？从第 1 轮到第 8 轮买方的报价又有何特点？卖方的报价又有何特点？

（2）在整个 1~8 轮实验中，成交价格有何特点？有没有呈现出一定的规律性，原因何在？

（3）作为买方的整体，他们之间压低价格的报价行为对最终的成交价有没有影响？为什么？作为卖方的整体，他们互相抬高价格的报价行为对最终的成交价有何影响？为什么？

（4）在整个 8 轮的交易过程中，买卖双方的信息是个人信息，能不能从交易过程中双方的报价行为中收集到对自己有利的一些信息，为什么？

（5）每一轮实验中都重新配置买方价值和卖方成本，对整个交易价格形成有无影响？对每个人的交易行为有无影响？

（6）根据实验规则和实验过程，试讨论口头双向拍卖市场与西方经济学理论中的完全竞争市场的基本特征有何区别？口头双向拍卖实验能否代表完全竞争市场，为什么？

（三）实验结果的分析过程

对于此次口头双向拍卖实验，实验结果的分析分为四个步骤。

第一步：根据卡片上的个人信息，即买方价值和卖方成本，以及交易量，列出理论上实验中的双方供求表。下面举一个例子来说明分析的步骤。

假设双方的卡片上的个人信息分别是：

买方价值，12 元、11 元、10 元、9 元、8 元、7 元、6 元、5 元、4 元、3 元；

买方成本，1 元、2 元、3 元、4 元、5 元、6 元、7 元、8 元、9 元、10 元；

参见表 5-2。

同时，假定报价的规则是 1 的倍数，买卖双方在交易中的收益不能为 0。从以上信息可以获得双方报价的范围是 1~12 元，卖方的最小成本决定了双方的最低报价，而买方的最大价值决定了双方的最高报价。在需求量与供给量的分析中，应该将以上信息作为一个消费者和一个厂商的信息来看待，如价格为 8 元时，这个消费者愿意购买（能够获得收益或消费者剩余）的数量为 4 个单位，即需求量为 4 个，而这个生产者愿意出售（能够获得利润或生产者剩余）的数量为 7 单位。按照同样的规则，形成的供求表（表 5-3）。

第二步，根据理论上的供求表在横轴表示数量，纵轴表示价格的直角坐标系上描绘出这些点的组合，然后作出阶梯状的供给曲线和需求曲线。

先作出直角坐标系，后描出价格和需求量组合的点，这些点在需求曲线上，然后描出价格和供给量的组合的点，这些点在供给曲线上，如图 5-2 所示。

第三步，分析阶梯状的供求曲线，利用几何方法求理论上实验中完全竞争市场的均衡价格、均衡数量和市场均衡时的社会总收益（社会总福利）三个指标。如在图 5-2

中，因为报价是以 1 为单位，所以均衡价格为 6 元或者 7 元，均衡数量为 6 个，当市场实现均衡时的社会总收益＝买方总收益＋卖方总收益＝36 元。

第四步，实验工作人员在老师指导下对实验的数据进行汇总，并填写实验数据汇总表（表 5-5），汇总本次实验中个人实验收益数据，公开实验中个人记录总表和买卖双方的个人信息表。

在对实验数据的汇总中，需求得每一轮中的成交数量、平均交易价格、买方总收益、卖方总收益、社会总收益，求得 1～8 轮实验中平均成交数量、平均成交价格、平均买方总收益、平均卖方总收益和社会平均总收益等数据。

第五步，对比实验中的理论上完全竞争市场与实验中的双向拍卖市场中的数据，分析实验中完全竞争市场中相关数据的特征和变动趋势。

对比整个实验中交易价格与理论上均衡价格的偏离程度、交易数量对均衡数量的偏离程度、市场效率的数据分析等。

常用的几个分析的指标如下。

（1）市场会聚系数：反映市场价格变动性、价格对竞争性理论预期的偏离程度的指标，通常被定义为价格 p_n 围绕竞争性理论预期价格 p_e 变异的平方根，N 表示样本数量，计算公式为

$$\alpha^2 = \sum (p_n - p_e)^2 / N$$

（2）成交量会聚系数：反映实际成交量的变动性、成交量对竞争性理论预期成交量的偏离程度的指标，通常被定义为实际成交量 Q_n 围绕着竞争性理论预期成交量 Q_e 变异的平方根，N 表示样本数量，计算公式为

$$\beta^2 = \sum (Q_n - Q_e)^2 / N$$

（3）市场效率：如果用理论上的总利润表示市场效率，即当完全竞争市场实现均衡时社会总福利达到最大，则市场效率偏离理论水平的程度＝每轮实际平均总利润/理论总利润×100%。如果将完全竞争市场均衡时的成交量视为理想的或理论上的成交量，则成交量偏离理论水平的程度＝（平均成交量－理论上的成交量）/理论成交量×100%。

也可利用 EXCEL 等软件对整个 8 轮实验中的成交数量和成交价格的走势、社会总福利的变化趋势等进行描述和分析。

第六步，得出实验结果分析结论。一般实验的结论有两个方面：要么本次实验很好地验证了口头双向拍卖市场能够实现均衡价格和市场效率，要么本次实验与理论上的差距较大，没能验证完全竞争市场均衡的过程和市场效率，同时应该仔细分析原因。

第七步，完成实验报告，并对实验中存在的问题提出建议，对实验进行总结。

实验二　完全竞争市场实验-自由讨价还价交易市场

最早的完全竞争市场是由经济学家张伯伦完成的，他所设计的竞争市场交易制度是自由讨价还价，这类实验的特征是每一个买者或卖者都是独立的价格形成者，不会受一定的集团（如买方或卖方内部）的影响和制约，因此也成为许多经济学课堂实验采用的形式。

一、实验目的

本课堂实验设计了一个由一定数量的买方和卖方构成的市场，其中买卖方的初始禀赋（即市场交易者的预期收益）是给定的，假定买方和卖方都是追求自身利益最大化的"经济人"，他们通过寻找交易对象，以讨价还价的交易方式获得最大收益。通过实验过程让学生体验市场交易价格是如何形成的，再现竞争性市场达到均衡的动态过程，来领悟完全竞争市场效率的含义。

二、实验准备

（一）实验环境

我们假设一个非常简化的买卖苹果的市场，约有 20 位同学将参加这一市场交易的模拟过程，他们的目标是在苹果的交易过程中获得尽可能多的收益，收益将构成本学期实验课程成绩的一部分。

实验的场地是一间敞亮的、空间较大的教室，或配有多台计算机终端系统的实验室。如果在教室中模拟苹果交易过程，需要配备足够的课桌椅、多媒体投影仪、联网的计算机、电子屏幕、黑板、粉笔、黑板擦、计算器，随机数生成软件、若干张白纸、直尺等道具。

（二）实验分组

在本实验中，将全班同学分为两大组：一大组为主体实验参与者，采用随机数产生软件随机选出 24 人，其中实验工作人员 4 名，实验参与者 20 人，其实验数据进行实验报告分析，实验中的收益计入本人收益，实验工作人员的收益为平均收益；另一大组为辅助性实验参与者，记录实验数据，实验收益记入本人收益，实验数据不作为实验报告分析的依据。

（三）信息卡片和表格

在本实验中，需要准备个人信息卡片若干，份数以实验中参与人数为限，卡片上记录买方信息和卖方信息（图 5-1）；准备个人实验记录表（表 5-1）若干份，保证实验中人手一份；实验数据统计总表（表 5-4、表 5-5、表 5-6）若干份。

（四）实验指南

阅读教师实验指南，准备"实验者指南"和"实验工作人员指南"的电子版或纸质版，并提供给各个实验参与者和实验观察者。

三、实验指南

（一）教师实验指南

1. 实验前的准备

在课堂实验开始之前，作为实验组织和管理者的教师要做好充分的准备工作。具体详见本章实验一"经典的完全竞争市场课堂实验"中口头双向拍卖实验的"教师实验指南"。

特别注意以下四点：

（1）在教师的实验准备中，要具有针对性和现实性，根据不同班级的条件进行适当的调整。如经济类专业与管理类专业的学生的经济学理论素养存在差异，在实验中的问题讨论部分可以有所不同；各班级学生人数上存在差异，可以有针对性地灵活调整参与实验的人数和工作人员数，以免这些变量影响实验结果。

（2）教师需要对本次课堂实验理论进行学习，包括课堂实验设计的经济学原理、已有的经济学实验和相关分析、实验经济学的相关内容等，还有一些更为专业的经济学课堂实验设计的论文等。

（3）实验中所用的个人信息的设计既要考虑到各个班级之间同类实验的对比性，又要兼顾同类实验相关变量的增减变化，以考察某些实验变量对实验结果的影响，从而增加课堂实验的可讨论性，达到学生通过课堂实验加深经济学原理和知识的理解，扩展学生的经济学视野的目的。个人信息的设计可以灵活地进行变动，以观察实验者不同的预期收益下交易行为及决策、交易价格、交易数量和交易收益变动的关系等。

（4）对西方经济学课堂实验的设计要进行预演，以检验实验设计中存在的问题，对没有涉及但又需要在课堂实验中加以检验的实验变量进行重新设计。对实验中出现的多余实验变量通过重新设计进行剔除。

2. 实验过程中的管理、组织

本次课堂实验的流程包括：

第一至第五的要求参见本章第一节实验一中相关内容。

第六，组织教师宣布实验的总体进程，共进行 6～8 轮，每一轮结束标准可以是 4 分钟时间限制，也可以是以没有交易发生为标准，买卖角色一旦确定就不再变动，每一轮结束后，收回实验者的个人信息卡片打乱按照随机、买卖角色不变的原则重新发放。

第七，实验开始后，实验组织老师与工作人员要仔细观察和监督整个实验交易过程，及时地处理个别实验者出现的疑问，指导和督促实验参与者和实验工作人员规范地做好各项实验数据记录，并维持整个交易过程的秩序，必要时对一些实验过程中出现的问题进行记录。

3. 实验结果的讨论和分析

交易结束后，学生回到自己的座位上，接下来进行实验结果的分析。

首先进行实验结果的讨论。

在实验统计数据没有出来之前，可以让学生讨论以下方面的问题：包括实验参与者总结自己的报价依据和特征，实验观察者根据实验过程中的公开信息总结实验参与者决策的特点、报价的规律等。

其次进行实验结果的分析。

在本次自由讨价还价市场实验中，实验结果分析的过程包括：

第一步，根据假设数据作出理论上的供求表。

第二步，根据以上数据做出理论上的需求、供给曲线。根据阶梯状的供给曲线和需求曲线，求出理论上均衡价格、均衡数量和社会总福利水平（社会总收益）。

第三步，根据实验结果作出相关数据。这些数据应该包括每轮平均的成交价格、成交数量、买方收益、卖方收益和社会总收益等数据，

第四步，对比实验数据与理论上数据，结合实验目的分析实验效果。除了对比理论上和实验中形成的成交价格、成交数量、买方收益、卖方收益和社会总收益等数据，也可分析这些数据在理论上的偏离程度，根据这次实验可以分析以下两个变量：市场效率的偏离程度和成交量的偏离程度。

第五步，根据分析过程指导学生撰写实验报告。

（二）实验者指南

首先欢迎各位同学幸运地被选中参加本次课堂实验。这次我们模拟进行苹果市场的交易。在交易中，大家将通过对想象的苹果的交易来获取收益，同时假设苹果的规格、质量没有差别，每一位买方将按照卡片上的买方价值购买 1 个苹果，而每一位卖方将按照卡片上的卖方成本卖出 1 个苹果。我们将随机选出 4 人作为实验工作人员，随机选出至少 20 人作为苹果交易的双方，买卖双方各为 10 人，并分别在实验区的两边相对而坐。

第一，在实验中，买方在黑板的右面而卖方在黑板的左面按照顺序排列，2 名工作人员负责计时、记录交易数据、在黑板上或多媒体上进行报价信息的公示，2 名工作人员负责发放扑克牌或者卡片，同时对交易者违反实验规定的行为和交易现象进行监督和纠正。

第二，每个交易者都将拿到一个标志着买方信息或卖方信息的卡片或扑克牌。买方拿到的卡片上将标明买方角色及编号、买方价值等信息，卖方拿到的卡片将标明卖方角色及编号、卖方成本等信息；如果双方拿到的是扑克牌，则买方拿到红花色的牌，上面的数字代表买方价值，即买方愿意购买一个苹果的最高价格，卖方拿到黑花色的牌，上面的数字代表卖方成本，即卖方愿意出售一个苹果的最低成本。

买卖双方拿到的卡片或扑克牌的信息属于个人信息，实验参与者不能随意透露或有意泄露，否则算作违反实验规定，要给予一定的收益处罚。

第三，在实验中，每一位实验参与者的目标是尽可能寻找交易对象，实现实验收益最大化。

个人实验收益的计算方法：

$$买方收益＝买方价值－成交价格$$
$$买方收益＝成交价格－卖方成本$$

第四，本实验共进行 8～10 轮，每轮实验结束的标准有两种：一是 4 分钟时间限制（注意，实验开始后不再提醒时间进度，以免影响大家的决策行为），二是所有交易都已经完成。卡片发放完毕，计时开始，老师宣布第 1 轮开始。买方或卖方都可以在实验区间自由走动，并大声报出价格寻找愿意成交的对方，报价必须是 0.5 的倍数，在这个过程中，可以和任意一个对手进行讨价还价，无法达成交易再找第二个交易对手进行讨价还价，……直到达成交易。

在报价的规则上，买方的报价需低于卡片上的买方价值，卖方报价需高于卡片上

的卖方成本。例如买方价值为 20 元，则买方的报价是在 20 元以下的任一个 0.5 的倍数上的价格，当然报价越低收益越多；如果卖方成本为 8 元，则报价是在 8 元以上，任何一个 0.5 的倍数上的价格，当然报价越高收益越多。

当两个买卖对手达成交易时，需要到前台交易管理人员处登记，我们将登记行为视为两人在签订购买协议，一旦达成协议，价格不可改变。交易管理人员负责核对成交者报价是否符合实验规则，如果符合，将卡片从两位成交者的手中收走进行登记，并大声宣告成交价格，如果不符合实验报价的规则，则取消登记，将卡片交还给交易方重新寻找交易对手，直至达成新的交易。

登记后，两位交易者在自己的实验记录单上填写相关信息，计算自己的收益。在实验进行过程中，交易者的卖方成本和买方价值信息是私人信息，只有成交价格和报价是公开信息。

在先成交的交易者登记的同时，其他交易者可以继续调整报价和交易对手，讨价还价，直至出现成交价格，然后去市场交易管理人员处登记，如果有较多的成交者，则按照先后顺序排队登记，……，直到 4 分钟时间结束，或再没有交易价格出现、交易者放弃交易时，都可认定这一轮实验结束。

在每轮实验中，每一个买方或卖方只能出现一个成交价格，只能获得一次收益，不能重复报价。

第五，第 1 轮实验结束后，开始进行第 2 轮，工作人员将实验参与者手中的卡片或扑克牌收集起来，打乱顺序，重新发放（注意：买方与卖方的身份不变，原属于买方的卡片在买方中重新发放，而原属于卖方的卡片在卖方中重新发放）。

第六，按照以上规则和程序继续进行第 3 轮、第 4 轮、……、第 8 轮，完成全部实验。

第七，在实验进行中或实验结束后，继续填写和完善实验收益记录单，计算自己的收益，在实验结束后上交。

第八，根据实验数据进行实验结果的讨论和分析，得出本次课堂实验结论，然后撰写实验报告。

特别注意事项：

（1）每位实验者卡片上的信息是私人信息，在实验过程中不能随意泄露。

（2）每位实验参与者的目标是：在每一轮实验中尽可能找到成交者，成交后的收益要大于零，在整个实验中的目标是实现实验总收益最大化。

（3）在报价中，买方遵循原则是：低于自己买方价值；而卖方遵循的原则是：高于自己的卖方成本。

（4）如果报价中同时出现两位报价者，采用抽签的方式决定实际的成交者。

（三）实验工作人员指南

欢迎你被选中参加本次课堂实验，你们是本次课堂实验实际的组织者和管理者。

产生：本实验中的工作人员是随机抽取的，共 4 人。

分工：在 4 名实验工作人员中，2 人负责发放卡片，1 人负责发放买方的卡片，1 人负责发放卖方的卡片；另外两人作为市场交易管理人员，负责登记和公示，1 人负责在实验记录总表上登记成交者的姓名、实验角色、买方价值和卖方成本、成交价格等信息，同时检查交易的有效性，1人负责在黑板上公示每一个成交价，并负责计时。

在课堂实验结束时，实验工作人员应该负责实验数据的统计和汇总工作。

注意事项：实验工作人员在实验过程中始终保持中立，对于实验中涉及的私人信息要严格保密，同时对于实验涉及的公共信息要大声宣示，以便实验参与者和实验观察者能够及时获取信息。

工作人员在分发卡片或扑克牌的过程中始终注意随机性。

收益：实验工作人员的收益应该相当于全体实验参与者平均实验收益。

处罚：具体参照本章第一节实验一中的具体规定。

四、实验过程

实验过程是指整个实验的实施过程，主要包括以下环节。

（一）热身练习

参见本章第一节实验一中对应的内容。

（二）实验过程

（1）按照随机原则将实验者分组，"买方"与"卖方"分列两排在实验区就座，工作人员各就各位。

（2）发放和指导阅读"实验工作人员指南"，并对工作人员的工作进行适当的培训。

（3）分发或制作个人实验记录单，由教师指导相关信息的填写。

（4）教师分发并宣读实验者指南，并对注意事项加以强调，包括报价规则、信息保密和公开、收益目标、每轮时间限制等。

（5）进行实验前的热身练习，熟悉收益规则，引导实验者确定交易策略。

（6）教师要求工作人员、实验参与者按序就座，宣布第1轮实验开始，开始计时，由工作人员按照随机原则发放卡片。

（7）在每一轮中，交易双方都可以在实验区自由走动，大声报价、与不同的交易对象讨价还价，确定没有愿意交易者，迅速改变报价，重新寻找交易者，直至出现成交价格，双方去前台按照先后顺序登记、公示，当所有交易都已完成或没有人愿意继续交易时这一轮结束，也可以是限定的时间结束。然后进行第2轮、第3轮、……、第8轮，完成全部实验。

注意：应将实验1~8轮控制在1节课内，以免实验数据出现异常。

（8）进行辅助性课堂实验。即让剩余同学参与同样的实验，获取实验收益进行课程考核。

（三）实验数据的统计及汇总

（1）实验结束后，教师应指导实验工作人员对数据进行统计，实验参与者完善自己的实验记录单和相关表单，并将实验记录单上交，由工作人员进行检查、核对，并对错误信息及时更正并公示。

（2）实验工作人员汇总相关实验数据，包括实验记录总表和实验数据汇总表。

（3）工作人员用 EXCEL 或其他软件汇总全班同学的收益，并进行公示。

五、实验结果讨论和分析

（一）相关经济学理论背景

参见本章第一节实验一中的对应部分。

（二）实验结果的讨论

请本课堂实验的参与者和场外观察者讨论一下问题：

（1）～（5）同本章第一节实验一中相应内容。

（6）根据实验规则和实验过程，试讨论自由讨价还价竞争性市场与西方经济学理论中的完全竞争市场的基本特征有何区别？那么自由讨价还价竞争市场实验能否代表完全竞争市场，为什么？

（三）实验结果的分析

对于此次自由讨价还价市场实验，实验结果的分析分为七个步骤：

第一步至第四步同本章第一节实验一。

第五步，对比实验中的理论上的完全竞争市场与实验中的自由讨价还价市场中的数据，分析实验中完全竞争市场中相关数据的特征和变动趋势。

对比整个实验中交易价格与理论上均衡价格的偏离程度、交易数量对均衡数量的偏离程度、市场效率的数据分析等。

第六步，得出实验结果分析结论。本次实验很好地验证了竞争性均衡市场的市场效率，或本次实验与理论上的差距较大，没能验证完全竞争市场均衡的过程和市场效率，并分析原因。

第七步，完成实验报告，并对实验中存在的问题提出建议，对实验进行总结。

实验三　市场供求变动实验

这类实验本质上仍然属于完全竞争市场均衡实验，在影响市场供求的一些外生变量变动时，通过课堂实验验证竞争性市场均衡的变动过程，让学生在实验参与中体验市场均衡变动的影响因素及动态变动过程，同时比较不同均衡的差异。

一、实验目的

本课堂实验设计了一个由一定数量的买方和卖方构成的市场，其中的买卖方的初始禀赋（即市场交易者的预期收益）是给定的，假定买方和卖方都是追求自身利益最大化的"经济人"，他们通过寻找交易对象，以讨价还价的交易方式获得最大收益。通过实验过程让学生体验市场均衡在受到外部冲击（外生力量影响下）时如何重新形成，再现竞争性市场从均衡到失衡再达到均衡的动态过程，来领悟在均衡变动中完全竞争市场的效率的含义。

二、实验准备

（一）实验环境

我们仍假设一个非常简化的买卖苹果的市场，约有 24 位同学将参加这一市场交易的模拟过程，他们的目标是在苹果的交易过程中获得收益，收益将构成本学期实验课程成绩的一部分。

实验的场地是一间敞亮的、空间较大的教室，或配有多台计算机终端系统的实验室。如果在教室中模拟苹果交易过程，需要配备足够的课桌椅、多媒体投影仪、联网的计算机、电子屏幕、黑板、粉笔、黑板擦、计算器，随机数生成软件、若干张白纸、直尺等道具。

（二）实验分组

在本实验中，将全班同学分为两大组，一大组为主体实验参与者，采用随机数产生软件随机选出；另一大组为辅助性实验参与者。

（三）信息卡片和表格

在本实验中，需要准备个人信息的卡片若干（图 5-1）、个人实验记录表若干份（表 5-1）、实验数据统计总表若干份（表 5-4、表 5-5 和表 5-6）。

（四）实验指南

阅读教师实验指南，准备"实验者指南"和"实验工作人员指南"的电子版或纸质版，并提供给各个实验参与者和实验观察者。

三、实验指南

（一）教师实验指南

1. 实验前的准备

在课堂实验开始之前的实验准备工作详见本章第一节实验一和实验二中的要求。

2. 实验过程中的组织、管理

本实验过程和流程基本和本章第一节实验一和实验二没有太大的差异。

不同之处包括：

第一，本课堂实验分为两个阶段，第一阶段不考虑外部因素影响（外生变量）下的市场均衡的过程；第二阶段可考虑外部因素变动条件下市场均衡从失衡到均衡的变动过程，在交易制度上可以是口头双向拍卖，也可以是自由讨价还价等。

因此，首先可以考虑和本章第一节的实验一和实验二合并进行，如果完成实验一或实验二所用时间较少，如一节课，则可以将以上任一实验的轮次作为第一阶段，比如 1～5 轮或 1～8 轮，然后再进行供求变动的第二阶段实验，对应的也是 1～5 轮或 1～8 轮，从而完成这个实验。但问题是，因为前面实验的进行，部分学生已经成为有经验的实验者或观察者，实验经济学称之为"被污染"现象，因此必然对后面实验过程和结果造成影响，在实验对象选择上面临较多的限制，当然也可在不同班级分别进行两个阶段的实验，数据可以共享，不同班级的选择要尽量考虑专业背景差异小、总人数相近等特征。

也可以重新设计个人信息表，在没有参加实验的学生中随机抽取 16～20 人进行这个实验，先按照本节实验一或实验二的规则或程序，进行第一阶段实验 1～5 轮，然后再进行第二阶段供求变动的实验 6～10 轮，时间控制在 1.5 小时（或两节课）之内。

第二，在本实验中，涉及供求变动的因素很多，但供求变动的情况包括供给增加、供给减少、需求增加、需求减少四种情况，可以据此设计不同的情景，可以单独考虑一种情况，也可以考虑供求共同变动的情况。但实验设计中每个实验只能涉及一种情况，以便简化实验变量，便于重点考察少数实验变量。例如，可以只考虑由于原材料上涨的情况，也可考虑原材料下降的情况，或者考虑由于通货膨胀消费者收入的实际购买力下降，从而造成的需求下降，也可考虑由于替代品价格的上涨从而造成的需求增加的情况。

现在假如市场的外部条件发生了变化：在其他条件不变的前提下，由于通货膨胀，消费者收入的实际购买力下降了。这样，在原有价格条件下需求量都减少"1 元"，因此要重新考虑在个人信息表不变的前提下，调整个人需求表和需求曲线。

3. 实验结果的讨论和分析

交易结束后，学生回到自己的座位上，进行课堂实验结果分析。

首先进行实验结果讨论。

在实验统计数据没有出来之前，可以让学生自由讨论下面的问题：

（1）实验参与者总结自己的报价依据和特征，特别是 1～5 轮，与后面的 6～10 轮有何差异？

（2）实验观察者根据实验过程中的公开信息总结实验参与者的决策在不同轮次的特点和报价的规律等。

（3）试讨论我们模拟的实验市场是有效率的吗？为什么？

其次进行实验结果的分析。

在本次供求变动的市场实验中，课堂实验结果分析的过程应包括：

第一步，根据 1～5 轮假设数据作出供求表和供求曲线，并求出理论上均衡价格、均衡数量和社会总福利水平（社会总收益）。

第二步，根据 6～10 轮的数据做出新的理论上的供求表、供求曲线及相应变量。

第三步，对比两个不同阶段上理论上市场的需求量（或供给量）的变动，需求曲线（或供给曲线）的不同，进而对比新旧均衡条件下，理论上的均衡价格、均衡数量和均衡社会总福利水平的变化，并得出理论上的对比结论（可以使用和本章第一节实验一、实验二相同的指标）。

第四步，对实验中的数据进行汇总，填写实验记录汇总表和核算每个学生的收益。

第五步，对比实验与理论上数据的差异，包括成交价格、成交数量、买方收益、卖方收益、社会总收益等数据，最后根据数据的比较，得出本次课堂实验的结论。

第六步，根据实验过程指导学生撰写实验报告。

（二）实验者指南

首先欢迎各位同学很幸运地被选中参加本次课堂实验，你们将是这次苹果交易市场的买卖双方，大家可以通过自由讨价还价的方式（以本章第一节实验二的交易规则实例）来参与市场交易过程。

我们模拟进行苹果农贸市场的交易。在交易中，大家将通过对想象的苹果的交易来获取收益，同时假设苹果的规格、质量没有差别，每一位买方将按照卡片上的买方价值购买 1 个苹果，而每一位卖方将按照卡片上的卖方成本卖出 1 个苹果。我们将随机选出 4 人作为实验工作人员，随机选出至少 20 人作为苹果交易的双方，买卖双方各为 10 人，并分别在实验区的两边相对而坐。

实验共分两阶段：第一阶段 1～5 轮的实验规则和流程参照本章第一节实验二中"实验者指南"相关内容。

第二阶段 6～10 轮的实验规则和流程同本章第一节实验二的"实验者指南"中的要求一致，唯一需要注意的是：第二阶段开始后，市场交易是在假定其他条件不变而由于通货膨胀消费者的实际收入水平下降了的情况下进行的。

特别注意事项：

（1）每位实验者卡片上的信息是私人信息，在实验过程中不能随意泄露，只有成交价格、报价是公共信息。

（2）每位实验参与者的目标是：在每一轮实验中尽可能找到成交者，成交后的收益要大于零，在整个实验中的目标是实现实验总收益最大化。

（3）在报价中，买方遵循原则是低于自己买方价值；而卖方遵循的原则是高于自己的卖方成本。

（4）如果报价中同时出现两位以上报价者，采用抽签的方式决定实际的成交者。

（三）实验工作人员指南

本次实验中 1～10 轮实验工作人员或市场交易管理人员的分工、职责及相关要求参照本章第一节实验一中的"实验工作人员指南"。

四、实验过程

实验过程是指整个实验的实施过程，具体包括以下环节。

（一）热身练习

参见本章第一节实验一对应的内容。

（二）实验过程

（1）按照随机原则将实验者分组，"买方"与"卖方"分列两排在实验区就座，工作人员各就各位。

（2）指导实验工作人员阅读"实验工作人员指南"并对其进行适当的培训。

（3）分发或现场制作个人实验记录单，并由教师指导相关信息的填写。

（4）教师分发并宣读"实验者指南"，并对特别注意事项加以强调，包括报价规则、信息保密和公开、收益目标、每轮时间限制等。

（5）进行实验前的热身练习，引导熟悉收益规则，确定交易策略。

（6）教师要求工作人员、实验参与者按序就座，宣布第 1 轮实验开始，开始计时，由工作人员按照随机原则发放卡片。

（7）在每一轮中，交易双方都可以在实验区自由走动，大声报出价格，寻找不同的交易对象，确定没有愿意接受者，然后再改变报价，重新寻找交易者，直至出现成交价格，双方去前台按照先后顺序登记、公示，当所有交易都已完成或没有人愿意继续交易时这一轮结束，也可以是限定的 4 分钟时间结束。然后进行第 2 轮、第 3 轮、……、第 8 轮，完成全部实验。

注意：应将实验 1~8 轮控制在 1 节课内，以免影响实验数据。

（8）进行辅助性课堂实验，即让剩余同学参与同样的实验，获取实验收益以进行课程考核。

（三）实验数据的统计及汇总

（1）实验结束后，教师指导实验工作人员对数据进行统计，实验参与者完善自己的实验记录单和相关信息，并将实验记录单上交，由工作人员进行检查、核对，并对错误信息及时更正并公示。

（2）实验工作人员汇总相关实验数据，包括实验记录总表和实验数据汇总表，也可进行某些典型数据的趋势等方面的分析。

（3）工作人员用 EXCEL 或其他软件汇总全班同学的收益，并公示。

五、实验结果讨论和分析

（一）相关经济学理论背景

参见本章第一节实验一中对应的部分："完全竞争市场均衡的变动"。

（二）实验结果的讨论

请本课堂实验的参与者和场外观察者讨论以下问题：

（1）～（5）同本章第一节实验一中的相应内容。

（6）分别由实验参与者和观察者讨论，当其他条件保持不变、消费者的实际收入水平下降时，买卖双方的讨价还价行为第一阶段、第二阶段有何变化？试预测实验中市场的均衡价格、均衡数量和社会总福利有何变化，为什么？

（三）实验结果的分析

对于此次供求变动的市场实验，实验结果的分析的内容包括：

（1）根据 1~5 轮假设数据求出理论上均衡价格、均衡数量和社会总福利水平（社会总收益）。

（2）根据 6~10 轮的数据求出理论上的供求表、供求曲线和相关数据。

（3）对比两个不同阶段上理论上不同均衡条件下的均衡价格、均衡数量和均衡社会总福利水平的变化，从而得出理论上的对比结论。

（4）对实验中的数据进行汇总。

（5）对比实验与理论上数据，得出实验结论。

（6）根据分析过程指导学生撰写实验报告。

第二节　完全垄断市场实验

完全垄断市场是市场结构中的一种类型，因为直观上感觉与完全竞争市场的差异，哈佛大学经济学教授张伯伦在课堂上进行尝试时将信息不完全、参与人数有限假定为垄断市场的特征，但实验的结果并没有证实，因此放弃了对经济学进行的课堂实验方法的尝试，但被认为是开创了经济学实验方法的先河，后来史密斯通过大量课堂实验证明了上述假定下的市场竞争性均衡是可以实现的。这些探索成为经济学家运用可控实验探索完全垄断市场均衡和特征的重要基础。

美国学者罗伯特・J. 奥克索 2001 年在他的论文 *A Monopoly Classroom Experiment* 中对完全垄断市场课堂实验的目的、过程进行了设计，成为后来大量课堂实验设计的基础。

一、实验目的

本课堂实验设计了一个由一定数量的买方和唯一的卖方构成的市场，其中的买方与卖方的初始资源禀赋是给定的，假定买方和卖方都是追求自身利益最大化的"经济人"，他们通过寻找交易对象成交以获得最大收益。实验中让学生扮演完全垄断厂商和消费者，参与完全垄断市场交易，来再现完全垄断厂商的利润最大化原则，进而亲身体验完全垄断厂商的决策行为模式，直接感受在信息不充分、参与者有限条件下的垄断市场均衡的形成过程，也可进一步体验和分析完全竞争市场与垄断市场效率的差异。

二、实验准备

（一）实验环境

我们假设一个非常简化的买卖手套的市场，约有 28 位同学将参加这一市场交易的模拟过程，他们的目标是在手套的交易过程中获得尽可能多的收益，收益将成为本学期实验课程成绩的一部分。

实验的场地是一间敞亮的、空间较大的教室，或配有多台计算机终端系统的实验室。如果在教室中模拟手套的交易过程，需要配备足够的课桌椅、多媒体投影仪、联网的计算机、电子屏幕、黑板、粉笔、黑板擦、计算器，随机数生成软件、若干张白纸、直尺等道具。

（二）实验分组

在本实验中，将全班同学分为两大组，一大组为主体课堂实验参与者，采用随机数生成软件随机选出，参与者为 28 人，分成 4 个小组，另外抽取工作人员 4 名；另一大组为辅助性课堂实验参与者，参与者为全班剩余同学，按照同样的原则分组。

（三）信息卡片和表格

在本实验中，需要准备记录个人信息的卡片若干（图 5-6）、个人收益记录表若干份（表 5-7）、实验交易公示栏（表 5-8）、实验数据汇总表（表 5-9）若干份。

G_3：B_2			
商品序数：	1	2	3
买方价值：	20	18	10

G_3　　S										
商品序数：	1	2	3	4	5	6	7	8	9	10
边际成本：	3	4	5	6	7	8	9	10	11	12

图 5-6　消费者和厂商个人信息表样式

注：G_3 表示第三实验小组，B_2 表示第二个消费者，S 代表第三小组 G_3 中唯一的厂商；"商品序数"中的数字"1"表示"第 1 单位"商品，"2"表示第 2 单位商品；买方价值"20"表示消费者购买"第 1 单位"是愿意支付的最高价是 20 元，边际成本"3"是厂商愿意以 3 元价格出售第 1 单位商品，以此类推。

表 5-7　个人收益记录表

实验名称：完全垄断实验　　　实验总收益：

轮次	报价序数	角色及编号	成交价格	成交数量	收益
1	1				
	2				
2	1				
	2				
3	1				
	2				
4					
小计					
5					
6					
7					
8					
小计					
总计					

学号：_____　班级：_____　实验中的角色及编号：_____　日期：_____　地点：_____

表 5-8　实验交易公示栏

组别_____　　　日期_____　　　班级_____　　　记录者：_____

轮次	消费者编号	消费者姓名	第1次报价	第1次成交量	第2次报价	第2次成交量	厂商姓名
1	B_1						
	B_2						
	B_3						
	B_4						
	小　　　计						
2	B_1						
	B_2						
	B_3						
	B_4						
	小　　　计						
3	B_1						
	B_2						
	B_3						
	B_4						
	小　　　计						
4	B_1						
	B_2						
	B_3						
	B_4						
	小　　　计						
5	B_1						
	B_2						
	B_3						
	B_4						
	小　　　计						
6	B_1						
	B_2						
	B_3						
	B_4						
	小　　　计						
7	B_1						
	B_2						
	B_3						
	B_4						
	小　　　计						

表 5-9 实验数据汇总表

实验名称：_____　　班级：_____　　日期：_____

轮次	报价序数	成交价格	总成交量	消费者剩余	厂商利润	总剩余
1						
2						
3						
4						
小计						
5						
6						
7						
8						
小计						
总计						

（四）实验指南

阅读教师实验指南，准备"实验者指南"和"实验工作人员指南"的电子版或纸质版，并提供给各个实验参与者和实验观察者。

三、实验指南

（一）教师实验指南

1. 实验前的准备

在课堂实验开始之前，作为实验组织和管理者的教师的准备工作，详见本章第一节实验一和实验二中的具体规定。

在本实验中，需要特别注意的是：教师可以根据分组情况任意确定需求曲线和边际成本曲线，并根据此设计需求和成本信息表（每一组确定一套表格，各组应有差异，但在各班可以保持相同），再根据信息表制作表示成本和意愿价格的信息卡片；确定交易价格变化的间隔，如10、5、1、0.5、0.1等，设计者要考虑交易次数和价格收敛的可能性，并考虑与需求函数和供给函数间的配合，在两阶段、10轮实验中能够让实验者观察、体验到规律；进行理论演算，估计最大利润产量、完全竞争产量，对应的消费者剩余、厂商利润和总剩余。

现在假设一个实验小组 G_1 的数据设计如下：

假设的需求函数和边际成本函数为

市场需求函数：$P=30-2Q$，厂商边际成本函数：$MC=4+3Q$

则据此设计的消费者和厂商的信息如表 5-10 和表 5-11 所示。

表 5-10　设计的供求表信息

第 G_1 组：_____ 需求信息表

	商品序数	第 1 单位	第 2 单位	第 3 单位
B_1	商品序数	第 1 单位	第 2 单位	第 3 单位
	需求价格	27	19	11
B_2	商品序数	第 1 单位	第 2 单位	第 3 单位
	需求价格	27	15	7
B_3	商品序数	第 1 单位	第 2 单位	第 3 单位
	需求价格	23	19	11
B_4	商品序数	第 1 单位	第 2 单位	第 3 单位
	需求价格	23	15	7

表 5-11　厂商供给信息表 (S)

商品序数	1	2	3	4	5	6	7
边际成本 MC	7	10	13	16	19	22	25

2. 实验过程中的管理、组织

本次课堂实验的流程主要包括：

（1）教师讲解和分析本次课堂实验设计的基本内容和实验目的。

（2）教师介绍实验分组的规则，按照随机原则进行人数、角色的选取。

（3）宣读或公示"实验者指南"和"实验工作人员指南"，并强调实验注意事项，如厂商在一轮实验中只有两次报价机会，而消费者不能讨价还价，只能就厂商报价做出数量决策，厂商的报价是 0.5 的倍数，两次报价可以"先高后低"，也可"先低后高"或者"保持不变"，用抽签方式决定购买数量大于供给数量的实际成交者等。

（4）待实验参与者和工作人员就位后（每次可进行两个小组，如 G_1、G_2 以方便信息卡的交换，同时注意尽量消除各实验小组信息卡方面的差异），宣布"主体性课堂实验"开始，发放备用个人信息表和个人实验记录单，进行热身练习，确信没有任何疑义时宣布第 1 轮正式开始，发放正式信息卡，计时开始，厂商第一次报价-消费者报数量-确定成交数量-厂商第二次报价-确定成交数量，第 1 轮结束，整个过程的报价和数量都要在实验公示栏中公示（表 5-8）。

（5）重新发放买方信息卡，然后按照同样程序和规则开始第 2 轮、第 3 轮，直至完成第 5 轮，第一阶段结束，然后两个小组交换信息卡，重新抽取厂商，分配助理，按照第一阶段的流程和规则进行 6～10 轮实验，第二阶段结束。然后第三小组 G_3、第四小组 G_4 依次进行 1～10 轮实验，在第 5 轮结束后互换信息卡，然后完成 6～10 轮实验。

（6）按照以上规则和流程进行"辅助性课堂实验"。

3. 实验结果的讨论和分析

交易结束后，学生回到自己的座位上进行实验结果的分析。

首先进行实验结果的讨论。

在实验统计数据没有出来之前，可以让学生讨论以下问题：

（1）实验参与者中的厂商总结自己的报价有何特征，依据是什么？

（2）实验观察者试根据实验过程中的公开信息总结厂商和消费者的决策在不同轮次有何差异？厂商在整个实验过程中的报价有何规律？

（3）在实验中，厂商的报价是不是随心所欲无所限制的？为什么？

（4）试分析参与实验人数的有限性和信息的不充分对完全垄断市场均衡有何影响。

（5）讨论模拟的完全垄断市场的市场效率如何？

其次进行实验结果的分析。

（1）公示信息卡的内容，根据个人信息卡片上的买方价值和卖方成本假设数据作出供求表和供求曲线（也可直接公布设计信息卡的供求函数），并求出理论上均衡价格、均衡数量和社会总福利水平（社会总收益）。

（2）对实验中的数据进行汇总，填写实验记录汇总表和核算每位同学的收益数据。

（3）对比实验与理论上数据，结合实验目的分析实验效果。

（4）教师根据实验过程指导学生撰写实验报告。

（二）实验者指南

欢迎各位幸运的同学参加本次课堂实验，这次我们模拟进行的是某种手套的简单市场交易。在交易中，大家将通过对想象的手套的交易来获取收益，同时假设手套的规格、质量没有差别。每一位实验参与者的目标是通过市场交易实现实验收益的最大化。

本次完全垄断市场课堂实验由全班同学来参与完成，其中随机抽取的 28 人进行"主体性课堂实验"，而剩余同学参与"辅助性课堂实验"。

1. 分组及角色配备

用随机数产生软件随机抽取"主体性课堂实验"的 28 人，分为四个小组，分别命名为 G_1、G_2、G_3、G_4，每一个小组的人数均为 7 人，其中消费者或买方为 4 人，分别命名为 B_1、B_2、B_3、B_4，厂商为 1 人，命名为 S，剩余两人为厂商助理[①]，帮助厂商进行决策，同时抽取实验工作人员 4 人。

整个实验为 10 轮，其中第一阶段为 1~5 轮，第二阶段为 6~10 轮，每次实验由两个小组同时进行，两个阶段中这每个小组的消费者始终保持不变，而信息卡会在第一阶段结束后在两个小组之间互换，每个小组的厂商在第一阶段结束后会重新抽取，两个阶段的厂商不一样，同时配备不同的助理。

2. 实验规则

在熟悉实验规则和流程后，用备用信息卡进行热身练习，对出现的疑问及实验中的其他问题及时提出，由教师进行解答，如果没有疑义，老师可以宣布实验开始。

---

① 配备厂商助理一是为了协助厂商做出正确决策，二是为了对厂商的实验收益进行再分配，以免厂商与消费者扮演者的实验收益太大，影响学生参与实验的动机和积极性。

先由 2 名实验工作人员分别在两个小组中用扑克牌或其他方式在 5 人中抽取厂商，然后发给厂商信息卡片，按照随机原则发放 4 名消费者的信息卡片，1 个工作人员对厂商、消费者的角色在"交易公示栏"（表 5-8）中进行登记。

在每一轮实验中，厂商有两次报价机会，中间间隔 3 分钟，报价的规则是 0.5 的倍数，同时要高于自己打算出售的那一单位的边际成本，报价一旦公布不得修改。例如，按照图 5-6 中 G_3 中厂商 S 的边际成本信息，如果厂商打算出售 4 单位商品，则报价要高于第 4 单位的边际成本 6 元。在消费者报出愿意购买的数量、确定成交数量后，厂商再进行第二次报价。报价可以"先高后低"，也可以"先高后低"或者"保持不变"。

对于消费者来说，在整个实验中只有对数量进行决策的权利，不能对价格进行讨价还价的权利。在第一次报价后，根据个人信息决定购买的数量，但一定要小于自己购买的数量对应的买方价值。如图 5-6 中 G_3 中消费者 B_2 的个人信息卡，如果厂商的报价为 15 元，则消费者 B_2 可以购买两个单位，第 3 单位不能购买。只要厂商的报价能够让消费者通过购买获益，消费者必须购买[①]。

在整个交易过程中，厂商和消费者都不得互相暗示和以各种方式泄露自己的个人信息，否则认定为违规。同时，消费者的决策都是独立做出的，不得互相串通以获取不当利益，扰乱整个课堂实验秩序。

3. 收益计算

实验参与者的目标仍然是通过实际交易获取收益，在整个实验过程中实现实验总收益最大化。

厂商的收益计算公式：

$$厂商收益＝成交价格×成交数量－出售商品的边际成本总和$$
$$买方收益＝购买商品的买方价值总和－成交价格×成交数量$$

例如，在图 5-6 中的买卖方信息条件下，假设厂商的报价为 15 元，则消费者 B_2 的购买数量为 2 个，其收益＝（20＋18）－15×2＝8（元）。如果厂商在市场上实际出售的数量为 6 个单位，则其收益＝15×6－（3＋4＋5＋6＋7＋8）＝57（元）。

在实验中，厂商助理因为参与了厂商的决策过程，因此厂商的总收益要在厂商和助理之间以适当的比例分配，如均分等。

4. 登记和公示

在整个实验过程中，厂商和消费者的角色如姓名、编号等、厂商的两次报价、消费者愿意并实际购买的数量都要在公示栏（表 5-8）中登记和公示。而厂商和消费者信息卡上的信息及收益属于此次实验中的私人信息，只计入自己的实验收益记录单（表5-7），在实验结束后会予以公开。

5. 非常交易的处理

在整个实验过程中，厂商报价后，消费者愿意购买的数量大于厂商能够出卖的数量，则实际成交的消费者和成交数量以抽签的方式决定；消费者愿意购买的数量小于

---

① 消费者如果进行讨价还价会改变自己在垄断市场中的地位，从而影响对完全垄断市场的模拟，可以在另外的实验设计中考虑实施从而观察消费者的规则改变对市场成交价格、成交数量和市场效率等变量的影响。

厂商能够出卖的数量，则以消费者实际购买的数量成交。

6. 实验违规的处罚

在完全垄断市场课堂实验中，个人信息不得随意泄露给交易对方，同时作为消费者的决策是独立做出的，消费者作出数量决策的原则是只要收益大于零就可以购买。

因此，在实验过程中故意泄露自己信息的行为，消费者与对方讨价还价、暗示成交的行为、厂商故意让对方成交的"让利"行为等都视为实验违规行为，视情况给予一定的收益处罚。

特别注意：

（1）每位实验参与者卡片上的信息是私人信息，在实验过程中不能随意泄露。

（2）每位实验参与者的目标是：在每一轮实验中尽可能找到成交者，成交后的收益要大于零，在整个实验中的目标是实现实验总收益最大化。

（3）在报价中，厂商在每一轮实验中有两次报价机会，消费者只能就购买数量作出决策，不得与厂商讨价还价或以其他方式暗示或施加压力成交，也不得与其他消费者串谋。

（三）实验工作人员指南

欢迎你幸运地成为本次课堂实验的工作人员，整个课堂实验过程的管理、组织都将由你们来完成。

1. 产生

本实验中的工作人员按照随机抽取的原则产生，无论在"主体性课堂实验"中还是在"非主体性课堂实验"中，实验工作人员一般为4名。

2. 分工与职责

在4名实验工作人员中，2人负责收发卡片，2人负责登记、公示和计时。分发卡片的2名工作人员，每人负责一个实验小组。

在第1轮实验开始时，首先用扑克牌在5名实验参与者中抽取1名厂商，并配备助理，先将厂商的信息卡发放下去，同时按照随机原则发放4名消费者的信息卡，协助登记厂商姓名、消费者的姓名及实验编号。

在厂商报价后及时检查厂商报价是否符合实验规则，在消费者作出购买数量决策时监督消费者的决策是否符合实验规则。当厂商在一定报价下的出售数量小于消费者的购买数量时，工作人员采用抽签办法进行处理。当厂商2次报价和消费者的决策结束后，负责将4名消费者的信息卡收起。

第2轮开始后，重新按照随机原则在所在的小组分发4名消费者的信息卡，按照以上分工和职责完成第2轮、第3轮和第4轮、第5轮实验。

第5轮结束后，将厂商和消费者的信息卡收集起来，2名工作人员互换信息卡，再重新抽取厂商，安排助理，随机发放4名消费者的信息卡，开始第6轮实验，按照相同的职责完成剩下的5轮实验。

登记和公示的2名工作人员，在整个实验过程中负责公开信息的登记和公示，并在实验结束时负责实验数据的汇总和核算。

3. 收益

实验工作人员的收益一般是全班所有参加实验者收益的平均数。

4. 中立的立场

实验工作人员在整个实验过程中都要保持中立的立场，不得随意泄露实验参与者的私人信息，不得对实验参与者决策进行暗示，否则视为违反实验规定，视情况给予一定的实验收益处罚。同时，在发放信息卡片时注意随机性。

四、实验过程

实验过程是指整个实验的实施过程，包括以下几个具体环节。

（一）热身练习

以本实验表 5-10 和表 5-11 中消费者和厂商的信息为例，进行以下热身练习。

（1）如果厂商打算出售 3 单位商品，如果报价是 0.5 的倍数，则报价范围应为____元，这时消费者愿意购买量为____单位，实际成交量应为____单位。

（2）如果厂商打算出售全部数量，则报价范围应为____元，这时消费者愿意购买的数量为____单位，而实际成交数量应为____单位。

（3）在某一轮实验中，厂商如果报价为 26 元，则市场上愿意购买的数量为____单位，实际成交量为____单位，厂商的收益为____元，消费者的收益为____元。在一轮实验中，厂商的报价为 10 元，市场上实际愿意购买的数量为____单位，实际成交量为____单位，厂商的收益为____元。

（4）在某一轮中，厂商第一次报价时，打算出售的数量为 5 单位，如果报价为 19.5 元，市场购买量为____单位，实际成交量为____单位，厂商的收益为____元，如果报价为 21.5 元，市场购买量为____单位，实际成交量为____单位，厂商的收益为____元，那么你作为厂商的报价策略是什么？

（5）在某一轮中，厂商的第一次报价为 24 元（假设第二次报价为 26 元），那么厂商提供的数量为____单位，市场的实际购买量为____单位，厂商如果打算出售第 2 单位、第 4 单位、第 6 单位、第 5 单位，其总收益为____元；如果厂商打算出售第 1 单位、第 2 单位、第 3 单位、第 4 单位，其总收益为____元；仔细考虑以上的交易对厂商的决策行为有何启发？

（6）在某一轮交易中，如果厂商第一次报价为 18 元，消费者 B_3 应该购买的数量为____单位，第二次报价为 20 元，消费者 B_3 在这一轮交易中的总收益是____元。如果厂商第一次报价为 26 元，消费者 B_2 应该购买的数量为____单位，如果厂商第二次报价为 18 元，消费者 B_2 应该购买的数量为____单位，在这一轮中消费者 B_2 的总收益是____元，仔细考虑以上的报价对消费者的决策行为有何影响？

通过热身练习来思考你在实验中对应角色的决策行为和策略。

（二）实验过程

（1）按照随机原则将实验者分成实验小组，每一小组围坐在实验桌的四周，厂商应该与消费者保持一定的距离，各消费者之间也应保持一定的距离。工作人员按照分工在相应区域就位。

（2）分发并指导实验工作人员阅读"实验工作人员指南"，并进行适当的培训。

（3）分发或现场制作个人实验记录单，并由教师指导相关信息的填写。

（4）教师分发并宣读实验者指南，并特别强调报价规则、信息保密和公开、收益目标、每轮时间限制等注意事项。

（5）进行实验前的热身练习，熟悉收益规则，引导实验者确定交易策略。

（6）工作人员、实验参与者按序就座，老师宣布实验开始，先抽取每小组的厂商后并将信息卡发放给厂商，然后由工作人员按照随机原则发放消费者卡片，然后开始第1轮实验。

（7）在第1轮中，先由厂商根据愿意出售数量第一次报价—消费者确定愿意购买数量—确定成交数量并登记公示，实验参与者计算收益—厂商第二次报价—消费者确定数量—确定成交数量、登记、公示，计算收益，第1轮结束。工作人员重新发放消费者信息卡片，按照上述流程和规则完成第2轮、第3轮、第4轮、第5轮，留出5分钟时间，实验参与者填写收益记录单；第5轮结束，参与实验的两个小组的信息卡片交换，重新在每一小组中抽取厂商，发放厂商信息卡配备助理，然后随机地发放消费者信息卡，按照以上流程和规则完成第6～10轮，完成全部实验，留出5分钟时间，实验参与者填写收益记录单。

注意：应将实验1～10轮控制在2节课内，以免实验数据出现异常。

（8）进行辅助性课堂实验。让剩余同学参与同样的实验，获取实验收益进行课程考核。

（三）实验数据的统计及汇总

（1）实验结束后，教师应指导实验工作人员对数据进行统计，实验参与者完善自己的实验记录单和相关信息，并将实验记录单上交，由工作人员进行检查、核对，并对错误信息及时更正并公示。

（2）实验工作人员汇总相关实验数据，包括实验记录总表和实验数据汇总表。

（3）工作人员用 EXCEL 或其他软件汇总全班同学的收益，并进行公示。

五、实验结果讨论和分析

（一）相关经济学理论背景

1. 完全垄断市场及特征、市场均衡、市场绩效等内容

参见本书第四章74～76页。

2. 垄断的优势及不良后果

尽管垄断市场是低效率的，但仍然存在着一些认为垄断具有经济上或技术上合理性的一些辩解。如自然垄断的形成大幅度降低了生产产品的成本，存在规模经济效应。

但大多数经济学家认为垄断的存在对经济是不利的，至少在短期内会损害相关者的利益，而行政性垄断在长期和短期都与市场经济的宗旨不相一致。这些不利之处可以归纳如下：

第一，资源浪费。在竞争条件下，价格是由供求双方共同决定的，厂商是在成本的最低处实现均衡的，因而投入的生产资源可以得到有效利用。当存在垄断时，垄断者为了获取垄断利润，利用对市场的控制和操纵，通过对产量的限制来抬高商品价格，

或采用定高价的策略，使产量受到约束。由于产量少，所以厂商的生产成本高于最低平均成本，没有降到最低点，定价也较高，因此，资源没有得到充分利用。

第二，社会福利损失（市场效率低）。市场效率常用社会总福利来衡量，后者又可以用消费者总剩余与生产者总剩余之和来表示。消费者剩余是指消费者愿意支付的价格总额与实际支付的价格总额之间的差额，生产者剩余是指生产者实际得到的总支付与生产总成本之间的差额，社会总福利就是社会总剩余，等于生产者剩余与消费者剩余之和。由于完全竞争市场实现均衡的条件是 $P = MC（Q）$，因此当其实现均衡时，不存在资源浪费，因而完全竞争市场均衡时的社会总剩余达到最大，因此说社会总福利达到最大化，实现了帕累托最优，市场效率是最高的。在垄断条件下，由于垄断厂商可以操纵市场价格，限制产量，当垄断市场实现均衡时，并不是在投入成本的最低处，因此存在着资源的不充分利用，是在 $P > MC（Q）$ 的条件下实现利润最大化和均衡的，与完全竞争市场相比较，在社会总福利上存在一个纯粹的损失，所谓"纯损三角形"，就是图 4-6 中的三角形 $S_{\triangle ABC}$ 的面积。因此，没有实现社会福利最大化和帕累托最优，存在着帕累托改进的余地。

第三，管理松懈。在现实经济社会中，那些居于垄断地位的公司常常不必经过很激烈的竞争就可以实现超额垄断利润，竞争压力的缺乏导致了公司管理松懈，成本降低和生产效率提高、创新等方面的激励不足，这种现象称为管理松懈。

第四，阻碍技术进步。竞争会促使厂商开放新产品和不断寻找降低生产成本的技术，因此创新活动活跃，技术进步较快，而垄断条件下由于缺乏竞争，垄断厂商维持现状就可以获取高额垄断利润，创新的动力和激励不足，技术进步缓慢。

第五，寻租和腐败。垄断厂商为了维持自己的垄断地位，常常会将他们获得的利润的一部分用在交际如"托关系"、"走后门"等腐败活动中，这些以获得或维持现存垄断租金的行为被称为寻租，寻租是一种投入资源的非生产性活动，是社会资源的一种浪费，同时很多寻租活动是和政府部门、政府官员联系在一起的，寻租活动的频繁，滋生了腐败和社会不良风气，严重扰乱了市场在资源配置中基础性作用的发挥。

3. 政府对垄断的管制及策略

经济学上认为垄断带来了资源浪费和经济低效率等不良后果，并且得到了社会的普遍认可，所以各国都通过立法对垄断行为进行界定，对垄断造成的不良后果从法律上进行限制，如各国司法实践中通过的《反垄断法》、《反不正当竞争法》等法律，运用法律手段对垄断行为进行约束。同时，政府也通过行政法规对垄断进行管制，这里主要是对自然垄断行业如煤气、电力和电报电话等公用事业的价格和产量进行的限定，政府对自然垄断行业的管制方式包括：

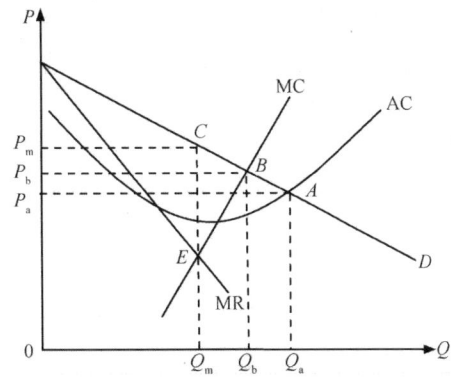

图 5-7 对垄断的管制：边际成本
定价和平均成本定价

第一，价格管制。主要的方式包括边际成本定价和平均成本定价，如图 5-7，边际成本定价是将价格限定在 $P = MC$ 的产量水平上，价格为 P_b，价格为 P_a，而平均成本定价是将价格限定在 $P = AC$ 的产量水平上，但这两种定价法在不同垄断条件下既有利也有弊[①]。

第二，对价格歧视的管制。政府对公用事业垄断中实行的价格歧视的范围加以控制，如对煤气、电力等公司收费结构中实行的价格歧视制度进行限制，但对某些特殊情况下的"合理的"价格歧视并不限制，如当一个公司遇到强有力竞争时，它可能获准对某种劳务收取较低的费用等。

第三，对非自然垄断的管制。对航空、铁路、公路运输和出租汽车等行业的公共管制，被认为是对非自然垄断行业的公共管制。微观经济学认为，在这些行业实行公共管制会使成本和价格提高，保护现有厂商而排斥新的竞争者，因此，应该取消对这些行业的公共管制。但事实上，美国在多年前已经取消了对空中运输、公路运输等行业的管制。

（二）实验结果的讨论

仔细回想实验过程，试讨论以下问题：

（1）作为实验垄断市场中唯一的卖方，你的决策是如何做出的？作为实验中买方中的一员，要求你独立作出消费数量的决策，你是如何决策的？影响你决策的因素有哪些？

（2）作为实验垄断市场中唯一的卖方，如何报价才能实现利润最大化？你在实验中的 10 轮报价中是否找到利润最大化的报价和销售数量？如何找到的？

（3）作为实验中的买方，不允许与卖方讨价还价、不允许与其他买方互通信息，你的数量如何决策才能实现收益最大化？

（4）作为实验观察者，你能不能发现垄断厂商的报价规律？是什么？消费者决策的规律又是什么？

（5）根据你观察到的实验过程分析，实验里面的所有小组中，哪一个小组模拟的市场更像完全垄断市场，为什么？市场效率如何呢？

（三）实验结果的分析

对于此次完全垄断市场均衡的实验，实验结果的分析如下：

（1）根据设计数据作出供求表。

（2）根据设计数据作出供求曲线，并找到实验中设定的初始资源禀赋条件下完全垄断市场理论上均衡价格、均衡数量和社会总福利水平（社会总收益）。

（3）对实验中的数据进行汇总，填写实验记录汇总表和核算每位同学的收益数据。

（4）对比实验与理论上的数据，结合实验目的分析实验效果，并得出实验结论。

（5）根据分析过程撰写实验报告。

第三节　寡头市场课堂实验

在西方经济学中，寡头垄断市场是指少数几个厂商控制整个市场的生产和销售的市场结构。在这种市场中，每一个厂商的价格和产量决策都会影响到对手的价格和产量决策。在有关市场的课堂实验中，寡头垄断市场设计相对复杂，但也成为后来市场

---

① 具体可参见高鸿业主编《西方经济学（微观部分）》（第五版）（中国人民大学出版社，2011 年）第 324～326 页的内容。

理论实验发展的重要领域，在课堂实验中也出现了许多设计的案例。

美国学者罗伯特·G. 尼尔森和理查德·O. 贝尔在 1995 年发表的论文 *A Classroom Experiment on Oligopolies* 中对这一课堂实验的目的、过程进行了设计，成为后来大量经济学课堂实验设计的基础。本次课堂实验主要设计了有限个寡头垄断厂商产量竞争的决策过程。

一、实验目的

本课堂实验设计一个由四个寡头垄断厂商组成的市场，其中四个寡头垄断厂商和需求市场的初始资源禀赋是给定的，假定买方和卖方都是追求自身利益最大化的"经济人"，寡头垄断厂商通过数量决策以获取最大收益。通过让学生扮演寡头垄断厂商，进行市场产量决策，来再现寡头垄断厂商的利润最大化原则，进而亲身体验寡头垄断厂商的决策行为模式，直接感受在信息不充分条件下的寡头垄断市场厂商之间相互依存的关系。

二、实验准备

（一）实验环境

我们假设一个非常简化的买卖矿泉水的市场。选择一间空间较大、除能够容纳较多实验观察者外，还能够让实验参与者进行交易时实现信息保密的空间。在教室中模拟矿泉水交易过程，需要配备足够的课桌椅、多媒体投影仪、联网的计算机、电子屏幕、黑板、粉笔、黑板擦、计算器，随机数生成软件、若干张白纸、直尺等道具。

（二）实验分组

在本实验中，将全班同学分为两大组：一大组为主体课堂实验参与者，采用随机数产生软件随机选出，参与者为 16 人，分成 4 个小组，代表四个寡头垄断厂商；另一大组为辅助性实验参与者，参与者为全班剩余同学，按照同样的原则分组。在实验中应保留 1～4 名同学作为工作人员，其中每一小组分配 1 名工作人员。

（三）信息卡片和表格

在本实验中，需要准备厂商初始资源禀赋的信息（表 5-12）和虚拟的需求信息表（表 5-13）、厂商利润表若干份（表 5-14）、产量决策单若干份（表 5-15）、个人收益记录表若干份（表 5-16）、实验登记表若干份（表 5-17）、电子版的成交公告栏（表 5-18）和实验记录总表若干份（表 5-19），需求表样表（表 5-20）。

表 5-12　单个厂商的信息表样式举例

产量	1	2	3	4	5	6	7	8	9	10
平均成本	2.5	3	3.5	4	4.5	5	5.5	6	6.5	7

表 5-13　虚拟的购买者的信息（需求表）

商品数量	1	2	3	4	5	6	7	8	9	10
买方价值	18	17	16	15	14	13	12	11	10	9

表 5-14　厂商利润表（举例）

利润		你的产量											
		1	2	3	4	5	6	7	8	9	10	11	12
其他厂商的产量	1	44	64.5	84	102.5	120	136.5	152	166.5	180	192.5	204	214.5
	2	64.5	84	102.5	120	136.5	152	166.5	180	192.5	204	214.5	224
	3	84	102.5	120	136.5	152	166.5	180	192.5	204	214.5	224	232.5
	4	102.5	120	136.5	152	166.5	180	192.5	204	214.5	224	232.5	240
	5	120	136.5	152	166.5	180	192.5	204	214.5	224	232.5	240	246.5
	6	136.6	152	166.5	180	192.5	204	214.5	224	232.5	240	246.5	252
	7	152	166.5	180	192.5	204	214.5	224	232.5	240	246.5	252	256.5
	8	166.5	180	192.5	204	214.5	224	232.5	240	246.5	252	256.5	260
	9	180	192.5	204	214.5	224	232.5	240	246.5	252	256.5	260	262.5
	10	192.5	204	214.5	224	232.5	240	246.5	252	256.5	260	262.5	264
	11	204	214.5	224	232.5	−1580	246.5	252	256.5	260	262.5	264	264.5
	12	214.5	224	232.5	240	246.5	252	256.5	260	262.5	264	264.5	264
	13	224	232.5	240	246.5	252	256.5	260	262.5	264	264.5	264	262.5
	14	232.5	240	246.5	252	256.5	260	262.5	264	264.5	264	262.5	260
	15	240	246.5	252	256.5	260	262.5	264	264.5	264	262.5	260	256.5
	16	246.5	252	256.5	260	262.5	264	264.5	264	262.5	260	256.5	252
	17	252	256.5	260	262.5	264	264.5	264	262.5	260	256.5	252	246.5
	18	256.5	260	262.5	264	264.5	264	262.5	260	256.5	252	246.5	240
	19	260	262.5	264	264.5	264	262.5	260	256.5	252	246.5	240	232.5
	20	262.5	264	264.5	264	262.5	260	256.5	252	246.5	240	232.5	224
	21	264	264.5	264	262.5	260	256.5	252	246.5	240	232.5	224	214.5
	22	264.5	264	262.5	260	256.5	252	246.5	240	232.5	224	214.5	204

续表

利润	1	2	3	4	5	6	7	8	9	10	11	12
23	264	262.5	260	256.5	252	246.5	240	232.5	224	214.5	204	192.5
24	262.5	260	256.5	252	246.5	240	232.5	224	214.5	204	192.5	180
25	260	256.5	252	246.5	240	232.5	224	214.5	204	192.5	180	166.5
26	256.5	252	246.5	240	232.5	224	214.5	204	192.5	180	166.5	152
27	252	246.5	240	232.5	224	214.5	204	192.5	180	166.5	152	136.5
28	246.5	240	232.5	224	214.5	204	192.5	180	166.5	152	136.5	120
29	240	232.5	224	214.5	204	192.5	180	166.5	152	136.5	120	102.5
30	232.5	224	214.5	204	192.5	180	166.5	152	136.5	120	102.5	84
31	224	214.5	204	192.5	180	166.5	152	136.5	120	102.5	84	64.5
32	214.5	204	192.5	180	166.5	152	136.5	120	102.5	84	64.5	44
33	204	192.5	180	166.5	152	136.5	120	102.5	84	64.5	44	22.5
34	192.5	180	166.5	152	136.5	120	102.5	84	64.5	44	22.5	0
35	180	166.5	152	136.5	120	102.5	84	64.5	44	22.5	0	-23.5
36	166.5	152	136.5	120	102.5	84	64.5	44	22.5	0	-23.5	-48

你的产量

其他厂商的产量

注：(1)本实验中利润表的设计参照了戴明、吴文英、杨海波等在《经济学课堂实验实训》(中国人民大学出版社，2009)中的利润表的设计原理和方法，参见该书第 44~45 页。

(2)本表中厂商利润出数 $\pi = (24 - q/2) \cdot q - 1 \cdot q = 23q - q^2/2$，共有四个厂商。

表 5-15　产量决策表

实验名称：寡头垄断市场课堂实验

组号	编号	轮次	你的产量

表 5-16　个人收益记录表

轮次	你的产量	其他厂商的产量	总产量	你的利润
1				
2				
3				
4				
小计				
5				
6				
7				
8				
小计				
总计				

各轮利润总额：_____　组号：_____　编号：_____　姓名：_____

表 5-17　实验登记表

轮次：_____　组号：_____　日期：_____

厂商编号	产量	产品价格
A_1		
A_2		
A_3		
A_4		
合计		

表 5-18 成交公告栏（电子版样表）

轮次：

组号	总成交量（总产量）	产品价格
G_1		
G_2		
G_3		
G_4		
G_5		
G_6		
G_7		
G_8		

表 5-19 实验记录总表

组别：

轮次	厂商A_1的产量	厂商A_2的产量	厂商A_3的产量	厂商A_4的产量	总产量	产品价格	厂商A_1的产量	厂商A_2的产量	厂商A_3的产量	厂商A_4的产量	厂商的总利润	消费者剩余	总剩余
1													
2													
3													
4													
小计													
5													
6													
7													
8													
小计													
总计													

注：消费者剩余的计算公式：$CS = 1/2 \times (\alpha - p_e) \cdot q_e$。其中，假设消费者的需求曲线表达式为 $p = \alpha - \beta q$，p_e 为市场成交价格（或均衡价格），q_e 为市场成交数量或均衡数量。

表 5-20 需求表（举例）

价格	0	1	2	3	4	5	6	7	8	9	10	11	12
市场需求量	48	46	44	42	40	38	36	34	32	30	28	26	24
价格	13	14	15	16	17	18	19	20	21	22	23	24	
市场需求量	22	20	18	16	14	12	10	8	6	4	2	0	

注：此表中对应的市场需求曲线表达式为 $p = 24 - q/2$。

（四）实验指南

阅读教师实验指南，准备"实验者指南"和"实验工作人员指南"的电子版或纸质版，并提供给各个实验参与者和实验观察者。

三、实验指南

（一）教师实验指南

1. 实验前的准备

在课堂实验开始之前，作为实验组织和管理者的教师的准备工作详见本章第一节实验一和实验二。

在本实验中，教师需要提前设计需求曲线和供给曲线及其表达式，根据以上假设信息设计厂商利润表。

例如，假定的需求曲线表达式为 $p=24-q/2$，边际成本曲线表达式为 $mc=1$，根据这两个信息可以确定市场需求量与实际价格关系，形成需求表如本实验表 5-20 所示。

在市场经济条件下，单个厂商的利润公式为 $\pi=\mathrm{TR}-\mathrm{TC}$，其中

$$总收益\ \mathrm{TR}=产品价格\ p\times销售数量\ q$$
$$总成本\ \mathrm{TC}=平均成本\ ac\times厂商销售数量\ q$$

因此，在上述市场需求中，需求函数的表达式为 $p=24-q/2$，$mc=1$，则厂商的利润

$$\pi=p\cdot q-ac\cdot q=(24-q/2)\cdot q-1\times q=(24-q/2-1)\cdot q$$

设有 4 个厂商同时生产同一产品，则市场的最大需求量约为 48，则平均来说，每个厂商的最大需求量约为 12 个单位，根据以上利润的制约因素，在运用 EXCEL 软件，来设计和编制厂商利润表（表 5-14）。教师应该在实验前根据实验目的和要求设计不同需求曲线和与之对应的厂商的利润表。

2. 实验过程中的管理、组织

第一、第二与实验本章第二节实验"完全垄断市场实验"相同。

第三，本次实验中，一旦按照随机原则确定了实验小组，则在整个实验过程中要保持同一个实验小组具体人员配备保持不变。在不同的轮次之间，也不能转换学生的实验角色。在实验中，实验工作人员除了完成实验的组织和管理工作，同时还扮演整个市场虚拟的消费者的角色。

第四，本次实验分两个阶段，即无串谋的寡头垄断实验和串谋的寡头垄断实验，每一个阶段 4 轮，共 8 轮，可以同时进行两个小组的实验。

先进行"主体性课堂实验"。发放厂商利润表和个人实验收益记录单、产量决策表，进行热身练习，确信没有任何疑义，宣布第 1 轮正式开始。厂商确定产量，填写产量决策表—公布每一小组的产量数据—确定自己的利润，填写实验收益记录单—厂商汇总自己的利润数据并公示，第 1 轮结束，按照同样流程完成第 2、3、4 轮，第一阶段结束。然后进行第二阶段，实验开始后，厂商与其他厂商商量，确定自己的产量，填写产量决策表—公布小组产量—计算、填写自己的利润—公示汇总的利润数据，按照同样的流程完成 5~8 轮实验。

第五，按照以上规则和流程进行"辅助性课堂实验"。

3. 实验结果的讨论和分析

交易结束后，学生回到自己的座位上进行实验结果分析。

首先进行实验结果的讨论。

在实验统计数据没有出来之前，可以让学生讨论以下问题：

（1）实验参与者总结讨论，当不允许厂商之间就产量决策进行沟通时，每个追求利润最大化的厂商在进行产量决策时，会考虑哪些因素？在不允许串谋的状态下，这一寡头垄断市场是否存在稳定的销售量和价格？如果存在的话，稳定的销售量和价格分别是多少？厂商的利润总额是多少？消费者的剩余是多少？总剩余是多少？

（2）实验参与者总结讨论，当允许厂商之间就产量决策进行沟通时，每个厂商的产量将是多少？价格是多少？每个厂商的利润是多少？厂商的总利润是多少？消费者剩余是多少？总剩余是多少？在允许串谋的前提下，这一寡头垄断市场是否存在稳定的销售量和价格？为什么？

（3）实验观察者总结讨论，寡头垄断厂商的决策行为模式与完全竞争厂商、完全垄断厂商的决策行为模式有何异同？

其次进行实验结果的分析。

（1）公示实验设计的原始数据。

（2）根据设计数据来确定理论上的寡头垄断市场在非串谋和串谋条件下厂商的产量和价格，消费者剩余、社会总剩余等数据。

（3）汇总实验中两个不同阶段的产量、价格、消费者剩余、社会总剩余等数据。

（4）比较数据，得出实验结论，并对实验偏离理论的现象进行原因分析。

（5）写出实验报告。

（二）实验者指南

欢迎各位同学幸运地参加本次课堂实验，在本次课堂实验中我们模拟进行的某种矿泉水的寡头垄断市场交易。在交易中，大家将通过对想象的矿泉水的交易来获取收益，同时假设每一个厂商提供的矿泉水没有差别。每一位实验参与者的目标是通过市场交易实现实验收益的最大化。

本次寡头垄断课堂实验由全班同学来参与完成，其中随机抽取的 16 人进行"主体性课堂实验"，抽取 4 人作为实验工作人员，而剩余同学参与"辅助性课堂实验"。

1. 分组及角色配备

用随机数生成软件随机抽取"主体性课堂实验"的参加者 20 人，除去工作人员 4 名，剩余 16 人分为四个小组，分别命名为 G_1、G_2、G_3、G_4，代表四个寡头垄断厂商，每一个小组的人数均为 4 人，分别命名为 A_1、A_2、A_3、A_4。

整个实验为 8 轮，其中第一阶段为 1～4 轮，第二阶段为 5～8 轮，每轮实验的时间为 2 分钟。每次实验由两个小组同时进行，两个阶段中这两个小组的人员配备始终保持不变。

2. 实验规则

在熟悉实验规则和流程后，先进行热身练习，对出现的疑问及实验中的其他问题及时提出，由教师进行解答，如果没有任何问题时，教师可以宣布实验开始。

在这个实验中，每一个小组代表一个寡头垄断厂商，生产同一种矿泉水。每一小组由 4 个人组成，市场需求状况是虚拟的，是这个寡头垄断行业进行决策的前提条件，受技术不变的制约，每一个厂商的成本状况在整个实验过程中也是假定保持不变。

每个厂商只能就产量做出决策，产品的销售价格是根据既定的市场需求状况和整个市场的销售量由工作人员加以确定。

老师宣布开始第一阶段实验，首先进入第 1 轮。厂商在这一阶段的产量决策是独立做出的，当产量决策完成后，填写产量决策单，交给实验工作人员，由工作人员将整个小组的产量（也就是整个寡头垄断行业的产量）汇总后加以公示，根据你手边的厂商利润表，利用你自己的产量、其他人的产量等信息查找你实际获得的利润，然后填写你的实验收益记录单中的产量和利润数据。在每一轮中，每个厂商的产量决策应在 0 到 12 之间，而且是 1 的倍数。

以表 5-14 厂商利润信息为例：

［例 1］如果 3 个厂商选择生产 10 单位产量，且你并不知道 3 个厂商产量决策的信息时会如何选择？如果你选择生产 8 单位，那么你的利润应该由其他 3 个厂商的 30 单位产量，你的 8 单位产量，在利润表中查到这一利润应该是＿＿元。如果你知道其他 3 个厂商的产量这一信息，即 30 单位时，则你的最大选择是＿＿单位，这时你的利润应该是＿＿元，要大于你前面的选择。

［例 2］如果其他 3 个厂商均选择 8 单位，那么你的利润是多少？你的利润应该由其他 3 个厂商的产量 24 单位，你的产量 6 单位来决定，如果你要在其他人的产量为 24 单位时实现利润最大化，你的最佳产量决策是多少？

需要特别注意的是，在第一阶段的交易过程中，厂商不得泄露个人的产量决策信息，否则认定为违规。厂商的产量决策都是独立做出的，不得互相串通以获取不当利益，扰乱整个课堂实验秩序和影响实验效果。

3. 收益计算

实验参与者的目标仍然是通过交易获取收益，在整个实验过程中实现实验总收益最大化。

厂商收益理论上的计算公式是：

$$厂商收益（利润）＝市场价格×厂商的产量－生产成本总和$$

对厂商来说，只有市场价格大于边际成本时，才能增加其利润，但事实上这个公式是虚拟的，厂商的利润直接可用厂商利润表查得。

当本小组的总产量公布以后，你应该用总产量减去你的产量就得到其他厂商的产量之和，然后根据你的产量和其他人的总产量，在厂商利润表中找到你在本轮中的利润。

4. 登记和公示

本次实验分为两个阶段，1～4 轮为无串谋的寡头垄断实验阶段，5～8 轮为串谋的寡头垄断实验阶段。在无串谋寡头垄断实验阶段，厂商的产量决策是独立做出的，由工作人员公示每一小组总产量数据，而不公布厂商自己的产量信息；在串谋的寡头垄断实验阶段中，厂商的产量决策是在和其他厂商商议的基础上做出的，但工作人员仍公布总产量，而不公布厂商自己的产量。

5. 实验违规的处罚

在寡头垄断市场课堂实验的第一阶段中，厂商产量决策信息不得随意泄露给其他厂商。对于在实验进行中故意泄露自己信息的行为应视为实验违规行为，视情况给予一定的收益处罚。

（三）实验工作人员指南

欢迎你成为本次课堂实验的工作人员，你们是整个课堂实验的组织者和管理者。本次课堂实验中的工作人员按照随机抽取的原则产生，无论在"主体性课堂实验"还是"非主体性课堂实验"中，实验工作人员一般为 4 名。

（1）分工。每个实验小组分配 1 名实验工作人员，其余 2 人负责计算、公示每个小组的产量和计时。

（2）职责。实验小组中的 2 名工作人员负责监督厂商在不同阶段的实验规则的执行，同时分发同小组中每个厂商的产量登记表和其他实验表格。另外，两名工作人员负责每个小组产量的登记、公示和计时，4 名实验工作人员负责在实验结束时的实验数据统计和相关的计算工作。

（3）收益。实验工作人员的收益一般是全班所有参加实验者的平均收益。

（4）中立的立场。实验工作人员在整个实验过程中都要保持中立的立场，不得随意泄露实验参与者的私人信息，不得对实验参与者决策进行暗示，否则视为违反实验规定，视情况给予一定的实验收益处罚。

四、实验过程

实验过程是指整个实验的实施过程，具体包括以下几个主要环节。

（一）热身练习

以本实验表 5-14 中利润表信息为例，设计以下热身练习。

（1）如果你选择的产量是 8 单位，其他厂商的产量分别是 3 单位、8 单位和 6 单位，则你的利润是____元，如果其他三个厂商的产量之和为 28 个单位，你的产量是 10 单位，那么你的利润是____元，如果你已知其他三个厂商的产量之和为 28 单位，那么你应该选择的产量是____单位，这时你的利润是____元。

（2）如果本轮中公示的你们小组的四个厂商的总产量是 45 单位，你自己的产量是 9 单位，那么你的利润应该是____元，如果要实现利润最大化，你的产量应该是____单位，下一轮再重新进行产量决策时，你将____（增加、减少）产量；如果公示的本轮中你们小组四个厂商的总产量是 30 单位，你自己的产量是 5 单位，那么你的利润应该是____元，如果要实现利润最大化，你的产量应该是____单位，下一轮再重新进行产量决策时，你将____（增加、减少）产量。

（3）如果本轮进行的是串谋的寡头垄断市场实验，那么你打算将自己产量确定为____单位。

通过热身练习来思考你在实验中对应角色的决策行为和策略。

（二）实验过程

（1）按照随机原则将实验者分成实验小组，每一小组围坐在实验桌四周，各厂商之间也应保持一定的距离。工作人员按照分工在相应区域就位。

（2）发放和指导实验工作人员阅读"实验工作人员指南"，并对实验工作人员进行适当的培训。

（3）分发或制作个人实验收益记录单、厂商利润表、产量决策表等实验表格，并由教师指导相关信息的填写。

（4）教师分发并宣读实验者指南，并对特别注意事项加以强调，包括报价规则、信息保密和公开、收益目标、每轮时间限制等。

（5）进行实验前的热身练习，熟悉收益规则，引导确定交易策略。

（6）工作人员、实验参与者按序就座，在抽取每小组的厂商后将信息卡发放给厂商，老师宣布第1轮实验开始，开始计时。

（7）在第1轮中，先由厂商根据意愿进行产量决策、填写产量决策单—上交产量决策单由工作人员登记、公示—厂商根据利润表计算自己的利润，并填写实验收益记录单，第1轮结束。按照上述流程和规则完成第2轮、第3轮、第4轮，留出1分钟时间，厂商填写完善收益记录单，第一阶段结束。

第二阶段开始，任何一个小组的厂商可以通过协商来确定自己的产量，做出产量决策、填写产量决策单—上交产量决策单由工作人员登记、公示—厂商根据利润表计算自己的利润，并填写实验收益记录单，第5轮结束。按照上述流程和规则完成第6轮、第7轮、第8轮，留出1分钟时间，厂商填写完善收益记录单，第二阶段结束。

注意：应将实验1～8轮控制在1节课内，以免实验数据出现异常。

（8）进行辅助性课堂实验，即让剩余同学参与同样的实验，以获取实验收益以便进行课程考核。

（三）实验数据的统计及汇总

（1）实验结束后，教师应指导实验工作人员对数据进行统计，实验参与者完善自己的实验记录单和相关信息，并将实验记录单上交，由工作人员进行检查、核对，并对错误信息及时更正。

（2）实验工作人员汇总相关数据，填写实验记录总表，并计算每轮次各个厂商的产量、小组的总产量、产品的价格、消费者剩余和社会总剩余的数据，并试着做出这些实验变量随着实验轮次的变化趋势图表，以便更简明地展示实验过程中经济变量变动的规律。

（3）工作人员用 EXCEL 表或其他软件汇总全班同学的收益，进行公示。

五、实验结果讨论和分析

（一）相关经济学理论背景

1. 寡头垄断市场及特征

寡头垄断是既包括垄断因素又包含竞争因素但更接近于完全垄断的一种市场结构，

寡头垄断又叫寡占，它是指少数几个厂商控制整个市场中生产和销售的市场结构。如美国许多重要的行业，汽车、钢铁和电气设备等，都具有寡头垄断的特征，汽车行业是由通用汽车公司、福特汽车公司和克莱斯勒公司控制着；电气设备行业主要是由通用电气公司和维斯汀豪斯电气公司控制着；罐头行业则是由美国罐头公司和大陆罐头公司控制着。需要注意的是寡头垄断不一定都是大公司，比如，在一个偏远地区的两家杂货店也是寡头垄断者。

一般用集中率作为测定寡头垄断程度的指标。集中率是指一定数量厂商的销售量（或产量、雇佣人数、资产等）占全行业比率。集中率越大，寡头垄断程度越高。

从特征上来看，第一，寡头垄断市场中厂商的数量很少。每个厂商的市场份额都比较高，因此厂商的价格和产量决策都会在市场上具有相当大的影响力。由于寡头垄断市场中只有几家厂商，所以，每家厂商的产量和价格决策都必然会对其他厂商的销售量和收入产生直接影响。同样，每个厂商对其他厂商的产量和价格决策也比较敏感。这样，厂商在做出决策时，必须将其他厂商的产量和价格决策考虑在内，因此，寡头垄断市场是一个厂商之间行为相互依存的市场结构。第二，产品同质或不同质。当寡头厂商生产石油、钢铁等完全相同的产品时，称为纯粹寡头垄断；当寡头生产汽车、船舶等有差别的产品时，称之为差别寡头垄断。第三，其他厂商不易进入。在寡头垄断行业中存在显著的规模经济效应，只有生产规模较大时，才能获得较高的收益。而达到这种规模的初始投资规模巨大，企业生产能力巨大，只有几家厂商就可以满足市场需求。已有的企业一旦在市场上形成竞争优势，其他厂商难以与之抗衡。除此之外，现有厂商之间紧密地相互依存的关系，也会使他们采取共同的立场和防御措施限制其他厂商进入。第四，产品价格受到厂商操纵。由于寡头垄断市场上厂商数量少，而且相互依存，厂商之间极易形成勾结。当厂商相互勾结，会以协议或默许的方式来决定价格；价格已经确定，一般不会轻易改变，厂商只改变产量来应付市场需求方面的变化。

2. 寡头垄断市场中厂商的行为特征及决策

寡头垄断与完全垄断、垄断竞争和完全竞争市场区别的显著特征是同一行业中厂商之间的相互依存。每一家厂商都意识到自身的行动都影响到它的竞争对手，反过来也是一样。因此，每个寡头垄断厂商在决定自己的策略和政策时，都要考虑到竞争对手的反应和对策。例如，如果通用汽车公司决定将其所有新生产的汽车削价30%出售，这一决策显然会影响到福特汽车公司和克莱斯勒汽车公司产品的销售，而克莱斯勒和福特公司如何做出反应又影响到了通用汽车公司的汽车销量。所以，一个寡头垄断厂商在做出任何价格和产量决策时，都把竞争对手的反应作为自己决策的变量，但任何厂商都不可能确切地获得对手的策略和反应，因此，寡头垄断厂商的产量和价格决策都是建立在预测的前提下，具有很大的不确定性，这也是到目前为止，经济学家们并没有建立起单一的适用于所有具备寡头垄断特征的市场的经济模型的主要原因。

在不确定条件下，各个寡头垄断厂商都无法预测竞争对手的行为和策略，因此一般不会轻易变动自己已经确定的产量和价格，同时，也正因为各寡头垄断厂商行为的相互依存，这就使得他们之间很容易形成某种形式的串谋或勾结，但寡头之间的利益又是矛盾的，这就决定了寡头垄断厂商之间的勾结不能完全代替竞争或消除竞争，反而使竞争更加激烈，这种竞争既有价格竞争，也有通过广告、促销等方式进行的非价格竞争。

一般来说，寡头垄断厂商的决策包括产量决策和价格决策两个方面。

（1）寡头垄断厂商的产量决策。各寡头厂商之间可能存在相互之间的勾结，也可能不存在勾结，这两种不同的情况对厂商的产量决策产生不同的影响。

第一，当各寡头垄断厂商不存在勾结时，各寡头垄断厂商的产量决策是一个过程，不断地根据其他寡头垄断厂商的产量决定来调整自己的决策，最终找到实现其利润最大化的产量。这要根据不同的假设条件进行分析。

第二，当各寡头垄断厂商存在勾结时，产量是由各寡头垄断厂商协商确定的，而协商确定是按照实力原则进行的。这种协商的内容可以是对产量的限定，也可以是对销售市场的瓜分，即不规定具体的产量限制，而是规定各寡头垄断厂商的具体销售市场范围。当然，这种勾结往往是暂时的，当各寡头垄断厂商的实力对比发生改变时，就会要求重新协商产量和瓜分市场，因此，它们之间的竞争仍然是十分激烈的。

（2）寡头垄断厂商的价格决策。寡头垄断市场上价格决定也要分为公开勾结和不公开勾结两种情况。在不公开勾结的情况下，价格决定的方法是价格领先制和成本加成定价法；在公开勾结的情况下，各寡头垄断厂商通过建立卡特尔的方式进行价格决策。

由于寡头垄断者之间公开的勾结在一些主要资本主义国家被认为是非法的，所以，寡头垄断厂商之间的勾结更多的是以非公开或非正式的方法进行的，这种非公开的勾结是指同行业的厂商共同默认一些"行为准则"，如相互承认削价倾销是违反商业伦理道德的；相互尊重对方的市场份额和销售范围；使用同一种方法计算价格；认可已经实行了一定时期的价格和价格模式、竞争行为的持续性等。具体形式包括以下几种：

第一，价格领先制。价格领先制是一种主要的非公开勾结形式，是指在一个寡头垄断行业内，由一家厂商确定价格后，其他厂商以这个领先的价格为准，决定自己的销售价格，率先定价者既不是自封的，也不是共同推选的，而是自然形成的。在实行价格领先制的场合，如果产品是同质的，且集中在一个地点销售，那么，各厂商的售价大致是一致的；如果产品是有差别的，价格也必然有差别，但价格变动的方向始终是一致的，价格差额始终一致。在价格领先制中，定价者形成方式有三种情况。

第一种情况，支配型价格领先。领先确定价格的厂商是本行业最大的、具有支配地位的寡头垄断厂商。该厂商在市场上占有市场份额最大，因此对价格决定具有举足轻重的作用。该厂商按照利润最大化的原则来确定自己的产量和价格，其余规模较小的寡头则根据这种价格来确定自己的价格和产量。

第二种情况，效率型价格领先。率先确定价格的厂商在本行业中是成本最低、效率最高的寡头垄断厂商。该厂商的定价优势也迫使其他寡头垄断厂商以此为标准确定自己的价格。

第三种情况，晴雨表型价格领先。这种率先定价的厂商不一定在本行业中规模最大，也不一定效率最高，但在掌握市场行情变化或其他信息方面明显优于其他寡头垄断厂商。率先定价的厂商的价格变动首先传递了某种信息，因此，其价格变动在行业中起了晴雨表的作用，其他厂商都会以此为标准确定自己的价格或变动自己的价格。

第二，成本加成定价法。大量的经验表明，许多寡头垄断厂商使用的是成本加成定价法。实施这种定价法有两个基本步骤。首先，厂商要估算出单位产量的成本。由于这种成本一般会随产量的变动而变动，所以，厂商必须根据某种假定的产量水平进行估算。为了这一目的，厂商通常假定生产能力的利用为某种百分比，一般的是在 2/3～3/4。其次，厂商在估算出的平均成本之上，加上一个通常按照百分比计算的毛利润。这种毛利润或加成意在把某些不能分摊到任何具体产品上的成本包括进来，并为厂商的投资提供一笔收益。毛利润的大小取决于厂商认为它能够获得的预期利润率。有些厂商为自己订立了所希望的目标收益额，这一数额也就决定了毛利润的大小。如通用电气公司为自己确定的目标收益率为 20%。

按照上述方法制定出来的价格，无须随实际产量的变化而频繁变动。当一个行业的所有厂商都采用同样的定价方针时，就能产生一个稳定的价格格局，避免了价格竞争可能带来的不利后果。如果同行业中所有寡头垄断厂商都采用统一的会计制度，如果他们的投入量的价格和生产函数是一样的，并且都按照相同的百分比加成，这些厂商生产的产品价格都是一样的，或者至少使他们的比价是一样的，变动方向是一样的。

第三，卡特尔。生产同类产品的垄断厂商，通过公开的和正式建立的勾结性协议的方式，来划分销售市场、规定产品产量、确定商品价格等形式，就是卡特尔。通过卡特尔的建立，几个寡头垄断厂商就可以通过协调性地共同制定价格来实现整个行业的利润最大化。但卡特尔内部各成员之间的矛盾如果处理不好，有时导致协议很难达成，有可能引起卡特尔的解体。

在当代一些国家，卡特尔是法律所允许的，但在美国，大多数公开的或秘密的卡特尔都是非法的。但许多贸易协会和专业性组织有时可能发挥着和卡特尔一样的功能。

3. 古诺模型

古诺模型是由法国经济学家古诺在 1838 年出版的《财富理论的数学原理研究》中提出的。古诺模型是一个只有两个寡头厂商的简单模型，该模型也被称为"双头模型"。古诺模型阐述了互相竞争而没有互相协调的厂商的产量决策，是如何互相作用以产生一个位于竞争均衡和垄断均衡之间的结果。

4. 寡头垄断市场的效率

形成寡头垄断的原因可能是规模经济效应或者存在某种限制其他厂商进入的障碍无法消除。前者包括已经形成的市场占有格局，相对于厂商的最佳规模来说市场过于狭小，或者是已经形成的价格超过厂商的承受能力，厂商进入后的利润不能保证等，后者可能是在有些行业中存在的资金、设备和技术上的特殊要求，或者是自然资源获取的困难，专利制度和支付的限制等原因。

作为现实中比较普遍的一种市场形式，寡头垄断市场是介于完全垄断和垄断竞争市场之间的一种市场结构，寡头垄断市场价格和产量的高低及经济利润的大小，取决于寡头垄断行业中厂商数目的多少、进入的难易程度及寡头垄断的行为方式。像张伯伦所描述的寡头垄断行业和存在公开勾结的卡特尔的寡头垄断行业，其价格和产量及经济利润与完全垄断行业区别并不大；而那些厂商数目多、进入相对难度小、厂商之间互相欺骗的行为较为普遍的寡头垄断行业，其产量就越接近垄断竞争行业。有经济学家认为，因为某些寡头垄断厂商的大量广告支出和使产品多样化的技术创新的开支有可能会使需求曲线向右移动。

一般地，经济学家认为，寡头垄断市场的经济效率要高于完全垄断市场，但低于垄断竞争市场，更低于完全竞争市场。

（二）实验结果的讨论

仔细回忆实验过程，试讨论以下问题：

（1）在实验的寡头垄断市场中，你独立做出产量决策的影响因素包括哪些？你认为同一小组中，其他厂商的决策是如何做出的？

（2）在实验中你是独立做出产量决策的，如何对产量进行调整以实现利润最大化的目标？你认为你的竞争对手是如何做到这一点的？

（3）如果允许互相协商产量价格，那么你认为自己的产量决策与竞争对手的产量决策有何异同？

（4）作为实验观察者，你认为在无串谋的寡头垄断阶段实验中，厂商能够找到利润最大化的产量，如何找到？而在串谋的寡头垄断阶段实验中，厂商能否实现利润最大化？实现利润最大化的产量分别是多少？

（三）实验结果的分析

对于此次寡头垄断市场的实验，实验结果的分析应包括：

首先，根据设计数据求出理论上实现利润最大化的产量、消费者剩余和社会总剩余等指标。

其次，对实验中的数据进行汇总，计算实验中的产量，即消费者剩余和社会总剩余等数据，同时填写实验记录汇总表和核算每位同学的收益数据。

再次，对比实验与理论上数据，结合实验目的分析实验效果。对于实验与理论上的结论产生偏离的原因要进行解释。

最后，根据分析过程指导学生撰写实验报告。

第四节　政府管制市场实验

政府干预市场实验是完全竞争市场实验的一种变形实验，主要是通过课堂实验模拟市场交易过程，来观察政府的干预行为，包括征税和补贴、限价，以及一些禁止行为对市场交易双方预期收益的影响，进而对市场主体及其决策行为的影响和对市场效率的影响等。

实验一　征税和补贴市场交易实验

无论是对生产者征税或对消费者征税及补贴都是完全竞争市场均衡实验的一种特殊形态。这类课堂实验主要考察政府行为对市场均衡和市场效率的影响。

一、实验目的

本课堂实验设计了一个由一定数量的买方和卖方构成的市场，其中的买方和卖方的初始禀赋（即市场交易者的预期收益）是给定的，假定买方和卖方都是追求自身利益最大化的"经济人"，他们通过寻找交易对象，以讨价还价的交易方式获得最大收益。通过实验过程让学生体验政府征税和补贴行为对市场交易价格、竞争性市场均衡的影响，以及市场自发地从失衡到均衡的调整过程，从而领悟政府干预下完全竞争市场的效率变动。

二、实验准备

（一）实验环境

我们假设一个非常简化的买卖苹果的市场，约有 20 位同学将参加这一市场交易的模拟过程，他们的目标是在苹果的交易过程中获得尽可能多的收益，并且收益将构成本学期实验课程成绩的一部分。

实验的场地是一间敞亮的、空间较大的教室，或配有多台计算机终端系统的实验室。如果在教室中模拟耳机交易过程，需要配备足够的课桌椅、多媒体投影仪、联网的计算机、电子屏幕、黑板、粉笔、黑板擦、计算器，随机数生成软件、若干张白纸、直尺等道具。

（二）实验分组

在本实验中，将全班同学分为两大组，一大组为主体课堂实验参与者，采用随机数生成软件随机选出；另一大组为辅助性课堂实验参与者。

（三）信息卡片和表格

在本实验中，需要准备记录个人信息的卡片若干、个人实验记录表若干份、实验数据统计总表若干份（和本章第一节实验一相似，可参见实验一的相关表格）。

（四）实验指南

阅读教师实验指南，准备"实验者指南"和"实验工作人员指南"的电子版或纸质版，并提供给各个实验参与者和实验观察者。

三、实验指南

（一）教师实验指南

1. 实验前的准备

在课堂实验开始之前，作为实验组织和管理者的教师的准备工作详见本章第一节实验一和实验二。

2. 实验过程中的管理、组织

本次课堂实验的基本过程和规则和本章第一节实验一和实验二没有太大差异。

不同之处包括：

本课堂实验分为三个阶段，共15轮。第一阶段主要是完全竞争市场实验，包括1～5轮，形式可采用口头双向拍卖或自由讨价还价形式（三个阶段形成价格的制度应保持一致）；第二阶段对生产者征收生产税，包括6～10轮，第三阶段对消费者征税，包括11～15轮[①]（本实验也可以与本章第一节实验一或实验二合并实施）。

如果要与本章第一节实验一或实验二合并进行，在课堂实验设计中要考虑减少实验"污染"现象。

如果重新设计个人信息表、随机抽取20人进行这个课堂实验，选择自由讨价还价的形式，仍然分为三个阶段，15轮，总体时间控制在1.5小时（或两节课）之内。

3. 实验结果的讨论和分析

交易结束后，学生回到自己的座位上进行实验结果分析。

首先进行实验结果的讨论。

在实验统计数据没有出来之前，可以让学生讨论以下方面的问题：包括实验参与者总结自己的报价依据和特征，特别是1～5轮，与后面的6～10轮、11～15轮有何差异，实验观察者根据实验过程中的公开信息总结实验参与者的决策在不同轮次的特点和报价的规律等。

其次进行实验结果的分析。

（1）根据1～5轮假设数据作出供求表和供求曲线，并求出理论上均衡价格、均衡数量和社会总福利水平（社会总收益）。

（2）根据6～10轮、11～15轮的数据做出新的需求表、需求曲线（或供给表、供给曲线），并求出对应的实验变量。

（3）对比第二阶段与第一阶段、第三阶段与第一阶段上需求量（或供给量）的变动，需求曲线（或供给曲线）的不同，对比新旧均衡条件下，理论上的均衡价格、均衡数量和均衡社会总福利水平的变化，从而得出理论上政府征税对市场均衡和效率的影响的主要结论。

（4）对实验中的数据进行汇总，包括三个阶段上交易价格、成交数量、消费者收益、生产者收益、社会总收益等数据，填写实验记录汇总表和核算每位同学的收益数据。

（5）对比实验与理论上数据，结合实验目的分析实验效果。对实验与理论上的差异要进行原因分析。

（6）指导学生撰写实验报告。

（二）实验者指南

首先，欢迎各位同学参加本次课堂实验，本次课堂实验我们模拟进行的苹果农贸市场的交易。在交易中，大家将通过对想象的苹果的交易来获取收益，同时假设苹果的规格、质量没有差别，每一位买方将按照卡片上的卖方成本购买1个苹果，而每一位卖方将按照卡片上的卖方成本卖出1个苹果。我们将随机选出4人作为实验工作人员，随机选出至少20人作为苹果交易的双方，买卖双方各为10人，并分别在实验区

---

① 本课堂实验的设计只考虑了政府征收税收的情况，而政府补贴的情况比照此实验进行设计即可。

的两边相对而坐。

实验共分三个阶段：第一阶段 1～5 轮的实验规则和流程参照本章第一节实验中"实验者指南"相关内容。第二阶段 6～10 轮、第三阶段 11～15 轮的实验规则和流程同本章第一节实验二。

特别注意事项：

（1）每位实验者卡片上的信息是私人信息，在实验过程中不能随意泄露，只有成交价格、报价是公共信息；

（2）每位实验参与者的目标是在每一轮实验中尽可能找到成交者，成交后的收益要大于零，在整个实验中的目标是实现实验总收益最大化。

（3）在报价中，买方遵循原则是低于自己买方价值；而卖方遵循的原则是高于自己的卖方成本。

（4）如果报价中出现两位以上的报价者，采用抽签的方式决定实际的成交者。

（三）实验工作人员指南

本次实验中 1～15 轮实验工作人员或市场交易管理人员的分工、职责参照本章第一节实验二的"实验工作人员指南"。

四、实验过程

实验过程是指整个实验的实施过程，具体包括以下几个环节。

（一）热身练习

在开始本实验之前，请进行以下热身练习。

假设一个供给者提供一个苹果的卖方成本是 8 元，他遇到的需求者购买一个苹果的买方价值为 20 元。

（1）如果供给者以价格 15 元卖给需求者一个苹果，他将得到____元利润，需求者将得到____元收益，二者共同得到____元利润（将二者收益加总）；如果供给者以价格 10 元卖给需求者一个苹果，他将得到____元利润，需求者将得到____元收益，二者共同得到____元利润（将二者收益加总）。

（2）使双方都获得相同收益或利润的成交价格是____元，使双方获得收益之和最大的成交价格是____元。

（3）使卖方和买方都能获得 1 元或更多利润的最高的苹果价格是____元，如果以这个价格成交，则双方获得的总利润或总收益是____元。

（4）使卖方和买方都能获得 1 元或更多利润的最低的苹果价格是____元，如果以这个价格成交，则双方获得的总利润或总收益是____元。

（5）消费者和生产者的初始信息不变，现在假设对生产者征收生产税，每成交 1 单位，征收 1 元税，现在供给者如果以 15 元的价格卖给需求者一个苹果，他将得到____元利润，需求者将得到____元收益，二者共同得到____元利润（将二者收益加总），如果要得到和不征税一样的利润，则生产者愿意接受的成交价格应该是____元。

（6）同样消费者和生产者的初始信息不变，现在假设对消费者征收消费税，每成交 1

单位，征收1元税，现在供给者如果以 15 元的价格卖给需求者一个苹果，生产者将得到___元收益，需求者将得到___元收益，二者共同得到___元利润（将二者收益加总），如果要得到和不征税一样的利润，则消费者愿意接受的成交价格应该是___元。

（二）实验过程

本次课堂实验过程和报价规则、登记、公示的规则主要参照本章第一节实验二。

需要注意的是，本次课堂实验分为三个阶段，其中第二阶段 6～10 征收生产税、第三阶段 11～15 轮征收消费税。

（三）实验数据的统计及汇总

统计过程和规则参照本章第一节实验二。

五、实验结果讨论和分析

（一）相关经济学理论背景

参见本章第一节实验一的对应部分。

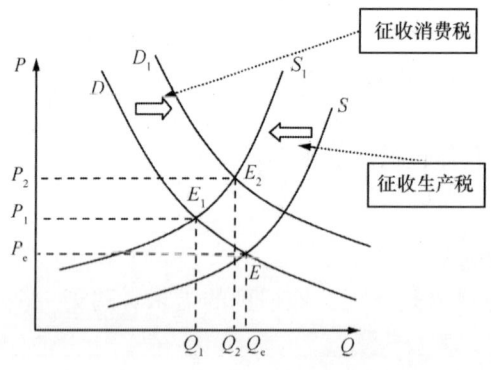

图 5-8　征税和补贴对市场均衡的影响

征税和补贴对市场交易价格、交易数量和市场均衡的影响，以及征税以后的市场效率的变化，参见图 5-9，征税和补贴的影响。首先看政府征税。在没有政府干预的条件下，市场供求力量与价格的相互作用下会实现均衡，均衡点为 E 点，均衡数量为 Q_e，均衡价格为 P_e。如果政府对生产者征收生产税，则生产成本增加，表现为供给曲线向左上方平移，即从 S 平移到 S_1，均衡点从 E 转移到 E_1，新的均衡价格和均衡数量分别为 P_1 和 Q_1，而整个市场效率是下降的，参照图 5-8 中社会总剩余的变化。如果政府同时对消费者的消费行为进行补贴，则表现为消费者需求曲线向右上方平移，即从 D 平移到 D_1，均衡点从 E 平移到 E_2，新的均衡数量和价格分别是 Q_2 和 P_2，而社会总剩余是增加的，因此，政府补贴行为提高了市场效率。

（二）实验结果的讨论

请本课堂实验的参与者和场外观察者讨论以下问题：

（1）～（5）同本章第一节实验一的相应内容。

（6）分别由实验参与者和观察者讨论，当其他条件保持不变，在第二阶段征收生产税时，双方的交易价格、成交数量有何变化？第三阶段征收生产税，双方成交价格、成交数量又有何变化？如果对生产者每生产一单位补贴 1 元钱，其他条件不变，市场成交价格和成交数量有何变化？如果对消费者进行补贴呢？

（7）在政府征税和补贴的条件下，市场均衡和市场效率有无变化、如何变化？

（三）实验结果的分析

本次课堂实验结果的分析同本章第一节实验一和实验二。

实验二 实施政府禁令的市场交易实验

这个课堂实验参照了 Theodore C. Bergstrom 和 John H. Miller 在 *Experiments with Economic Principles*（Microeconomics，Second Edition）中设计的实验框架（西奥多·C. 伯格斯特龙和约翰·H. 米勒，2008）。

一、实验目的

政府对市场的干预可以是征税，也可以是通过限价来管制交易，有时也可采取一些禁止性的方法，如颁发禁令将有些市场上的交易宣布为非法交易，包括对香烟、酒精、赌博、濒危野生动植物等交易的禁止，但这些禁令在各国的立法实践中并不完全一致。本课堂实验主要通过模拟政府禁令下的市场交易，进而来体验政府禁令对于违禁物品交易的市场和交易者行为的影响。

二、实验准备

（一）实验环境

我们假设一个非常简化的买卖某种违禁物品的市场，约有 20 名同学将参加这一市场交易的模拟过程，他们的目标是在这个虚拟的违禁品的交易过程中获得尽可能多的收益，收益将构成本学期实验课程成绩的一部分。

实验的场地是一间敞亮的、空间较大的教室，或配有多台计算机终端系统的实验室。如果在教室中模拟违禁物品交易过程，需要配备足够的课桌椅、多媒体投影仪、联网的计算机、电子屏幕、黑板、粉笔、黑板擦、计算器，随机数生成软件、若干张白纸、直尺等道具。

（二）实验分组

在本实验中，将全班同学分为两大组，一大组为主体性课堂实验参与者，采用随机数生成软件随机选出；另一大组为辅助性课堂实验参与者。

（三）信息卡片和表格

在本实验中，需要准备记录个人信息的卡片若干、个人实验记录表若干份、实验数据统计总表若干份（相关信息卡和表格和本章第一节实验一相似，可参见第一节实验一的相关表格）。

（四）实验指南

阅读教师实验指南，准备"实验者指南"和"实验工作人员指南"的电子版或纸质版，并提供给各个实验参与者和实验观察者。

三、实验指南

（一）教师实验指南

1. 实验前的准备

在课堂实验开始之前，作为实验组织和管理者的教师的准备工作详见本章第一节实验一和实验二。

2. 实验过程中的管理、组织

本实验过程和流程基本和本章第一节实验一和实验二相同。

不同之处包括：

本次课堂实验包括三个阶段，共 15 轮。第一阶段是没有管制的市场交易实验，包括 1～5 轮，形式可采用口头双向拍卖或自由讨价还价形式（三个阶段形成价格的制度应保持一致）；第二阶段的 6～10 轮，政府或警察对出售违禁品进行处罚，包括没收一半交易额，和每出售 1 单位处 5 元的罚款；第三阶段包括 11～15 轮，政府或警察对出售违禁品进行处罚，包括没收一半交易额，但警察将没收的违禁品违法转售。

3. 实验结果的讨论和分析

交易结束后，学生回到自己的座位上进行实验结果的分析。

首先进行实验结果的讨论。

在实验统计数据没有出来之前，可以让学生讨论以下问题：实验参与者总结自己的成交数量和价格，特别是 1～5 轮，与后面的 6～10 轮、11～15 轮有何差异，实验观察者根据实验过程中的公开信息总结实验参与者的决策在不同阶段的成交量和报价的特点等。

其次进行实验结果的分析。

（1）根据 1～5 轮假设数据作出供求表和供求曲线，并求出理论上均衡价格、均衡数量和社会总福利水平（社会总收益）。

（2）根据 6～10 轮、11～15 轮的数据做出新的需求表、需求曲线（或供给表、供给曲线），并求出对应的变量和数据。

（3）对比第二阶段与第一阶段、第三阶段与第一阶段上需求量（或供给量）的变动，需求曲线（或供给曲线）的不同，进而对比新旧均衡条件下，理论上的均衡价格、均衡数量和均衡社会总福利水平的变化，从而得出理论上政府管制和不法警察违法转售行为对市场均衡和效率的影响的主要结论。

（4）对实验中的数据进行汇总，包括三个阶段上交易价格、成交数量、消费者收益、生产者收益、社会总收益等数据，填写实验记录汇总表和核算每位同学的收益数据。

（5）对比实验数据与理论上的数据，结合实验目的分析实验效果。对实验与理论上的差异要结合实验设计、实验过程进行合理解释。

（6）指导学生撰写实验报告。

（二）实验者指南

首先欢迎各位同学参加本次课堂实验。本次课堂实验我们模拟进行某种政府禁止的物品的交易。在交易中，大家将通过对想象的违禁品的交易来获取收益，同时假设这个违禁品的规格、质量没有差别，每一位买方将按照卡片上的卖方成本购买 10 个单位，而每一位卖方将按照卡片上的卖方成本卖出 20 个单位的违禁品。我们将随机选出4 人作为实验工作人员，随机选出至少 20 人作为违禁品交易的双方，买卖双方各为 10人，并分别在实验区的两边相对而坐。

实验共分三个阶段，15 轮。

第一阶段 1～5 轮是没有政府管制的市场交易阶段，实验规则和流程参照本章第一节实验二。第二阶段 6～10 轮政府对违禁品进行管制。主要措施是警察没收 50% 的交易量并加以销毁，同时对违禁品的出售者处以罚款。第三阶段 11～15 轮政府或警察继续执行管制的政策，但同时不法警察将没收的 50% 的违禁品在市场上转售牟取私利。

特别注意事项：

（1）每位实验参与者的目标是在每一轮实验中尽可能找到成交者，成交后的收益要大于零，在整个实验中的目标是实现实验总收益最大化。

（2）在报价中，买方遵循原则是低于自己买方价值；而卖方遵循的原则是高于自己的卖方成本。

（三）实验工作人员指南

本次实验中 1～10 轮实验工作人员或市场交易管理人员的分工、职责和收益同本章第一节实验二的"实验工作人员指南"。

四、实验过程

实验过程是指整个实验的实施过程，具体包括以下几个环节。

（一）热身练习

在开始本实验之前，请进行以下热身练习。

假设这个违禁品的市场有 20 个供给者，每个供给者可以提供 10 单位产品，假设供给者提供一个单位违禁品的成本是 20 元。

（1）在警察或政府不实行禁令时，当价格高于____元时，供给者都希望出售 10 单位，则市场上总的供给量是____单位；现在假设一半的交易被警察禁止，警察将没收并销毁违禁品，并处罚金额为 100 元/单位，那么当供给者要成功出售 1 单位违禁品时，他必须提供 2 单位违禁品并支付罚金 100 元，当一个违禁品供给者的出售价格大于____元时才能获得利润。在这一价格水平上，每一个供给者将生产并提供____单位违禁品，但实际上每个生产者出售给消费者的违禁品的数量将是____单位，整个市场上提供的违禁品的数量将为____单位。

如果不法警察将没收的一半违禁品在市场上转售，市场上违禁品的消费者将得到的数量为____单位。

（2）现在考虑采用提供合法替代品给违禁品消费者的办法，那么消费者对违禁品的需求将如何变动？

（3）如果政府对消费违禁品的消费者进行处罚，这对违禁品的需求市场将产生怎样的影响?

（二）实验过程

实验过程和报价规则、登记、公示的规则主要参照本章第一节的实验二。

需要注意的是，本次课堂实验分为三个阶段，第一阶段 1～5 轮属于没有政府管制的自由交易阶段；第二阶段 6～10 轮交易阶段，政府没收供给者供给数量的 50%，并处以罚款；第三阶段 11～15 轮交易阶段，政府继续管制，没收供给数量的 50%，同时处以罚款，但不法警察将没收得违禁品转售。

（三）实验数据的统计及汇总

统计流程和规则参照本章第一节实验二。

五、实验结果讨论和分析

（一）相关经济学理论背景

参见本章第一节实验一中的对应部分。

政府管制对市场均衡和效率的影响可通过图 5-9 来具体分析，在市场理论中，如果没有政府的管制，则自由竞争市场机制将实现市场均衡和达到社会福利最大化，但政府管制对市场均衡和效率都不避免地产生了影响。

在市场经济条件下，政府对如毒品、赌博、濒危动植物、人体器官、危害人体安全和健康的一些产品等都实行禁止，对未成年人出售香烟、含酒精的饮料业进行制止，一般认为政府立法禁止对这些物品的买卖主要为了避免消费者做出错误的选择，保护消费者身体健康，或者出于社会公共目的，保护生态环境，防止环境污染等，大多数市场经济国家都会立法对某些产品禁止买卖。但从实际政策和立法实践来看，这些禁令的效果并不明显。

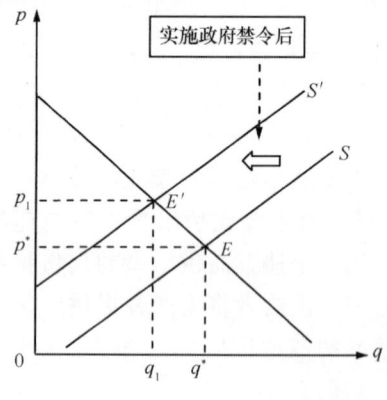

图 5-9　政府禁令的影响及后果

如图 5-9 所示，在没有政府禁令的条件下，市场供求量和价格相互作用下会在 E 点实现市场均衡，这时市场供给量和市场需求量都等于 q^*，消费者以 p^* 的价格获得这种违禁品。当政府实施对这种违禁品的禁令时，这种违禁品的供给大幅减少，表现为供给曲线从 S 向左上方移动到 S'，这时违禁品的市场价格上升到 p_1，而市场供给量减少到 q_1，从政府实施禁令的后果来看，首先，减少了一些对违禁品依赖性不强的消费者的消费，但增加了对违禁品消费依赖性很强的消费者的成本，因为现在获得这种违禁品的价格上升到 p_1 水平；其次，从纯粹市场经济的角度来看，政府管制违禁品的行为降低了市场效率，生产者和消费者都是这种政府禁令的受害者，因为他们的剩余都减少了，社会的总剩余也减少了。

（二）实验结果的讨论

请本课堂实验的参与者和场外观察者讨论以下问题：

（1）分别由实验参与者和观察者讨论，当其他条件保持不变时，在第二阶段政府开始采取没收供给者提供的违禁品的 1/2 和进行罚款，这些政府管制行为对供给者供给量和价格产生了什么影响？那么对消费者的影响呢？

（2）第三阶段政府继续没收违禁品供给者产量的 1/2 和处以罚款，同时不法警察将没收的违禁品转售，这对供给者的供给数量和供给价格产生了何种影响？那么对消费者的影响呢？

（3）如果政府对消费者消费违禁品的行为进行处罚，这对市场交易价格和交易数量有何影响？对消费者的消费行为有何影响？

（4）政府管制条件下市场均衡和市场效率有无变化、如何变化？

（三）实验结果的分析

本次课堂实验结果的分析同本章第一节实验一和实验二。

实验三　最低工资立法实验

本课堂实验本质上是政府干预市场实验的一种。最低工资立法的实验课堂是政府通过立法对价格进行限制的市场实验。

一、实验目的

本课堂实验设计了一个由一定数量的厂商——劳动力的买方和一定数量的劳动者——劳动力的卖方构成的市场，其中劳动力的供给者即劳动者的初始禀赋或保留工资是给定的，他们通过自由讨价还价的方式来实现各自利益最大化，但本课堂实验重点考察政府最低工资立法对双方讨价还价决策行为的影响，以及通过实验过程让学生体验政府最低工资立法对均衡工资率的影响、对厂商雇佣行为的影响、对劳动者劳动供给数量的影响等，并考察政府最低工资立法对劳动力市场效率的影响。

二、实验准备

（一）实验环境

我们假设一个非常简化的劳动力买卖市场，至少有 20 位同学将参加这一市场交易的模拟过程，他们的目标是在劳动力市场的交易过程中获得尽可能多的收益，收益将构成本学期实验课程成绩的一部分。

实验的场地是一间敞亮的、空间较大的教室，或配有多台计算机终端系统的实验室。如果在教室中模拟劳动力交易过程，需要配备足够的课桌椅、多媒体投影仪、联网的计算机、电子屏幕、黑板、粉笔、黑板擦、计算器，随机数生成软件、若干张白纸、直尺等道具。

（二）实验分组

在本实验中，将全班同学分为两大组，一大组为主体性课堂实验参与者，采用随机数生成软件随机选出；另一大组为辅助性课堂实验参与者。

（三）信息卡片和表格

在本实验中，需要准备记录个人信息的卡片（表 5-21、表 5-22）若干、个人实验记录表（表 5-23）若干份、实验数据统计总表（表 5-24）若干份。

表 5-21　劳动者的信息表（全体）

劳动者编号	1	2	3	4	5	6	7	8	9	10	11	12	13	14
保留工资	6	8	10	12	14	16	18	20	22	24	26	28	30	32

注：本表中劳动者的个人信息在实验中是以个人信息卡的形式发放给 14 个劳动者，而且劳动者之间互相不得私下泄露个人信息。

表 5-22　厂商的雇佣信息表（单个厂商）

厂商编号	C		
雇佣人数	0	1	2
产出值	0	15	18

表 5-23 雇佣记录表

实验角色及编号：____

轮次	厂商				劳动者		
	劳动者Ⅰ工资	劳动者Ⅱ工资	产出值	收益	保留工资	实际工资	收益
1							
2							
3							
4							
5							
6							
7							
8							

表 5-24　买卖双方交易记录总表（8 张）

轮次：____

厂商编号	劳动者编号	实际工资	保留工资	劳动者（学号）
A	Ⅰ			
	Ⅱ			

厂商编号	劳动者编号	实际工资	保留工资	劳动者（学号）
B	I			
	II			
C	I			
	II			
D	I			
	II			
E	I			
	II			
F	I			
	II			
G	I			
	II			
H	I			
	II			

（四）实验指南

阅读教师实验指南，准备"实验者指南"和"实验工作人员指南"的电子版或纸质版，并提供给各个实验参与者和实验观察者。

三、实验指南

（一）教师实验指南

1. 实验前的准备

在课堂实验开始之前，作为实验组织和管理者的教师的准备工作详见本章第一节的实验一和实验二。

2. 实验过程中的管理、组织

本实验过程和流程基本和本章第一节实验一和实验二相同。

需要特别注意的是：本课堂实验分为两个阶段，一共8轮。1～4轮为第一阶段，在第一阶段劳动力供给方根据自己的保留工资、劳动力需求方根据劳动的产出效率，进行自由讨价还价市场交易，到5～8轮的第二阶段，政府规定了最低工资标准，这样任何厂商提供的工资不能低于这个最低工资，否则就是非法的，签订的劳动合同是无效的。如政府规定的最低工资标准是每小时工资8元，则劳动力市场上任何一家厂商提供的工资必须高于8元。

3. 实验结果的讨论和分析

交易结束后，学生回到自己的座位上进行实验结果的讨论和分析。

首先进行实验结果的讨论。

在实验统计数据没有出来之前，学生可以讨论以下问题：实验参与者总结自己在第一阶段和第二阶段的报价依据和特征，试比较两个阶段有何差异，实验观察者根据实验过程中的公开信息总结实验参与者的决策在不同阶段的特点和报价，以及成交量的规律等。

其次进行实验结果的分析。

在这次课堂实验中，实验结果的分析包括：

（1）根据假设数据，如劳动者的保留工资数据和工人产出值的信息做出供求表和供求曲线，并求出理论上均衡价格、均衡数量和社会总福利水平（社会总收益）。

（2）根据第一阶段1～4轮和第二阶段5～8轮的数据首先求出理论上的均衡工资率、劳动供求量和双方收益在政府实施最低工资立法前后的差异。

（3）汇总实验中的数据，对比实验中两个不同阶段上实际工资率、劳动雇佣量和双方收益的差异。

（4）对比实验与理论上的数据，结合实验目的分析实验效果，并对实验与理论上的结论的差异结合实验设计、实验实施过程做出合理解释。

（5）指导学生撰写实验报告。

（二）参与者实验指南

首先欢迎各位幸运的同学参加本次课堂实验。这次课堂实验我们模拟进行一个相对简化的劳动力市场的交易。在交易中，大家将通过扮演厂商和劳动者分别作为劳动力的买卖双方进行劳动力交易来获取收益，同时假设劳动力只有量的差别，没有素质、技能方面的差别。每一位劳动者将按照卡片上的保留工资决定劳动力供给的数量，而每一位厂商将按照卡片上提供的劳动数量产值信息决定劳动力的需求量。我们将随机选出4人作为实验工作人员，随机选出至少20人作为劳动力交易的双方，其中厂商8人，劳动者12人，分别在实验区的两边相对而坐。

1. 总体设计

实验共8轮，分两个阶段：第一阶段1～4轮是自由讨价还价交易市场交易阶段。第二阶段5～8轮是在政府最低工资立法下的自由讨价还价市场交易阶段，但厂商给出的工资不得低于政府最低工资立法标准，否则认定为实验违规。

2. 交易规则

在实验中，作为劳动者，你将获得一份个人信息表，上面记录你愿意工作一天的最低工资，即保留工资，如果厂商提供的工资低于这个保留工资，那么你将选择失业，如果厂商提供的工资水平高于这个保留工资，那么你就会选择接受这份工资。例如，你的信息卡上记载你的保留工资是12元，如果厂商提供的工资低于12元，你不会提供劳动力，当工资水平高于12元，如18元，你会接受这个工作，按照这个工资标准签订劳动合同。如果作为厂商参加市场交易，那么你可以选择雇佣的工人人数为0人、1人或2人，如果你不雇佣工人，则你的产值为0元，雇佣一个工人的产值为24元，雇佣两个工人的产值为32元。

实验开始后的每一轮交易中，买卖双方均可自由报价，劳动者可以根据自己的保留工资，报出自己想要的工资，报价不能低于保留工资，作为劳动力卖方的劳动者要尽可能获得较高的工资以提高自己的收益水平；厂商作为劳动的需求方，根据既定技术条件决定的劳动力的"边际收益"及产出值自行决定工资水平并公开叫价，同时决定雇佣工人人数，厂商的目标是实现利润最大化。买卖双方的报价必须是 1 的倍数，买卖双方可以讨价还价，自由协商。在完成交易、签订劳动合同之前，双方都可以改变自己的报价。而一旦签订劳动合同，交易价格不得再改变，每一轮的交易时间持续 5 分钟。

双方一旦达成交易合同，马上进行登记和公示，这意味着劳动合同已签订并已生效，任何一方不得反悔和违约。

第一阶段 1～4 轮结束后，各位实验参与者完善自己收益记录单，从第 5 轮开始进入第二阶段的课堂实验。在第二阶段 5～8 轮中，政府进行最低工资立法，同时规定最低工资不得低于 35 元，其他交易规则与第一阶段相同。

3. 收益的计算

收益计算方法如下：

$$厂商的收益（或利润）= \sum（产出值-支付的工资总额）$$

$$劳动者的收益=获得的实际工资-保留工资$$

厂商收益说明：如果厂商雇佣一个工人年度产出值是 18 元，雇佣两个工人的产出值是 28 元，你以 10 元的工资雇佣了第一个工人，然后又以 12 元的工资雇佣了第二个工人，则你的收益=28－（10＋12）=6（元），如果你只雇佣了第一个工人，则你的收益为=18－10=8（元），可见只雇佣一个工人你的利润更多。

4. 记录和登记、公示

每名实验参与者在实验中要在实验收益记录表上随时记录自己的实验信息，由两名工作人员负责执行市场交易规则的监督，同时对交易信息的登记、公示。

（三）实验工作人员指南

本次实验中实验工作人员或市场交易管理人员的分工、职责参照本章第二节实验"完全垄断市场实验"中的"实验工作人员指南"。

四、实验过程

实验过程是指整个实验的实施过程，具体包括以下几个具体环节。

（一）热身练习

参见实验之前进行以下的热身练习，以帮助你找到在实验中的最有效的交易策略。

假设你是一个可能雇佣 0 个、1 个或 2 个劳动者的雇主，如果你雇佣 1 个劳动者，你的产出值是 30 元；雇佣 2 个劳动者，你的产出值是 50 元。

（1）假设你经营着一家公司并且你必须为每一个你雇佣的劳动者支付 35 元的工资。如果你不雇佣劳动者，你的利润损失为____元；如果你雇佣 1 个劳动者，你的利润为____元；如果你雇佣 2 个劳动者，你的利润为____元，为了得到最大的利润，你将雇佣____个劳动者。

（2）假设你经营着一家公司并且你必须为每一个你雇佣的劳动者支付 25 元的工

资。如果你不雇佣劳动者，你的利润损失为＿＿＿元；如果你雇佣 1 个劳动者，你的利润为＿＿＿元；如果你雇佣 2 个劳动者，你的利润为＿＿＿元，为了得到最大的利润，你将雇佣＿＿＿个劳动者。

（3）假设你经营着一家公司并且你必须为每一个你雇佣的劳动者支付 15 元的工资。如果你不雇佣劳动者，你的利润损失为＿＿＿元；如果你雇佣 1 个劳动者，你的利润为＿＿＿元；如果你雇佣 2 个劳动者，你的利润为＿＿＿元，为了得到最大的利润，你将雇佣＿＿＿个劳动者。

（4）假设你必须为每一个你雇佣的劳动者支付相同的工资。那么当工资低于＿＿＿元时，雇佣一个劳动者比不雇佣劳动者获利更多。

（5）假设你必须为每一个你雇佣的劳动者支付相同的工资。那么当工资低于＿＿＿元时，雇佣两个劳动者比雇佣一个劳动者获利更多。

（6）假设你是一名劳动者，而且你的保留工资是 12 元。你接收工作获得的工资为 10 元。如果你接受这份工作，你的收益是＿＿＿元，如果你不接受这份工作，那么你的收益是＿＿＿元。

（7）假设你是一名劳动者，而且你的保留工资是 5 元。你接收工作获得的工资为 10 元。如果你接受这份工作，你的收益是＿＿＿元，如果你不接受这份工作，那么你的收益是＿＿＿元。

（二）实验过程

（1）按照随机原则将实验者分组分"厂商"与"劳动者"分列两排在实验区就座，工作人员各就各位。

（2）老师指导实验工作人员阅读"实验工作人员指南"，并对其进行适当的培训。

（3）分发或制作个人实验记录单，并由教师指导相关信息的填写。

（4）教师分发宣读"实验者指南"，并对特别注意事项加以强调，包括报价规则、信息保密和公开、收益目标、每轮时间限制等。

（5）进行实验前的热身练习，熟悉收益规则，引导确定交易策略。

（6）教师要求工作人员、实验参与者按序就座，宣布主体性课堂实验第 1 轮实验开始，开始计时，由工作人员按照随机原则发放卡片。

（7）在每一轮中，交易双方都可以在实验区自由走动，大声报价，寻找不同的交易对象，确定没有愿意接受者，迅速改变报价，重新寻找交易者，直至出现成交双方满意的工资价格，然后双方去前台按照先后顺序登记、公示，一直到 5 分钟时间结束。然后进行第 2 轮、第 3 轮、……、第 8 轮，完成全部实验。

注意：应将实验 1～8 轮控制在 1 节课内，以免实验数据出现异常。

（8）进行辅助性课堂实验，即让剩余同学参与同样的实验，以获取实验收益进行课程考核。

（三）实验数据的统计及汇总

（1）实验结束后，教师指导实验工作人员对数据进行统计，实验参与者完善自己的实验记录单和相关信息，并将实验记录单上交，由工作人员进行检查、核对，并对错误信息及时更正并公示。

（2）实验工作人员汇总相关实验数据，包括实验记录总表和实验数据汇总表。

（3）工作人员用 EXCEL 或其他软件汇总全班同学的收益，并进行公示。

五、实验结果讨论和分析

（一）相关经济学理论背景

最低工资立法是政府干预市场交易的一种形式，当不存在任何政府干预，并且其他条件保持不变时，完全竞争市场会在供求与价格的相互作用下实现市场均衡，并实现市场效率。当政府通过最低工资立法来干预市场时，其影响如图 5-10，如果政府不干预市场价格，则市场供求力量与价格相互作用下，在价格 W_e 水平上实现均衡 E，这时劳动者愿意提供的劳动供给量为 L_e，这也是厂商愿意而且能够雇佣的劳动量。但当工资水平为 W_e 时，劳动者的工资水平不足以维持政府认为居民基本应该达到的生活水平，只有当工资水平达到 W^* 时，这种收入的才能保障工人生活

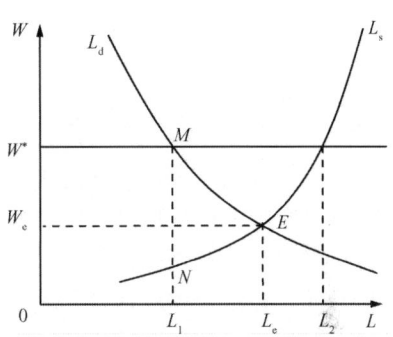

图 5-10　政府最低工资立法的影响

基本水平，因次，政府出于社会公益目标，通过最低工资立法规定某一类劳动者最低的工资水平为 W^*，在这个工资水平下，企业对劳动力的需求数量为 L_1，而全社会劳动力供给数量会增加到 L_2，存在着 L_2-L_1 数量的超额劳动供给，以失业的形式存在；从全社会就业者的收入变化来看，最低工资立法还有再分配人们收入的作用，在工资水平为 W^* 时，仍然就业的劳动者的工资水平从 W_e 提高到 W^*，生活水平达到社会基本要求，但却让一部分原来就业的低劳动效率的工人失业了，最低工资立法也对社会总剩余重新进行了分配，新的工资水平 W^* 下，消费者的部分剩余转移给了生产者；从市场经济效率的角度来看，政府的最低工资立法意味着存在相当于面积为 S_{EMN} 的"纯粹的社会福利损失"，市场效率下降了。

（二）实验结果的讨论

请本课堂实验的参与者和场外观察者讨论以下问题：

（1）作为劳动者，你在市场交易中制约你报价的主要因素是什么？什么原因决定了你的劳动供给决策？

（2）作为厂商，你雇佣劳动者的价格决策的依据是什么？你雇佣人数的多少与什么因素有关？

（3）作为实验观察者，你认为政府最低工资立法是保护了劳动者利益还是损害了劳动者利益？那么对厂商的影响是什么？

（4）作为实验观察者，你认为最低工资立法对自由竞争的劳动力市场效率的影响是什么？为什么？

（三）实验结果的分析

对于此次最低工资立法的市场实验，实验结果分析的主要内容包括：

（1）根据假设数据作出理论上的供求表和供求曲线，并求出理论上的均衡价格、均衡数量和社会总福利水平（社会总收益），然后考虑政府最低工资立法后，新的条件下理论上的供求表和供求曲线，理论上的均衡价格、均衡数量和社会总福利水平（社会总收益）等。

（2）分别根据1～4轮、5～8轮的数据作出实验中的需求表、需求曲线（或供给表、供给曲线），并求出实验中的实际工资价格、实际雇佣数量和社会总福利水平（社会总收益）等。

（3）分两个不同阶段对比理论上的均衡价格、均衡数量和均衡社会总福利水平与实验中对应变量的差异，从而得出理论上政府最低工资立法前后的变化结论。

（4）对实验中的数据进行汇总，填写实验记录汇总表和核算每位同学的收益数据。

（5）对比实验与理论上数据，结合实验目的分析实验效果。对实验结论与理论上结论的差异，要结合本次课堂实验设计、实验过程等进行分析和解释。

（6）教师指导学生撰写实验报告。

第六章　博弈论实验

博弈论（game theory）又被称为"对策论"、"赛局论"。博弈论是研究相互依赖、相互影响的决策主体的理性决策行为及这些决策的均衡结果的理论。博弈主要包括参与人、行动、信息、战略、支付（效用）、结果和均衡等要素，其中，参与人、战略和支付是描述一个博弈所需的最少要素。参与人、行动和结果统称为"博弈规则"。

根据不同的标准可将博弈分成多种类型。依据博弈参与者相互作用时能否达成一个具有约束力的协议，可将博弈分为合作博弈和非合作博弈。合作博弈和非合作博弈的区别在于相互发生作用的当事人之间有没有一个具有约束力的协议，如果有，就是合作博弈；如果没有，就是非合作博弈。

依据博弈参与人行为的时间序列性，可将博弈分为静态博弈、动态博弈两类。静态博弈是指在博弈中，参与人同时选择或虽非同时选择但后行动者并不知道先行动者采取了什么具体行动；动态博弈是指在博弈中，参与人的行动有先后顺序，且后行动者能够观察到先行动者所选择的行动。"囚徒困境"就是同时决策的，属于静态博弈；而棋牌类游戏等决策或行动有先后次序的，属于动态博弈。

按照参与人对其他参与人的了解程度，可将博弈分为完全信息博弈和不完全信息博弈。完全信息博弈是指在博弈过程中，每一位参与人对其他参与人的特征、策略空间及收益函数有准确的信息。不完全信息博弈是指如果参与人对其他参与人的特征、策略空间及收益函数信息了解得不够准确，或者不是对所有参与人的特征、策略空间及收益函数都有准确的信息，在这种情况下进行的博弈就是不完全信息博弈。

目前经济学家们所谈的博弈论一般是指非合作博弈，由于合作博弈论比非合作博弈论复杂，在理论上的成熟度远远不如非合作博弈论。非合作博弈可分为完全信息静态博弈、完全信息动态博弈、不完全信息静态博弈、不完全信息动态博弈，其对应的均衡概念和理论研究的代表人物如表 6-1 所示。

表 6-1　博弈分类及对应的均衡概念

行动次序信息	静态	动态
完全信息	纳什均衡 代表人物：纳什（1950，1951）	子博弈精练纳什均衡 代表人物：泽尔腾（1965）
不完全信息	贝叶斯均衡 代表人物：海萨尼（1967~1968）	精炼贝叶斯均衡 代表人物：泽尔腾（1965）

第一节　完全信息静态博弈实验

完全信息静态博弈是一种最简单的博弈，在这种博弈中，由于每个参与人是在不知道其他人行动的情况下选择自己的行动的，战略和行动实际是一回事。这里的"完全信息"是指博弈中的每个参与人完全知道其他参与人的特征（战略、支付函数等）。所谓"静态"是指所有参与人同时选择行动，而且只选择一次。这里的"同时选择行动"是指只要每个参与人在选择自己的行动时不知道其他人的选择，就可以说他们在同时行动，并不要求参与人在同一时间作选择。"囚徒困境"是一个典型的完全信息静态博弈的结果。

一、实验目的

通过完全静态信息博弈实验，让学生直接参与博弈游戏并亲身感受"囚徒困境"，进一步理解完全信息静态博弈的含义，增强学生对博弈论占优战略、纳什均衡等有关概念的感性认识，使学生能够应用这些概念分析完全信息静态博弈问题。

二、实验准备

（一）实验环境

本次课堂实验我们模拟博弈参与者如何在完全信息条件下，通过博弈策略的选择从而实现收益最大化的博弈决策过程。实验的场地为一间敞亮的、空间较大的教室，或配有多台计算机终端系统的实验室。如果在教室中模拟博弈过程，需要配备足够的课桌椅、多媒体投影仪、计算机、黑板、粉笔、黑板擦、随机数生成软件、若干张白纸等道具。

（二）实验分组

通过随机数软件、抽奖软件或扑克牌等工具，随机选取2名同学为实验工作人员，其余同学为实验参与者，实验参与者的数量应是偶数。采用扑克选取工作人员时，可规定抽到红桃和黑桃的同学参加实验，抽到大小王的同学担任实验工作人员。

（三）实验表格

在本实验中，需要实验者收益记录表（表6-2）、实验数据统计总表（表6-3）等实验表格若干份。

表6-2　完全信息静态博弈实验者收益记录表

博弈轮次	自己的牌（黑或红）	对手的牌（黑或红）	自己的收益
第1轮			
第2轮			
第3轮			
第4轮			
第5轮			
第6轮			
第7轮			
第8轮			

表 6-3 完全信息静态博弈实验数据汇总表

实验轮次	红—红策略数量	黑—黑策略数量	红—黑策略数量	总收益	红牌数量	黑牌数量
第1轮						
第2轮						
第3轮						
第4轮						
第5轮						
第6轮						
第7轮						
第8轮						

（四）实验指南

完成教师实验指南，并准备电子版或纸质做的"实验者指南"和"实验工作人员指南"。

三、实验指南

（一）教师实验指南

1. 实验前的准备工作

在课堂实验开始之前，作为实验组织和管理者的教师应在课前准备好以下工作：

（1）仔细查阅和了解有关完全信息静态博弈理论及实验的相关文献，熟悉相关术语，以加深对本次课堂实验的理解和认识，对课堂实验进行总体设计。

（2）准备若干实验者收益记录表（表 6-2）和实验数据汇总表（表 6-3）、实验指南若干份，在条件允许时也可准备若干现金或小礼品作课堂实验支付。

（3）进行课堂实验设计。课堂实验设计的内容包括博弈收益矩阵设计、实验总体进程设计、实验规则和注意事项设计、实验的收益计算规则设计等。

本实验是完全信息静态博弈实验，在实验中通过向所有实验者公布博弈收益矩阵，并规定在博弈过程中应同时出牌，构造完全信息静态博弈的实验环境。在实验过程中实验参与者和博弈对手根据双方出牌花色的组合，确定并计算自己的实验收益，共进行 8 轮实验。在前四轮（1～4 轮）实验中，你和博弈对手的出牌策略组合及收益计算如下：①若你和博弈对手同时出红桃牌，则两人都将获得 5 元收益；②若你和博弈对手同时出黑桃牌，则两人都将获得 6 元收益；③若你和博弈对手所出的牌花色不同时，则出红桃的实验者的收益为 11 元，出黑桃的实验者收益为 0 元。

在后四轮（5～8 轮）实验中，你和博弈对手的出牌策略组合和收益计算如下：①若你和博弈对手同时出红桃牌，则两人都将获得 5 元收益；②若你和博弈对手同时出黑桃牌，则两人都将获得 11 元收益；③若你和博弈对手所处的牌花色不同，则出红桃的实验者的收益为 16 元，出黑桃的实验者收益为 0 元。

（4）通知学生在课堂实验前了解课堂实验的经济学理论背景，并督促其完成必要的理论学习，仔细阅读实验指南或实验规则。

（5）检查课堂实验的教室实验环境准备和布置工作，对教室中的桌椅进行适当的调整，防止实验观察者参与者之间进行交流协商，以保证实验参与者在实验过程中的独立性。

2. 实验过程中的管理、组织

本次课堂实验的流程如下。

（1）利用随机数生成器或抽奖软件抽取 2 名实验工作人员和实验参与者，将实验参与者分成 A、B 两组，编号分别为 A_1，A_2，$\cdots$，A_n，B_1，B_2，$\cdots$，B_n。

（2）安排实验工作人员在实验室或教室中的位置：将 1 名工作人员安排在讲台黑板附近，以便于他们记录实验数据和计时；将另一名工作人员按照在实验区，让他们负责发放和收集实验收益记录表等工作，并允许其自由走动。

（3）宣布课堂实验开始，利用多媒体设备展示或直接向学生发放纸质版的实验指南，让学生阅读了解实验的要求、规则、收益计算方法和注意事项等，同时提醒学生注意相关细节。

（4）实验要求和注意事项：强调说明实验参与者和实验工作人员获取实验收益的必要性，其中实验参与者的收益取决于个人的决策行为，而实验工作人员的收益等于全体实验参与者最终收益的平均数，而每个实验参与者的目标都是在实验中获得尽可能多的收益。实验参与者之间不能进行交流和协商，实验工作人员和实验参与者不得随意泄露实验参与者的个人信息等。

（5）公布实验违规者的收益处罚事项。对实验参与者、实验工作人员违规行为进行处罚是为了保证实验的有效性和收益的公平性。处罚必须与实验参与者的个人激励挂钩，对违规处罚的标准可视主观过错程度和对其他人的收益和实验数据的影响进行综合考虑。

（6）实验教师随机指定两组同学进行博弈，如在第一轮次时可指定 A_1 和 B_1，A_2 和 B_2，$\cdots\cdots$，分别进行博弈，每个实验者手中有两张牌可出，每次只能选择一张来出，但两者必须同时出牌。在第二轮次时，可指定 A_1 和 B_2，A_2 和 B_2，$\cdots\cdots$，分别进行博弈；依次类推直到完成 1~4 轮实验。

（7）前四轮（1~4 轮）实验完成后，实验教师可改变博弈收益矩阵，继续后 4 轮（5~8 轮）实验，博弈对象的组合顺序可和前 4 轮（1~4）实验一样，即第 5 轮博弈组合为 A_1 和 B_1，A_2 和 B_2，$\cdots\cdots$；第六轮博弈组合 A_1 和 B_2，A_2 和 B_2，$\cdots\cdots$，进行博弈，依次类推完成后 4 轮博弈实验。

（8）实验开始后，组织教师与工作人员要仔细观察和监督整个实验交易过程，及时地处理个别实验者的疑问，指导和督促实验参与者和实验工作人员规范地做好各项实验数据记录，并维持整个实验过程的秩序。

（9）实验过程的记录。及时对课堂实验过程中存在的问题和学生的疑问建议进行记录，以便对课堂实验的设计方案进行进一步完善。

3. 实验结果的讨论和分析

实验结束后，引导学生对以下问题进行讨论和分析：

（1）在实验中是否存在使自己收益最大化的唯一策略。

（2）试根据你对博弈收益矩阵的理解对各种策略的组合数量进行预测。

（3）总结自己在实验中采取策略的依据和原则，你的策略是否给你带来了最大收益。

（4）进行实验结果的分析，通过统计全部实验参与者选择的策略及数量组合，思考实验结果表明的经济含义。

（5）根据分析过程指导学生撰写实验报告。实验报告应该包括实验目的、实验环境、实验设计的经济学理论、实验过程的记录、实验结果的分析、实验的主要结论等环节。

（二）实验者指南

欢迎你参加本次课堂实验，本实验是完全信息静态博弈的实验。在实验中，要求大家根据你和博弈对手所出扑克牌的花色，计算你的收益。在实验过程中应注意以下要求和规则：

（1）每一个实验者都以追求收益的最大化为目标。

（2）实验参与者之间不能交流、协商、串谋等，每一个实验参与者都应独立作出选择。

（3）在每轮实验开始前，由实验教师指定实验参与者的博弈对象组合，实验参与者不能自行决定博弈对象。

（4）实验工作人员会给每位实验参与者发一张红桃牌和黑桃牌，在每一轮博弈实验中每个实验者只能出一张牌，出牌前的思考时间为 10 秒钟。

（5）在实验教师发出"请展示你们的底牌"时，两个博弈实验者应同时向对方及实验教师公布你们所出的牌。

（6）你的收益只与你和博弈对手所出牌的花色有关，与牌的数字无关，出牌后应根据你和博弈对手所出牌的花色，计算记录自己的收益。

（7）实验收益记录后，应将实验收益记录表交给实验工作人员，以便于汇总实验数据。

（8）对实验者违反实验指南规定和程序、实验工作人员透露实验者选择信息等行为将进行处罚，处罚的力度以违规行为对实验数据的影响程度、对其他参与者收益的影响程度而定。

（三）实验工作人员指南

首先欢迎各位实验工作人员，你们将是这次课堂实验的工作人员。

（1）产生：由抽取扑克牌或随机数程序等形式抽选 2 名实验工作人员。

（2）分工及职责：一名实验工作负责收益记录表的发放和收缴，并负责核对实验参与者的收益，另一名实验工作人员负责实验数据的录入和汇总工作。

（3）工作注意事项：实验工作人员在实验过程中始终保持中立立场，既不能和实

验参与者进行协商，也不能透露实验参与者的选择结果，以保证每一个实验参与者均能独立作出选择。

（4）收益：实验工作人员因为没有直接参与实验，所以不能获得实验收益。从考核与激励的角度来说，应该给予适当的收益。工作人员的收益应该相当于全体实验参与者平均实验收益。

四、实验过程

（一）选择实验人员和工作人员

全班同学从一副扑克牌中抽牌，抽到红桃和黑桃的同学参加实验，参加实验学生不超过 26 人。抽到大小王的同学担任实验工作人员，负责维护实验秩序和记录数据。

（二）实验人员分组

按红桃、黑桃将实验者分为两组。红桃的同学编号为 A_1，A_2，…，A_{13}，给他们每人再发一张黑头牌；黑桃的同学编号分别为 B_1，B_2，…，B_{13}，给他们每人再发一张红桃牌。两组同学分别坐在教室的左右两边，由中间没有参加实验的同学隔开。

（三）宣读实验指南

分别向实验工作人员和实验参与者宣读"实验工作人员指南"和"实验者指南"，让其明白他们在实验中的职责、作用及相应的规则、要求等内容。在实验开始前，应询问实验工作人员、实验参与者是否对实验指南存在疑问，如存在疑问，实验教师应向其进行解释。在实验工作人员、实验参与者完全理解实验指南的内容和要求后，才可正式开始实验。

（四）进行前四轮（1～4 轮）实验

共进行 4 轮博弈，每位实验者每轮思考时间不超过 1 分钟，按照实验教师指定的博弈对象组合进行博弈，博弈结束时向实验教师亮明你所出的牌，并根据博弈策略组合计算、记录自己的博弈收益。

（五）进行后四轮（5～8 轮）实验

在前四轮实验结束后，实验教师公布新的博弈收益矩阵，按照和前四轮相同的博弈组合开展后四轮实验，并要求学生根据博弈策略组合计算、记录自己的博弈收益。实验工作人员在后四轮实验结束后，要求所有实验参与者上交自己的实验收益记录表。

（六）汇总实验数据

在 8 轮实验结束后，所有实验参与者向实验工作人员上交实验收益记录表，并由实验工作人员实验数据进行记录、汇总，作为实验分析的基础数据和评定实验成绩的重要依据。

五、实验结果讨论和分析

（一）问题思考

在汇总、统计实验数据前，引导学生思考以下几个问题。

（1）前四轮实验中实验者选择最多的策略是什么，为什么？

（2）前四轮实验你选择红牌或黑牌较多的原因是什么？

（3）后四轮实验和前四轮实验中你的选择策略组合是否有变化，为什么？

（二）实验结果分析

1. 理论分析

1）占优策略均衡

通常情况下，每个局中人的支付是博弈中所有参与人策略的函数，故每个局中人的最优策略选择依赖于所有其他参与人的策略选择。但在一些特殊博弈中，一个参与人的最优策略选择可能并不依赖于其他参与人的策略选择，即无其他参与人选择什么策略，他的最优策略是唯一的，这种最优策略被称为"占优策略"。

在一个博弈里，如果所有参与人都有占优策略存在，那么占优策略均衡是可以预测到的唯一的均衡，因为没有一个理性的参与人会选择劣策略。从实验博弈矩阵（表 6-4、表 6-5）来看，在博弈实验中，对于 A 实验者而言，无论 B 实验者采取什么策略，A 实验者的最优策略都是出红桃的策略；同样对 B 实验者而言，无论 A 实验则采取什么策略，B 实验者的最有策略都是出红桃的策略，所以，对 A、B 两个实验者而言，出红桃就是他们的占优策略，则红桃和红桃的策略组合就是占优策略均衡。

表 6-4　前四轮（第 1～4 轮）实验参与者的博弈矩阵

收益　　　　策略　策略		B 实验者的策略	
		红桃	黑桃
A 实验者的策略	红桃	5, 5	11, 0
	黑桃	0, 11	6, 6

表 6-5　后四轮（第 5～8 轮）实验参与者的博弈矩阵

收益　　　　策略　策略		B 实验者的策略	
		红桃	黑桃
A 实验者的策略	红桃	5, 5	16, 0
	黑桃	0, 16	16, 16

2）纳什均衡

纳什均衡（Nash equilibrium）是指这样一种均衡：博弈中的每个局中人都确信，在其他局中人策略给定的情况下，他选择了最优策略。在博弈达到纳什均衡时，每个局中人选择的策略是对其他局中人所选策略的最佳反应，每一个局中人都不能因单方面改变自己的策略而增加收益，于是各方为了自己的利益最大化而选择最优策略，并与其他对手达成了某种暂时的平衡。

纳什均衡可用划线法来分析，所谓划线法就是给定对手选择的某个策略，选择出自己的最高收益策略，并在自己的策略下面划上横线，同时具备了来那个"划线"选择的策略组合就是一个纳什均衡。通过划线法可知，在所有8轮实验中红桃-红桃是这两个博弈唯一的纯策略纳什均衡，而且这个均衡是占优策略均衡。

2. 实验数据分析

通过对8轮实验数据的统计分析发现（表6-6），在前四轮（1~4轮）实验中，实验参与者大多选择了出红桃的策略，出红桃的数量从第1轮的20个上升到了第4轮的24个，红桃-红桃的策略组合从第1轮的7对上升到了第4轮的10对，这说明大部分实验参与者逐渐发现了占优策略的存在，红桃-红桃的策略组合正是占优策略均衡。在前四轮实验中，虽然黑桃-黑桃的策略组合收益要高于红桃-红桃的策略组合收益。假若双方都能出黑桃，那么两个实验参与者的收益都会增加，但由于实验参与者之间不允许协商、合谋，所以出黑桃的实验参与者面临着收益为0的风险，所以在前四轮实验中仅出现了1对黑桃-黑桃的组合策略。

表6-6 完全信息静态博弈策略组合数据汇总

实验轮次	红-红策略数量	黑-黑策略数量	红-黑策略频率	总收益	红牌数量	黑牌数量
第一轮	7		6	101	20	6
第二轮	7	1	5	96	19	7
第三轮	8		5	95	21	5
第四轮	11		2	77	24	2
第五轮	10		3	148	23	3
第六轮	5	6	2	214	12	14
第七轮	4	1	8	190	16	10
第八轮	3	2	8	202	14	12

注：笔者课堂实验数据（2011年）。

从后四轮（5~8轮）实验的统计数据来看，后四轮和前四轮实验相比，出黑牌的数量明显增加，除第5轮实验外其他轮次出黑牌的数量均在10个以上，第6轮甚至出现了6对黑桃-黑桃的策略组合。这是因为在后四轮实验中，实验参与者试图通过合作博弈增加收益，应为在后四轮实验中，黑桃-黑桃的博弈策略组合的额外收益（16－5＝11）远高于前四轮黑桃-黑桃策略组合的额外收益（6－5＝1），所以部分实验参与者较多地选择了出黑桃的策略。

第二节 最后通牒和独裁者博弈实验

"最后通牒"源于拉丁语，音译为"哀的美敦书"，意思是谈判破裂前的"最后的话"，一般是就某个问题用书面通知对方，限定在一定时间内接受其条件，否则就采取使用武力、断交、封锁、抵制等强制措施。"最后通牒博弈"（ultimatum game）实验的形成可以追溯到谢林（Schelling，1957）的工作，德国洪堡大学谷斯（Güth，et al.，1982）等人最早开展了"最后通牒博弈"实验。最后通牒赛局是一种由两名参与者进行的非零和博弈，在这种博弈中，一名提议者向另一名响应者提出一种分配资源的方案，如果响应者同意这一方案，则按照这种方案进行资源分配；如果不同意，则两人都会什么都得不到。当有多名响应者参与时，这一博弈就成了海盗博弈。许多经济学家认为，"听话博弈"（dictator game，DG）（Forsythe et al.，1994）、"礼物交换博弈"（Fehr et al.，1993）和"信任博弈"（trust games，TG）（Berg et al.，1995）均可看成是"最后通牒博弈"实验的扩展。对最后通牒博弈进行修改，取消响应者对提议者（分配者）所提要求的否决权，这个提议者就可以被称为"独裁者"，这种严格不平等条件下的博弈被称为"独裁者博弈"。

一、最后通牒博弈实验

（一）实验目的

通过模拟"最后通牒博弈"的实验环境，模拟再现拥有决策权的一方和拥有否决权的一方之间博弈的过程，让学生通过参加博弈实验，进一步认识经济学关于"理性人"假设和竞争的关系，发现经济学中理性人假设、效用函数理论等存在的缺陷和不足之处，加深学生对竞争及经济人假设等经济思想的认知。

（二）实验准备

1. 实验教室布局

实验的场地是一间敞亮的、空间较大的教室，或配有多台计算机终端系统的实验室。在教室中模拟最后通牒博弈过程，需要配备足够的课桌椅、计算机、多媒体投影仪、黑板、粉笔、黑板擦、随机数生成软件、EXCEL 软件、若干张白纸等道具。

2. 实验表格

在本实验中，需要实验者收益记录表（表 6-7）、实验者数据汇总表（表 6-8）实验数据统计总表（表 6-9）等实验表格若干份。

表 6-7　最后通牒博弈收益记录表

实验者编号：＿＿＿＿＿＿＿＿　　　　实验角色：＿＿＿＿＿＿＿＿＿＿＿

分配给 B 的数量	接受	拒绝	自己的收益	对手收益

表 6-8　最后通牒博弈实验参与者数据汇总表

实验者 A 编号	实验者 B 编号	分配给 B 的数量	实验者是否接受	A 的收益	B 的收益
A_1	B_1				
A_2	B_2				
A_3	B_3				
A_4	B_4				
⋮	⋮				
⋮	⋮				
⋮	⋮				
A_{22}	B_{22}				

表 6-9　最后通牒博弈实验数据统计表

A 分配给 B 的数量	实验者 B 的策略		合计
	接受	拒绝	
≤10			
11～20			
21～30			
31～40			
41～50			
51～60			
61～70			
合计			

3. 实验指南

根据需要准备若干份电子版或纸质版的"实验者指南"和"实验工作人员指南"。

（三）实验过程

1. 实验人员的选择和分组

（1）实验人员的选择。采用随机数或抽奖软件随机抽取 44 名同学作为实验参与者，选取 2 名同学作为实验工作人员，负责发放相关表格和统计数据。

（2）分组。将选定的 44 名实验参与者分成 A、B 两组，A 组实验者为提议者，其编号为 A_1，A_2，A_3，…，A_{22}；B 组实验者为响应者，其编号为 B_1，B_2，B_3，…，B_{22}。

（3）座位调整。为了避免个人关系等因素的干扰，在实验过程中不能让两组实验参与者坐在一起，应让他们隔离相向坐于教室的左右两端。

2. 发放实验材料

向 A 组实验者发放写好编号的实验卡片，向所有实验参与者发放实验收益记录表。

向 A 组每位实验者发放 100 元虚拟货币。

3. 宣读展示实验说明

（1）每一位实验参与者都应收益的最大化为目标。

（2）每位实验者的收益计算如下：收益为 100 元虚拟货币的分配数量，每一个实验者是否获得收益取决于双方共同的决定；由 A 组实验者提出给 B 组对应的实验者的分配数量 $x(0 < x < 100)$，B 组实验者决定是否接受 A 组实验者分配给自己的数量，如果接受则 B 组实验者的收益为 x，相应 A 组实验的收益为 $100 - x$；如果 B 组实验者选择拒绝，则两个实验者 1 分不得，收益均为零。

（3）A 组实验者在所发写有编号的实验卡片上写下分配给 B 实验者的数量，为了便于统计计算分配数量应为整数，写完后由实验工作人员收取卡片。

（4）实验工作人员将收集写有分配数量的卡片发给 B 组实验者供其选择，B 组同学如果接受次分配数量，请在卡片分配数量后打"√"号，如果不同意则打"×"号。

（5）实验人员在 B 组实验者决策完成后，将实验卡片收齐后上缴给实验老师；实验教师向学生大声公布博弈结果，并要求实验参与者根据博弈结果在收益记录表上正确记录自己的收益。

（6）告诉实验者实验只进行一次博弈，实验过程中不允许任何协商、沟通行为发生。

4. 开展实验

实验开始前，首先询问学生是否理解了实验的规则和要求，对学生存在的问题进行解释，直到所有实验者理解了实验规则和要求后才能开始实验。实验时间应控制在10 分钟以内。

5. 记录实验数据

实验结束后，工作人员将所有的实验卡片收上来交给实验教师，将 A 实验者给 B 实验者的分配数量，B 实验者的选择策略，实验双方所获得的收益进行记录汇总。

（四）实验结果讨论和分析

1. 问题思考

在实验数据统计分析之前，让学生根据对实验过程的观察，思考以下几个问题：

（1）A 组实验者为 B 组实验者分配的数量分布如何？这说明了什么？

（2）B 组实验者对 A 组实验者分配的数量采取的策略如何？这说明了什么？

（3）A 组、B 组实验者选择策略的依据分别是什么？

2. 实验数据统计

将 A 组实验者向 B 组实验者分配的数量以 10 为数量段进行分组统计，并统计每个分配数量段 B 组实验者的策略选择数量。通过对实验者的统计分析发现，在 22 个 A 组实验者中有 18 个 A 组实验者分配给 B 组实验者的数量在 31～50 之间，约占 A 组实验者总数的 81.82%，在此数量段仅有 1 名 B 组实验者选择了"拒绝"；有 4 名 A 组实验者给 B 组实验者分配的数量在 30 元以下，在此数量段下所有的 B 组实验者均选择了"拒绝"（表 6-10）。

表 6-10　最后通牒博弈实验数据汇总

分配数量	接受	拒绝	合计
≤10			
11～20		1	1
21～30		3	3
31～40	6	1	7
41～50	11		11
合计	17	5	22

注：根据编者课堂实验数据统计整理（2010 年）。

3. 实验结果分析

按照经济学"理性人"的假设，只要提议者将少量数量分配给响应者，响应者就应该同意，因为这要比什么都得不到要好，分配给响应者 1～20 的数量是符合纳什均衡的，不应该被拒绝。但实验结果则表明当提议者给响应者分配数量较少时，大多数响应者会拒绝提议者的分配方案，从而使双方均不能得到收益。只有提议者给响应者分配足够的数量，响应者才会接受分配方案。这在一定程度上说明经济学关于"理性人"的假设是不太切合实际的，在现实中人们除了考虑收益之外，还关注公平、尊严等因素，所以才会出现提议者给响应者分配数量较少时遭到拒绝的情况。

（五）实验总结

Güth 等（1982）最早进行了最后通牒博弈实验，从实验的结果来看，提议者平均把总奖金的 37% 分给了响应者，而有近 50% 的响应者拒绝了仅获得低于奖金总额 20% 的提议者的出价。其后，Roth 等（1991）、Bolton 和 Zwick（1995）、Croson（1996）、Larrick 和 Blount（1997）、Slonim 和 Roth（1998）、Camerer（1999）、List 和 Cherry（2000）、Eckel 和 Grossman（2001）等也相继进行了最后通牒博弈实验。在这些实验中，平均出价水平最高的是 Roth 等人进行的实验，提议者平均把总奖金的 45% 分给了响应者。平均出价水平最低的是 Bolton 和 Zwick 进行的实验，提议者平均仅把总奖金的 23% 分给响应者。对提议者的出价，响应者拒绝水平最高的是 Bolton 和 Zwick 进行的实验，有 35% 的出价被回应者拒绝，回应者拒绝水平最低的是 Eckel and Grossman 进行的实验，仅有 12% 的出价被回应者拒绝。在这些实验中，极少出现把总奖金的 50% 以上或只把极少奖金分给回应者的出价。桑塔菲研究所博厄得等 15 位人类学家和经济学家历时 10 年，以横跨 15 个不同国家、不同民族、不同文化背景为样本进行"最后通牒博弈"实验，结果发现低于 20% 的分配数量有 40%～60% 的概率被拒绝。许多经济学家用追求公平的动机来解释这种拒绝正收益的行为。同时，许多游戏参与者也表示因为害怕过低要约被拒绝，因此主动提供一种较"公平"的要约（Guth et al.，1982；Camerer and Richard，1995；Roth and Erev，1995；Camerer，2003）。霍夫曼和麦卡布（Hoffman and McCabe，1998）的实验表明，真实收益的大小对最后通牒博弈行为几乎没有任何影响。

通过这些实验表明，公平因素确实是影响博弈双方策略选择的重要因素。对于最后通牒博弈，虽然实验已证明出于公平性，绝大多数提议者并不会按照精练纳什均衡结果给回应者最低的分配数量，而是给回应者较多的分配数量，一些回应者也会对不公平的出价予以拒绝，但实验结果的数据同样也证实了，提议者绝不会因为要做到公平放弃自己的利益，各次实验中平均出价水平最高 45% 的数量分配给回应者，极少有高于 50% 的出价充分说明了这点。对于不公平的出价，回应者也并不是总是拒绝。在各次实验中，所有出价最多也只有 35% 的被回应者拒绝，最低仅有 12% 的出价被回应者拒绝的事实说明对不公平的出价，回应者多是选择了接受，除非提议者的出价过于不公平。

二、独裁者博弈实验

在独裁者博弈实验中响应者没有拒绝的选择，主要是考察提议者（独裁者）如何分配，通常的做法是将独裁者博弈与最后通牒博弈实验结果进行对比。Forsythe 等（1994）首次对两个实验结果进行了对比，实验结果表明在独裁者博弈实验中的提议者分配给响应者的钱数，要比最后通牒博弈实验提议者分配给响应者的数量少得多，但并不是每个独裁者都给响应者最小单位的钱数。

（一）实验目的

通过让实验参与者共同分配 100 元钱来模拟最后通牒博弈实验，通过参加实验让学生感受最后通牒博弈和独裁者博弈的特征和区别，通过观察、比较独裁者博弈实验和最后通牒博弈实验结果的差异，理解竞争程度、博弈制度差异对博弈结果产生的影响。

（二）实验准备

1. 实验教室布局

本实验进行的教室最好配备有多媒体计算机，方便使用 EXCEL 等软件进行统计分析。如果实验室有相关实验软件，本实验可以通过计算机进行，这样的效果更好一点。

2. 实验表格

本实验需要准备若干份独裁者博弈实验收益记录表（表 6-11）、独裁者博弈实验数据汇总表（表 6-12）、最后通牒与独裁者博弈实验数据汇总表（表 6-13）。

表 6-11　独裁者博弈收益记录表

实验者编号：＿＿＿＿＿＿＿　　　　实验角色：＿＿＿＿＿＿＿＿＿＿

分配数量	对手策略	自己的收益	对手收益
	接受		
	接受		

表 6-12　独裁者博弈实验数据汇总表

A 实验者分配给 BD 的数量	A 组实验者人数	比例
≤10		
11~20		
21~30		
31~40		
41~50		
51~60		
合计		

表 6-13　最后通牒和独裁者博弈实验中实验者 A 分配给实验者 B 的数量

分配数量	最后通牒博弈实验	独裁者博弈实验
≤10		
11~20		
21~30		

续表

分配数量	最后通牒博弈实验	独裁者博弈实验
31~40		
41~50		
51~60		
合计		

3. 实验指南

根据需要准备若干份电子版或纸质版的"实验者指南"和"实验工作人员指南"。

（三）实验过程

1. 实验人员的选择与分组

实验人员仍然由参加过最后通牒博弈的学生构成，且实验人员的分组和编号不发生任何变化。

2. 发放实验材料

向 A 组实验者发放写好编号的实验卡片，向所有实验参与者发放实验收益记录表。

向 A 组每位实验者发放 100 元虚拟货币。

3. 宣读和展示实验指南

（1）每一位实验参与者都应收益的最大化为目标。

（2）每位实验者的收益计算如下：由 A 组实验者（独裁者）提出给 B 组对应的实验者的分配数量 $x(0 < x < 100)$，B 组实验者只能接受 x 这一分配数量，则 B 组实验者的收益为 x，相应 A 组实验的收益为 $100 - x$。

（3）A 组实验者（独裁者）在所发写有编号的实验卡片上写下分配给 B 实验者的数量，为了便于统计计算，分配数量应为整数，写完后由实验工作人员收取卡片并上交给实验教师。

（4）实验教师向学生大声公布博弈结果，并要求实验参与者根据博弈结果在收益记录表上正确记录自己的收益。

（5）告诉实验者本实验只进行一次博弈，实验过程中不允许任何协商、沟通行为发生。

4. 开展实验

发放收益记录表等实验材料，准备开展实验。实验开始前，首先询问学生是否理解了实验的规则和要求，对学生存在的问题进行解释，直到所有实验者理解了实验规则和要求后才能开始实验。实验时间应控制在 10 分钟以内。

5. 记录实验者数据

在学生完成实验后，要求学生认真填写实验收益记录表。由实验工作人员将所有的学生收益记录表收齐后上交给实验教师，对 A 组实验者（独裁者）分配给 B 组实验者的数量进行记录和汇总。

（四）实验结果讨论和分析

1. 问题思考

（1）在最后通牒实验中，A 组实验者给 B 组实验者分配的数量集中在哪个数量段？

（2）和最后通牒实验相比，独裁者实验中 A 组实验者分配的 B 组实验者数量有何变化？为什么会发生这样的变化？

2. 实验数据汇总统计

将 A 组实验者向 B 组实验者分配的数量按照以 10 为单位的数量段进行分组统计，并和最后通牒博弈实验结果相比较。通过对实验数据的统计分析发现，在独裁者实验中 22 个 A 组实验者分配给 B 组实验者的数量在 30 以下，其中在 20 及以下的数量达 19 个，约占 A 组实验者总数的 81.82%，在此数量段仅有 1 名 B 组实验者选择了"拒绝"。通过和最后通牒博弈实验比较可发现，在独裁者博弈实验中实验者 A 分配给实验者 B 的数量明显下降。

表 6-14　最后通牒和独裁者博弈实验实验者 A 分配给实验者 B 的数量比较

分配数量	最后通牒博弈实验	独裁者博弈实验
≤10		6
11~20	1	13
21~30	3	3
31~40	7	
41~50	11	
合计	22	22

注：根据编者课堂实验数据统计整理（2010 年）。

3. 实验结果分析

与最后通牒博弈进行比较，独裁者博弈中提议者也考虑了出价公平，而不是绝对的个人理性，虽然提议者有权这样做且不会受到回应者的惩罚。独裁者博弈中提议者的任何出价都不需要响应者的回应，虽然在独裁者博弈实验中提议者分配给响应者的钱数要比最后通牒博弈实验中少，但大多数提议者分配给回应者的数量依然为 11~20。

第三节　私人价值拍卖实验

近年来拍卖理论被应用于各种新的市场机制设计中，其研究处于非常活跃的状态。拍卖从狭义上来看，是有一定适用范围及特殊规则的市场交易类型；而从广义上理解，它反映的是市场经济价格均衡机制及资源配置的内在过程和本质机理。目前，拍卖的应用范围很广，制度规则具有多样性。各种拍卖制度在操作方式上存在一定的差异，研究者们从理论上论证了不同拍卖方式的特征和效率。在简单的实验环境下，重现各种拍卖过程，能够为检验拍卖理论提供有效的途径。

一、拍卖概述

根据标的物或拍卖品的价值对竞买人是否相同来分，可将拍卖分为私人价值拍卖和共同价值拍卖。私人价值拍卖中的标的物价值对于各竞买人来说不完全相同（如艺术品），而共同价值拍卖中的标的物价值对于各竞买人来说完全相同（如矿山出租拍卖）。根据竞买人的出价方式的不同，可将拍卖分为公开叫价拍卖和密封拍卖。公开拍卖是指每一个竞买者在拍卖过程中应公开报出自己的竞买价格，每个竞买人可根据竞争对手的竞价多次调整自己的报价，英式拍卖和荷式拍卖是公开拍卖最主要的两种形式。密封拍卖是指卖主在核定标的物的底价之后将底价密封，然后再进行拍卖，各出价人将各自的报价密封后投入标箱内，相互之间不知道报价是多少，密封拍卖可分为一价密封拍卖和二价密封拍卖（特点是最高报价者中标但成交价为次高报价）。

（一）私人价值拍卖

私人价值拍卖是指拍卖过程中各出价人对同一件标的物都有自身的价值认识，标的物的价值对于各出价人来说并不完全相同。私人价值拍卖方式主要有英式拍卖、荷式拍卖、一价拍卖和二价拍卖等。

1. 英式拍卖

英式拍卖是最常见的拍卖形式，拍卖的标的物可以是单件物品，也可以是多件物品。在拍卖过程中，首先确定一个底价（底价或者由卖方确定，或者以第一个出价人出价为准），每个出价人的出价在前位出价人出价的基础上以某一单位数量的整数倍逐次增加，拍卖方对每次出价都进行确认，并向各出价人询价，当依据一定的规则（如在规定的时间限制内），不再有新的出价人出价时，拍卖过程结束，标的物由最后一位出价人以其最后的投标价成交。

在英式拍卖中，每个出价人能够获得其他出价人的出价信息，但是他们却无法获得各个出价人各自对标的物的真实估价。因此，本着自身利益最大化的原则，对于每一个出价人而言，当别人的出价高于他自身的估价时，他将停止出价，否则就会亏损。我们假设至少存在两个出价人的两个估价，其中一个估价比另一个估价高，即一个是最高估价，另一个是次高估价。在出价高于次高估价之前，拥有次高估价的出价人肯定会继续出价，以谋求以低于自己估价的价格获得标的物，使得自己的福利提高。当出价高于次高估价而低于最高估价时，拥有次高估价的出价人就会停止投标，否则他的福利状况就会因此而受损。所以，最后的中标者必定是估价最高的出价人，而且，中标价必定在拍卖过程中的第二高价与第一高价之间。因此，英式拍卖能够实现资源的最优配置，通过把资源分配给估价最高的出价人，实现帕累托最优。

2. 荷式拍卖

荷式拍卖也称减价拍卖，其规则与英式拍卖相反。荷式拍卖是一种价格下行的拍卖方式，拍卖品的报价由高到低、依次递减，直到有人应价，即告成交。荷式拍卖为卖方报价，可分为人工式拍卖和电子式拍卖两种。

在荷式拍卖中，参与者获得的信息要比英式拍卖的出价人少，他们不仅不知道其他出价人的估价，而且由于制度设计的原因，他们也无法知道别人的出价。当拍卖开始，价格开始下降时，拥有最高估价的出价人为了获得更多的利益，可能迟迟不肯出价。而当价格下降到次高估价以后被其他投标者抢先出价，所以，荷式拍卖中拥有最高估价的出价人不一定能够获得标的物。因此，荷式拍卖可能不是一种资源配置最优化的制度，也可能无法实现帕累托最优。

3. 一价拍卖与二价拍卖

一价拍卖与二价拍卖都是"密封"式拍卖，在这类拍卖中各参与者的信息是相互独立的，各买方不知道其他买方的出价，每一买方单独提交其报价，在此类拍卖中投标者不是按照一定的顺序出价，往往以书面投标的方式向卖方报价，所以投标者对互相的信息一无所知。一价拍卖的标的物最终出售给出价最高的投标者，该投标者以其出价获得标的物，因此，成交价格是最高的，所以被称为一价格拍卖。二价拍卖，同样以密封形式进行，标的物也同样出售给出价最高的投标者，但其获得标的物的支付价格是按所有出价中的第二高价支付的，所以被称为"二价拍卖"。二价拍卖是威廉·维克里（William Vickrey）在 1961 年首次提出来的，因此又被称为"Vickrey 拍卖"（Vickrey Auction），这种拍卖形式在现实世界中比较少见。

（二）共同价值拍卖

在共同价值拍卖中，拍卖品对于每个竞买人来说价值都是相同的，但这个价值是不确定的，不同的竞买人根据自己的私人信息分别形成各自对拍卖品的估价，从而确定自己的竞标价。由于共同拍卖中标的物的价值是不公开的，所以出价人对标的物的估价决定了谁将最终获得标的物。显然，估价最高的出价人虽然能够获得标的物，但是他的估价很有可能是过高的，所以最终中标人就有可能会遭受损失，从而陷入"赢者诅咒"。

二、实验目的

通过模拟古画拍卖来再现私人价值拍卖实验环境，让学生通过参与英式拍卖和荷式拍卖，理解英式拍卖和荷式拍卖的含义及特征，通过对两种拍卖方式结果的统计分析，比较英式拍卖和荷式拍卖的成交价格差异及其形成原因。

三、实验准备

（一）实验教室布局

本实验是以假定拍卖一幅古画来模拟私人价值拍卖的实验。实验的场地是一间敞亮的、空间较大的教室，或配有多台计算机终端系统的实验室。在教室中模拟拍卖过程时，需要配备足够的课桌椅、计算机、多媒体投影仪、黑板、粉笔、黑板擦、随机数生成软件、EXCEL 软件、若干张白纸等道具。

（二）实验分组

使用随机数软件选取 2 名同学担当实验工作人员，抽选 30 名同学为实验参与者。

（三）实验表格

根据实验要求，准备若干份实验专用纸条（表 6-15）、私人价值拍卖实验者收益记录表（表 6-16）、私人价值拍卖实验数据汇总表（表 6-17）。

表 6-15　实验专用纸条（商品估值单）

姓名：＿＿＿＿＿＿　　　编号：＿＿＿＿

实验轮次	拍卖方式	商品对你的价值	你的报价
第 1 轮	英式拍卖		
第 2 轮	英式拍卖		
第 3 轮	英式拍卖		
第 4 轮	英式拍卖		
第 5 轮	荷式拍卖		
第 6 轮	荷式拍卖		
第 7 轮	荷式拍卖		
第 8 轮	荷式拍卖		

表 6-16　私人价值拍卖实验收益记录表

姓名：＿＿＿＿＿＿　　　编号：＿＿＿＿

实验轮次	拍卖方式	商品对你的价值	你的报价	本轮收益
第 1 轮	英式拍卖			
第 2 轮	英式拍卖			
第 3 轮	英式拍卖			
第 4 轮	英式拍卖			
第 5 轮	荷式拍卖			
第 6 轮	荷式拍卖			
第 7 轮	荷式拍卖			
第 8 轮	荷式拍卖			

表 6-17　私人价值拍卖实验数据汇总表

实验轮次	拍卖方式	最高报价	最高报价者的商品估值	中标者收益
第 1 轮	英式拍卖			
第 2 轮	英式拍卖			
第 3 轮	英式拍卖			
第 4 轮	英式拍卖			
第 5 轮	荷式拍卖			
第 6 轮	荷式拍卖			
第 7 轮	荷式拍卖			
第 8 轮	荷式拍卖			

（四）实验指南

根据实验要求完成教师实验指南、实验工作人员指南和实验参与者指南，准备若干份纸质版实验参与者指南。

四、实验指南

（一）教师实验指南

1. 实验前的准备工作

在课堂实验开始之前，作为实验组织和管理者的教师应在课前准备好以下工作：

（1）仔细查阅和了解有关私人价值拍卖理论及实验的相关文献，通过查阅文献系统掌握有关私人价值拍卖实验设计的总体思路、设计框架、实验分析结果等内容，并在此基础上进行实验方案设计。

（2）实验教师运用计算机及随机数生成器软件，产生 0 到 100 之间的随机整数，以确定每位实验参与者对拍卖品的估值，并将随机生成的拍卖品估值填写于拍卖品估值单，在拍卖品估值单的第 1、3、5、7 行填上上述数字，在商品估值单的第 2 行填上 100 减去第一行数字的差值，相应地，在商品估值单的第 4、6、8 行分别填上 100 减去第 3、5、7 行的差值。

（3）将每个学生的商品估值输入 EXCEL 表，并将商品估值按照升序进行排序。

（4）准备好粉笔、黑板擦、计算器、计算机、实验者收益记录单、实验者数据汇总表、实验数据统计表等实验器材和资料。

（5）进行课堂实验设计。课堂实验设计的内容包括设定拍卖环境及物品、实验总体进程设计、实验规则和注意事项、实验的收益计算规则等。

本实验为私人价值拍卖实验，假定拍卖的物品为一幅古画，每一实验参与者偏好决定古字画的价值，而这一信息只有本人知道，但本人并不知道这幅古字画对其他实验者的价值。在这种情况下这件古字画对每个实验参与者的价值服从在（0～100）上的均匀分布，对每个实验者而言，古字画的价值可作为随机变量对待。实验者对这幅古字画的估值并不相同，每个实验者只知道自己的估价。

整个实验共进行 8 轮，每轮实验时间约为 3 分钟。前四轮实验，在拍卖时采用英式拍卖方式进行，后四轮实验采用荷式拍卖方式进行。每轮实验中实验参与者的收益计算公式如下：

收益＝拍卖品（古画）对个人的价值－拍卖时个人的报价

2. 实验过程中的管理、组织

本次课堂实验的流程如下：

（1）宣布课堂实验开始，利用多媒体设备展示或直接向学生发放纸质版的实验指南，让学生阅读了解私人价值拍卖实验的要求、规则、收益计算方法和注意事项等，同时提醒学生注意相关细节要求。

（2）利用随机数生成器或相关的随机数产生软件抽取 2 名实验工作人员，按照事先设计好的"实验工作人员指南"，明确工作人员在实验中的职责，要求实验工作人员在实验中应严格遵守中立立场，不得随意与实验参与者进行交流或透露实验参与者的相关信息。

（3）安排实验工作人员在实验室或教室中的位置，将 1 名工作人员安排在讲台黑板附近，以便于他们记录实验数据和计时，将另一名工作人员实排在实验区，让他们负责发放和收集实验收益记录表等工作，允许其自由走动。

（4）采用随机数生成器或抽奖软件选择 30 名同学做实验参与者，向每个实验者发放一张收益记录单和一张实验专用纸条，在发放实验专用纸条前，实验教师应将实验专用纸条上的数据记录在 EXCEL 中，实验专用纸条应采用随机形式发放，提醒实验实验参与者注意保密实验专用纸条上的信息。

（5）实验要求和注意事项：向实验工作人员、实验参与者说明实验要求及注意事项，重点说明拍卖程序、拍卖方式、收益计算方法等事项，提醒实验工作人员和实验参与人员不要违规。对实验参与者、实验工作人员和实验观察者进行监察、处罚。处罚必须与实验参与者的个人激励挂钩，对违规处罚的标准可视主观过错程度和对其他人的收益和实验数据的影响综合考虑。

（6）前四轮实验采用英式拍卖方式进行，每轮实验时间控制在 3 分钟以内。在英式拍卖中，以 5 元为起拍价，每个拍卖者按照每次加价 2 元报价进行，按照顺序进行报价，直到没有报价为止；后四轮实验采用荷式拍卖方式进行，每轮实验控制在 3 分钟以内，拍卖者以 100 为底价，每次报价按照 2 元递减进行报价，直到有实验参与者喊"停，我要了"为止，喊"停"的价格即为成交价。

（7）实验开始后，组织教师与工作人员要仔细观察和监督整个实验过程，及时地处理个别实验者出现的疑问，指导和督促实验参与者和实验工作人员规范地做好各项实验数据记录，并维持好整个实验过程的秩序。

（8）实验过程的记录。及时对课堂实验过程中存在的问题和学生的疑问建议加以记载，以便对课堂实验的设计方案进行进一步完善。

3. 实验结果的讨论和分析

实验结束后，引导学生对以下问题进行讨论和分析：

（1）在英式拍卖实验中，当你拥有最高商品估值 V_h，而当前喊价比次高商品估值 V_s 低 2 元时，你应该如何喊价？为什么？

（2）在荷式拍卖实验中，当你拥有最高商品估值 V_h，而当前教师喊价已低于次高商品估值 V_s 时，你是否应该喊"停"？为什么？

（3）通过实验观察比较前四轮和后四轮成交价的差异，在哪一种拍卖方式下卖方的收益大，你认为造成两种拍卖方式成交价格和卖方收益差异的原因是什么？

（4）根据分析过程指导学生撰写实验报告。实验报告应该包括实验目的、实验环境、实验设计的经济学理论、实验过程的记录、实验结果的分析、实验的主要结论等环节。

（二）实验者指南

欢迎你参加本次课堂实验，本实验是有关私人价值拍卖的实验，在实验中假定我们拍卖的是一幅古字画，每位实验参与者都可根据自己对拍卖品（古字画）的估值进行报价，并根据你的成交价计算你的收益。在实验过程中应注意以下要求和规则：

（1）每一个实验者都以追求收益的最大化为目标。

（2）在每一轮试验中，每个实验者对拍卖品的估值由实验教师运用随机数生成器软件生成，且数字为 0～100 的随机整数，每个实验者只知道自己对拍卖品的估值，而不知道其他实验者对拍卖品的估值，实验参与者之间不能交流、协商、串谋等，每一个实验参与者都应独立进行报价。

（3）实验主要分为两个阶段：第一阶段包括前四轮实验，实验采用英式拍卖方式，每轮拍卖品报价的底价为 5 元，采用递增式报价方式按每次加价 2 元的方式进行报价，出价最高者以他的最高出价获得拍卖品。第二阶段包括后四轮实验，实验采用荷式拍卖方式，每轮拍卖品报价的底价为 100 元，按照每次报价递减 2 元的方式进行报价，在每轮拍卖过程中直到第一个喊"停，我买了"的实验者，此时的报价可以获得拍卖品。

（4）在英式拍卖中，每个实验者应按照顺序报价，即你每次的报价报价必须高于前一个报价者 2 元钱；在荷式拍卖中，第一个喊出"停，我要了"的实验者为拍卖品的获得者，此时的报价为拍卖的成交价。

（5）在实验中你的收益计算公式如下：

收益＝拍卖品（古字画）对个人的价值－拍卖时个人的报价

在拍卖中当因出价最高而获得拍卖品时，请将你的报价和收益填入实验专用纸条，你的收益等于拍卖品对个人的价值减去拍卖时你的报价，将实验专用纸条上交给实验教师，实验教师记录后将实验专用纸条还给你；当你的报价不是成交价格，你没有获得拍卖品时，你本轮实验的收益为 0，不用上交实验专用纸条。

（6）本轮实验结束后，实验教师会向每个实验者重新指定你对拍卖品的估价，你对拍卖品的估价不能告诉其他实验参与者。

（7）实验收益记录后，应将实验收益记录表交给实验工作人员，以便于汇总实验数据。

（8）对实验者违反实验指南规定和程序、实验工作人员透露实验者信息等行为应进行处罚，处罚的力度以违规行为对实验数据的影响程度、对其他参与者收益的影响程度而定。

（三）实验工作人员指南

首先欢迎各位实验工作人员，你们将是这次课堂实验的工作人员。

（1）产生：由抽取扑克牌或随机数程序等形式抽选 2 名实验工作人员。

（2）分工及职责：一名实验工作负责收益记录表的发放和收缴，并负责核对实验参与者的收益。另一名实验工作人员负责实验数据的录入和汇总工作。

（3）工作注意事项：实验工作人员在实验过程中始终保持中立立场，既不能和实验参与者进行协商，也不能透露实验参与者的个人信息，以保证每一个实验参与者均能独立进行报价。

（4）收益：实验工作人员因为没有直接参与实验，所以不能获得实验收益。从考核与激励的角度来说，应该给予适当的收益。工作人员的收益应该相当于全体实验参与者的平均实验收益。

五、实验过程

（一）实验人员的选择与分组

采用抽奖软件或随机数生成器软件随机选择 30 名同学作为实验参与者。

随机选择 2 名同学做实验工作人员，承担发放实验材料、记录实验结果、汇总实验数据等工作。

（二）发放实验材料

在完成实验参与者和实验工作人员选择和分组后，由实验工作人员向每位实验参与者发放实验专用纸条、实验收益记录表等实验材料，准备开展实验。

（三）宣读实验指南

分别向实验工作人员和实验参与者宣读"实验工作人员指南"和"实验者指南"，让其明白他们在实验中的职责、作用及相应的规则、要求等内容，重点说明实验过程应注意的事项。在实验开始前，应询问实验工作人员、实验参与者是否对实验指南存在疑问，如存在疑问，实验教师应向其进行解释。在实验工作人员、实验参与者完全理解实验指南的内容和要求后，才可正式开始实验。

（四）进行前四轮（1～4 轮）实验

采用英式拍卖方式进行前四轮实验，每轮实验时间控制在 3 分钟之内，要求实验参与者根据拍卖报价及成交情况，及时记录自己的实验报价和收益，并上交给实验工作人员，在实验工作人员记录实验数据后返还给实验参与者。

（五）进行后四轮（5～8 轮）实验

前四轮实验结束后，实验参与者和实验工作人员不变，采用荷式拍卖方式进行后四轮实验，将每轮实验控制在 3 分钟以内，要求实验参与者根据拍卖报价及成交情况，及时记录自己的实验报价和收益，并上交给实验工作人员，在实验工作人员记录实验数据后返还给实验参与者。

（六）汇总实验数据

在 8 轮实验结束后，所有实验参与者向实验工作人员上交实验收益记录表，并由实验工作人员根据私有价值拍卖实验数据汇总表的要求记录、汇总实验数据，作为实验分析的基础数据和评定实验成绩的重要依据。

六、实验结果讨论和分析

（一）问题思考

实验数据汇总后，在分析实验数据之前，向学生提出以下几个问题，引导学生进行思考。

（1）在英式拍卖实验中，当你拥有最高商品估值 V_h，而当前喊价比次高商品估值 V_s 低 2 元时，你应该如何喊价？为什么？

（2）在荷式拍卖实验中，当你拥有最高商品估值 V_h，而当前教师喊价已低于次高

商品估值 V_s 时，你是否应该喊"停，我要了"？为什么？

（3）通过实验观察比较前四轮和后四轮成交价的差异，你认为在哪一种拍卖方式下卖方的收益大，为什么？

（二）实验数据汇总

统计英式拍卖和荷式拍卖下每轮实验者胜出者（中标者）的最高报价及其收益，完成私人价值拍卖实验数据汇总表（表 6-17），比较两种拍卖方式下实验参与者成交价格的差异。

（三）实验结果分析

在私人价值的英式拍卖中，参与人的优势策略是将自己的喊价定位于比先前的最高报价高出一个很小的数字，直到价格等于拍卖品的估值为止。只要拍卖品的价格低于参与者对拍卖品的估值，参与者就有利可图，当然参与人也希望支付尽可能低的价格。当喊价达到次高拍卖品估值时，除了拥有最高拍卖品估价的竞拍者就没有其他人出价了。在这种情况下，最终拍卖品会卖给具有最高商品估价的竞拍者，成交价格等于或近似等于次高商品估值。

在私人价值的荷式拍卖中，拍卖商的要价肯定从高于任何一个竞拍人估价的某个价位开始，然后要价以一定的幅度逐渐降低，直到有竞拍人应价为止。随着要价的下降，单个竞拍者失去拍卖品的可能性在增加，同时其潜在的收益也在增加，最优化要求竞拍者在这两者之间做出权衡。荷式拍卖的成交价一定低于所有竞拍者的对拍卖品的最高估价，这因为，如果要价低于次高估价而拥有最高股价的竞拍者仍不应价，而是等待要价的进一步下降，那么他就有可能失去获得拍卖品的机会，即拍卖品就有可能被拥有次高或更低估价的竞拍者买走。

1961 年，Vickery 通过拍卖实验建立了"独立私人价值模型"，在模型的假设条件的基础上，提出了计算英式拍卖与荷式拍卖的成交价格相关参数的公式，虽然他认为英式拍卖与荷式拍卖具有相同的成交平均价格，但是英式拍卖的成交价格方差小于荷式拍卖的成交价格方差。

史密斯、科宾格、考克斯等通过不同方式的私人价值拍卖实验认为：①荷式拍卖的成交价有小于或等于最优价的趋势。如果估价服从均匀分布，则荷式拍卖成交价的均值和方差与 Vickrey 纳什均衡模型预测的均值与方差无显著差异。②在所有英式拍卖实验中，成交价略高于最优价（但不显著）。这是因为出价被竞拍人抬起以致产生了接近最高估价的过度出价。如果估价服从均匀分布，英式拍卖成交价的均值和方差与模型预测的结果无显著差异。③二价密封拍卖的成交价倾向于低于最优价（但不显著）。这是因为并非所有被试都会意识到等于估价的出价是占优战略。当估价服从均匀分布时，二价密封拍卖成交价的均值和方差与 Vickrey 模型预测的结果无显著差异。一价密封拍卖的成交价显著地高于最优价，即使估价服从均匀分布，成交价的均值和方差与 Vickrey 的纳什均衡模型预测的结果均有显著差异。

第四节　共同价值拍卖实验

有学者认为，私人价值模型在其适用性上是有一定范围的，因为该模型的核心假定是拍卖品对每个出价者都有一个独立的私人价值，而现实经济中却广泛存在着拍卖品对于所有出价者是同一价值的情况，问题只是出价者如何对该拍卖品价值进行精确估计（通常这种估计是不完美的）——此即共同价值拍卖（common-value auction）。这方面最常用的例子是油井或矿产资源的开采问题，设想政府部门将石油开采权向一些石油开采商拍卖，石油储量对于石油开采商来说应当是一样的，即有一共同价值，而各开采商的出价则以其对潜在的石油储量的估计为基础。

共同价值拍卖容易出现"赢者诅咒"现象。卡蓬等（Capen et al.，1971）最早以石油开采权的拍卖为例对"赢者诅咒"进行了阐述，他认为在拍卖中估价最高者虽获得了石油的开采权，但其对石油储量的估计可能是过高的，事实上在赢得开采权之后才发现石油储量并非如其所估计的那样大，因此该"赢家"要为拍卖品价值根本不值其出价而"诅咒"。Milgrom 和 Weber（1982）在对 Wilson 的有关实验改进的基础上，在实验中证明了"赢者诅咒"的存在。许多学者还扩展了"赢者诅咒"在其他各种类型市场中的研究，例如，Samuelson 与 Bazerman（1985）对信息不对称条件下的双边讨价还价博弈中的"赢者诅咒"的研究等。

一、实验目的

通过设计拍卖储存有一定数量的储钱罐来模拟共同价值拍卖的实验环境，让学生通过参加拍卖实验，增强对共同价值拍卖的感性认识，通过观察、比较实验结果，了解实验中存在的"赢者诅咒"现象及其产生的原因，并能够对现实世界中的共同价值拍卖现象进行的理论分析。

二、实验准备

（一）实验教室布局

我们模拟了一个拍卖存储有硬币的储钱罐的公共价值拍卖实验，约有 20 位同学将参加这一拍卖模拟过程，他们在拍卖过程中的目标是尽可能获得更多的收益，收益将构成本学期实验课程成绩的一部分。

实验的场地是一间敞亮的、空间较大的教室，或配有多台计算机终端系统的实验室。如果在教室中模拟共同价值拍卖过程，需要配备足够的课桌椅、计算机、多媒体投影仪、黑板、粉笔、黑板擦、随机数生成软件、EXCEL 软件等道具。

（二）实验分组

使用随机数软件选取 2 名同学担当实验工作人员，抽选 20 为同学为实验参与者。

（三）实验材料

准备一个大概存有 10～110 元硬币的存钱罐。根据实验要求准备若干份实验者收益记录表（表 6-18）、实验专用商品商品价值表（表 6-19）、共同价值拍卖实验数据统计表（表 6-20）、共同价值拍卖实验数据汇总表（表 6-21）。

表 6-18　共同价值拍卖实验实验者收益记录表

姓名：_____　　　编号：_____

实验轮次	你的报价	硬币总和	胜出者的出价	本轮的收益
第 1 轮				
第 2 轮				
第 3 轮				
第 4 轮				
第 5 轮				
第 6 轮				

表 6-19　实验专用商品商品价值表

实验轮次	随机数	硬币的价值
第 1 轮		
第 2 轮		
第 3 轮		
第 4 轮		
第 5 轮		
第 6 轮		

表 6-20　共同价值拍卖实验数据统计表（共六张）

实验轮次：_____　　　本轮硬币价值：_____

实验者编号	本轮出价	最高出价者及出价	本轮收益

表 6-21　共同价值拍卖实验数据汇总表

实验轮次	硬币总价值	胜出者编号	胜出者的报价	生出者的收益
第 1 轮				
第 2 轮				

实验轮次	硬币总价值	胜出者编号	胜出者的报价	生出者的收益
第 3 轮				
第 4 轮				
第 5 轮				
第 6 轮				

（四）实验指南

准备若干份实验工作人员和实验参与者指南。

三、实验指南

（一）教师实验指南

1. 实验的准备

在课堂实验开始之前，作为实验组织和管理者的教师应在课前做好以下几方面充分的准备工作。

（1）参与者角色设计：本实验是模拟拍卖存有硬币的储钱罐的实验，随机抽取 20 人，扮演拍卖的竞价者，并将其编号为 A_1，A_2，A_3，…，A_{19}，A_{20}。

（2）信息设计：实验教师应提前用电脑及随机数生成器软件生成 6 个 10 到 110 之间的随机整数，作为储钱罐 6 轮拍卖的货币价值。实验教师应将随机生成的储钱罐拍卖价值填写于实验专用商品价值表，并按照随机生成的 6 个随机整数提前准备好相应的硬币。

（3）实验流程和规则设计：整个实验共有 6 轮，拍卖品为一罐硬币。在每轮拍卖中硬币数量一定，实验教师知道硬币的确切数量，每个学生不知道罐中究竟有多少硬币，但是都知道硬币数量以相同的概率分布在 10～110 范围内。学生主要通过分析储存罐的重量感知硬币数量，并根据感知的硬币数量进行报价。报价时每个竞价者将报价写在纸条上交给实验工作人员，实验工作人员将把储存罐中的硬币"卖给"每轮报价最高的实验者。每轮实验结束后，实验教师要根据抽取的随机数，重新向储钱罐中放入相应数量的硬币后，才可开展下一轮实验。

（4）交易制度设计：每个实验参与者在报价过程中只知道自己的报价，不知道其他实验者的报价情况，储钱罐最终由出价最高者获得。

（5）收益计算设计：各轮实验中每个拍卖者收益计算公式为

收益＝拍的储钱罐中硬币的总价值－拍买时个人的报价

（6）记录、公示规则设计：每一轮实验结束后留出 1 分钟时间给拍卖者计算和记录自己的收益；在每一轮实验过程结束后要对本轮拍卖成交情况进行公示。

2. 实验过程中的管理、组织

本次课堂实验的流程如下：

（1）宣布课堂实验开始，利用多媒体设备展示或直接向学生发放纸质版的实验指南，让学生阅读了解实验的要求、规则、收益计算方法和注意事项等，同时提醒学生注意相关细节要求。

（2）利用随机数生成器或抽奖软件抽取 2 名实验工作人员，按照事先设计好的"实验工作人员指南"，让工作人员明确在实验中的职责。实验工作人员在实验中严格遵守中立立场，不得随意与实验参与者进行交流或透露实验参与者的相关信息。

（3）安排实验工作人员在实验室或教室中的位置：将 1 名工作人员安排在讲台黑板附近，以便于他们记录实验数据和计时，将另一名工作人员按照在实验区，让他们负责发放和收集实验参与者的报价表、收益记录表等。

（4）实验教师采用随机数生成器软件生成 6 个 10 到 110 之间的随机整数，填入实验专用商品价值表，并准备相应数量的硬币。

（5）实验要求和注意事项，强调说明实验参与者和实验工作人员获取实验收益的必要性，其中实验参与者的收益取决于个人的拍卖结果，而实验工作人员的收益等于全体实验参与者最终收益的平均数。每个实验参与者的目标都是在实验中获得尽可能多的收益。实验参与者之间不能进行交流和协商，实验工作人员和实验参与者不得随意泄露实验参与者的个人信息等。

（6）实验开始后，教师与工作人员要仔细观察和监督整个实验交易过程，及时地处理个别实验者出现的疑问，指导和督促实验参与者和实验工作人员规范地做好各项实验数据记录，并维持整个实验过程的秩序。

（7）实验过程的记录。及时对课堂实验过程中存在的问题和学生的疑问进行记录，以便对课堂实验的方案进行进一步完善。

3. 实验结果的讨论和分析

实验结束后，引导学生对以下问题进行讨论和分析：

（1）在报价过程中，如果你的最高报价高于硬币的真实价值，你能否拍得这罐硬币，为什么？

（2）总结你的报价依据和策略，你的报价策略是否合理，为什么？

（3）最高报价是否高于硬币总价值，为什么？

（4）根据分析过程指导学生撰写实验报告。实验报告应该包括实验目的、实验环境、实验设计的经济学理论、实验过程的记录、实验结果的分析、实验的主要结论等环节。

（二）实验者指南

欢迎你参加本次课堂实验，本实验是关于共同价值拍卖的实验。在实验中，要求大家根据拍卖结果计算你的收益。在实验过程中应注意以下要求和规则：

（1）每一个实验者都以追求收益的最大化为目标。

（2）实验参与者之间不能交流、协商、串谋等，每一个实验参与者都应独立作出选择。

（3）在报价时报价必须是整数。

（4）实验收益记录后，应将实验收益记录表交给实验工作人员，以便于汇总实验数据。

（5）对实验者违反实验指南规定和程序、实验工作人员透露实验者选择信息等行为应进行处罚，处罚的力度根据违规行为对实验数据的影响程度、对其他参与者收益的影响程度而定。

（三）实验工作人员指南

首先欢迎各位实验工作人员，你们将是这次课堂实验的工作人员。

（1）产生：使用抽取扑克牌或随机数程序抽选 2 名实验工作人员。

（2）分工及职责：一名实验工作负责收益记录表的发放和收缴，并负责核对实验参与者的收益。另一名实验工作人员负责实验数据的录入和汇总工作。

（3）工作注意事项：实验工作人员在实验过程中始终保持中立立场，既不能和实验参与者进行协商，也不能透露实验参与者的个人信息，以保证每一个实验参与者均能独立作出选择。

（4）收益：实验工作人员因为没有直接参与实验，所以不能获得实验收益，从考核与激励的角度来说，应该给予适当的收益。工作人员的收益应该相当于全体实验参与者平均实验收益。

四、实验过程

（一）选择实验人员和工作人员

使用随机数软件选取 2 名同学担当实验工作人员，抽选 20 为同学为实验参与者，并将实验人员按顺序编号为 A_1，A_2，A_3，…，A_{19}，A_{20}。

（二）宣读实验指南

分别向实验工作人员和实验参与者宣读"实验工作人员指南"和"实验者指南"，让其明白他们在实验中的职责、作用及相应的规则、要求等内容。在实验开始前，应询问实验工作人员、实验参与者是否对实验指南存在疑问，如存在疑问，实验教师应向其进行解释。

（三）发放收益记录表

向每个实验者发放收益记录表，要求每个实验参与者写清自己的姓名和编号等信息。

（四）开展实验

本实验共进行 6 轮。首先让实验每个实验参与者衡量储钱罐的重量，对储钱罐中的硬币价值进行估量，然后在收益记录表上写上自己的报价。根据收益记录公式计算并记录自己的收益。

（五）汇总实验数据

在 6 轮实验结束后，所有实验参与者向实验工作人员上交实验收益记录表，并由实验工作人员进行记录、汇总，作为实验分析的基础数据和评定实验成绩的重要依据。

五、实验结果讨论和分析

（一）问题思考

实验数据汇总后，在分析实验数据之前，向学生提出以下几个问题，引导学生进行思考。

（1）在每轮实验中，你的报价和储存罐的硬币总价值相比如何？为什么会出现这样的报价？

（2）每轮实验的胜出者（中标者）报价和储存罐硬币总价的数量相比如何？你认为为什么会出现这样的情况？

（3）通过对实验数据观察，你认为公共价值拍卖在商品定价上存在什么问题？你认为导致此问题的主要原因是什么？

（二）实验数据汇总

统计每轮实验者胜出者（中标者）的报价，比较该报价和拍卖品价值的偏离情况，可同过计算胜出者报价与拍卖商品价值的偏离度来反映其报价偏离商品价值的程度，偏离度越大，说明胜出者报价偏离商品价值的程度越大。偏离度的计算公式如下：

$$报价偏离度＝胜出者的最高报价/拍卖品的价值×100\%$$

（三）实验结果分析

事实上，"赢者诅咒"不仅仅在共同价值拍卖市场中才存在，只要有不能确定价格或者质量的物品出售，并且买卖双方的信息是不对称的，就存在"赢者诅咒"发生的可能性。

卡格尔和勒温（Kagel and Levin，1986）在实验中观察到了被试过度出价的情形，而且即便赋予被试经验，其也能产生负的收益。卡格尔和勒温的处理办法是，提供被试一个初始的现金平衡，当被试在实验中失去了该平衡即要求其停止出价。汉森和洛特（Hansen and Lott，1991）指出，避免被试向实验者支付的内在保护将导致被试的强风险决策，即许多被试趋向"破产"是非对称性支付下理性行为的结果，而并非是对"赢者诅咒"的失察。林德和普洛特（Lind and Plott，1991）则在其实验中采取了另外的处理办法，即让出价者以其赢得的收益再去参加另外一项活动（可能增加收益也可能减少收益），从结果来看，"赢者诅咒"问题虽有削弱，但仍很严重。因此，他们还是倾向于以纳什均衡概念来解释实验观察现象。

但考克斯和史密斯却报告了一个"赢者诅咒"几乎消除的实验结果。他们以一种方式对标准的共同价值拍卖进行了修改，即让被试选择参加拍卖或者得到一笔确定支付，该确定支付是从一个统一分布中产生的相互独立的私人价值，每个参加者在其决策前均知晓确定支付的产生方式，但仅当其放弃获取它时才参与共同价值拍卖。实验结果是，虽然被试在没有经验时还会发生"赢者诅咒"，但当被试具有经验时，则"赢者诅咒"大为减小甚至消失。

对林德和普洛特实验与考克斯和史密斯实验相异的结果，有两种可能的解释：一是"经验效应"（experience effect），即前者中的被试缺乏共同价值拍卖的经验，而后者中的被试则具备；二是选择收入机会的结构，即前者中的被试是同时选择，而后者中的被试则只能两者居一。对于第二点，考克斯和史密斯认为，其实验处理恰是实验者所需要的，即失去确定支付的被试将力求在拍卖中成为赢家。

第七章　市场失灵实验

在微观经济学中，市场价格机制成为社会资源配置的基础性手段，通过价格和供求之间的相互作用实现资源的有效率配置，即实现帕累托最优。但这一切都建立在一系列严格假设的基础之上，包括完全竞争的市场结构、完全信息、理性经济人、不存在垄断和外部性等。而现实的市场经济中存在的大量现象都与这些严格的假设相去甚远，现实社会生活中的市场经济的效率大多都远离帕累托最优，这就是市场失灵现象。

市场失灵实验的最早尝试应该归功于张伯伦在课堂上的探索。他试图将信息不完全、买卖人数有限作为实验前提来证实完全竞争市场失灵的努力，启发了后来的经济学实验的研究者们，虽然以上两个方面现在成为经济学实验有效结论的一部分，即信息不完全和人数有限条件下的经济学实验中的市场完全可以实现竞争性均衡，但进一步拓展包括外部性、搭便车、信息不完全等导致市场失灵的现象也成为当前尤其是国内课堂实验中的主要内容。

第一节　外部性实验——"污染问题"

外部性是市场失灵的重要表现之一，就是社会成员（包括组织和个人）从事经济活动时，其成本和后果不完全由该行为人承担的现象。除了公共产品，外部性实验在国内课堂实验中也比较普遍。

本课堂实验模拟一个存在外部性的市场——一个地区的煤炭交易市场。假设煤炭只在本地交易，居民只能在本地购买煤炭作为主要燃料，而煤炭消费过程中排出的废气和残留物形成了对本地居民生活环境的污染，这就是煤炭消费的负的外部性。

一、实验目的

本实验通过让学生扮演煤炭的买入方和卖出方，直接进行煤炭交易，来模拟本地区煤炭消费中的污染及外部性对煤炭市场运作的影响。本实验的目的在于让学生深刻理解外部性的含义，分析外部性产生的原因，并思考政府在解决负的外部性问题方面的作用。

二、实验准备

（一）实验环境

我们假设一个非常简化的地区煤炭买卖市场，约有 24 位同学将参加这一市场交易的模拟过程，他们的目标是在煤炭的交易过程中尽可能获得更多的收益，收益将构成其本学期实验课程成绩的一部分。

实验的场地是一间敞亮的、空间较大的教室，或配有多台计算机终端系统的实验室。如果在教室中模拟煤炭交易过程，需要配备足够的课桌椅、多媒体投影仪、联网的计算机、电子屏幕、黑板、粉笔、黑板擦、计算器，随机数生成软件、若干张白纸、直尺等道具。

（二）实验分组

在本实验中，将全班同学分为两大组，一大组为主体性课堂实验参与者，采用随机数生成软件随机选出；另一大组为辅助性课堂实验参与者。

（三）信息卡片和表格

在本实验中，需要准备记录个人信息（表7-1、表7-2）的卡片若干、实验记录表（表7-3～表7-6）若干份、实验数据统计总表（表7-7）若干份。

表 7-1　买方信息表（样表）

买方编号	1	2	3	4	5	6	7	8	9	10	11	12
保留价格	50	48	46	44	42	40	38	36	34	32	30	28

表 7-2　卖方信息表（样表）

买方编号	1	2	3	4	5	6	7	8	9	10	11	12
保留价格	20	22	24	26	28	30	32	34	36	38	40	42

表 7-3　实验收益记录表

轮次	角色及编号	保留价格	成交价格	收益	污染成本	利润	污染税	税后利润	返税后的利润
1									
2									
3									
4									
5									
6									
7									
8									

各轮返税后的利润总额：_____　　学号：_____　　姓名：_____

注：利润＝每个人的收益－每个人的污染成本

卖出方的税后利润＝卖出方的利润－污染税

买入方的税后利润＝买入方的利润

买入方返税后的利润＝税后利润＋每个人得到的返税收入

表 7-4　第一阶段实验登记表

轮次及交易序号		卖方成本	成交价格	买方价值	卖出方收益	买入方收益	污染成本	卖出方利润	买入方净收益
第1轮	1								
	2								
	3								
	⋮								
第2轮	1								
	2								
	3								
	⋮								
第3轮	1								
	2								
	3								
	⋮								
第4轮	1								
	2								
	3								
	⋮								

表 7-5　第二阶段实验登记表

轮次及交易序号		卖方成本	成交价格	买方价值	卖出方收益	买入方收益	污染成本	卖出方利润	买入方净收益	污染税	卖出方税后利润	买入方返税后利润
第5轮	1											
	2											
	3											
	⋮											
第6轮	1											
	2											
	3											
	⋮											
第7轮	1											
	2											
	3											
	⋮											

续表

轮次及交易序号	卖方成本	成交价格	买方价值	卖出方收益	买入方收益	污染成本	卖出方利润	买入方净收益	污染税	卖出方税后利润	买入方返税后利润
第8轮	1										
	2										
	3										
	⋮										

表 7-6　实验公示栏（样表）

轮次								
成交价及次序								
双方报价	买方出价							
	卖方要价							
轮次								
成交价及次序								
双方报价	买方出价							
	卖方要价							
轮次								
成交价及次序								
双方报价	买方出价							
	卖方要价							
轮次								
成交价及次序								
双方报价	买方出价							
	卖方要价							

表 7-7　实验数据统计总表

班级：_____　　人数：_____　　时间：_____　　地点：_____

轮次	1	2	3	4	5	6	7	8
成交量								
平均成交量								
卖出方收益总额								
买入方收益总额								
污染成本总额								
卖出方利润总额								

轮次	1	2	3	4	5	6	7	8
买入方净收益总额								
双方利润总额								
污染税总额								
卖出方税后利润总额								
买入方返税后净收益总额								
返税后利润总额								

（四）实验指南

阅读教师实验指南，准备"实验者指南"和"实验工作人员指南"的电子版或纸质版，并提供给各个实验参与者和实验观察者。

三、实验指南

（一）教师实验指南

1. 实验前的准备

在课堂实验开始之前，作为实验组织和管理者的教师应在课前做好以下几方面的准备工作。

（1）参与者角色设计。本实验模拟一个地区煤炭交易的市场，随机抽取 24 人，分别由 12 人扮演煤炭消费者，12 人扮演煤炭的生产者，分别在教室实验区相对而坐，中间保持较大的空间，方便教师和学生走动。分别对消费者和生产者按照从前到后或从后到前的顺序编号，消费者的编号分别为 B_1，B_2，B_3，…，B_{11}，B_{12}；生产者的编号分别为 S_1，S_2，S_3，…，S_{11}，S_{12}。另外随机抽取 4 人作为实验工作人员，其中 2 名工人员负责分发信息卡、监督市场交易行为，2 名工作人员负责登记、公示和计时，实验结束时由 4 名工作人员共同完成实验数据的汇总和每位实验参与者收益的统计。

（2）信息设计。事先设计消费者的保留价格和生产者边际成本，在此基础上设计个人信息卡片。或者用现场随机生成的办法产生。对于前者可以通过事先设计消费者需求函数和生产者边际成本的办法产生，也可运用随机数生成器来产生两组 20~50 的随机整数，并填写在卡片上。在实验开始后，由教师或实验工作人员随机地发给买方角色编号和卖方角色编号。关于现场随机生成的办法和程序包括：先按参加者人数的一半以相同的概率分布生成与这一人数相同数量的随机数字，作为各个生产者卖出煤炭的边际成本；再按余下的参加人数，以相同的概率分布生成与余下参与人数相同的随机数字，作为各个消费者购买煤炭的保留价格或买方价值；然后再由教师将这些边际成本按随机原则派发给每位代表生产者的同学，将保留价格按随机原则分发给每位代表消费者的同学。

（3）实验流程和规则设计。整个实验的过程共 8 轮，分两个阶段，每一轮的交易时间为 8 分钟。第一阶段 1~4 轮为市场自由交易阶段，在这一阶段，买卖双方进行市场交易，但因为交易的对象——煤炭在消费过程中存在污染，所以在每单位煤炭的交易后要由消费者承担污染成本。现在假定交易的单位是1000公斤，每1000公斤煤炭在整个消费环节带来的污染成本的货币价值假定为3元/1000公斤，假设买方都生活居住在本地区，而卖方并不居住和生活在本地区。因此这个污染成本由所有买方平均承担。同时，在交易中无论每个消费者是否交易成功，都会因污染而受到损害，都必须支付因污染而带来的成本。每个人的收益都会减少，减少的数量等于污染成本。第二阶段5~8轮为政府通过征收污染税干预市场交易阶段。在这一阶段政府开始对卖方征收生产污染税，每销售1000公斤煤炭征收的污染税为3元。将征收污染税得到的收入，平均分配给村中的每一个人（即每一个参加实验的人）。

（4）交易制度设计。本次课堂实验采取的交易制度是双向拍卖制度，在每一轮实验中每一个买方和卖方都将只交易1000公斤煤炭。在实验开始后，买卖双方根据自己的保留价格轮流报价。如先由买入方同学在考虑自己的卖方价值的基础上大声宣布购买1000公斤煤炭的出价，再让卖出方同学大声宣布出售1000公斤煤炭的要价。报价必须以整数1为单位，其次，教师询问是否有人提高出价和要价，同时出价必须不断地提高而要价必须不断地降低。每一个卖出方在任何时刻都可以接受一个出价，每一个买入方也可在任何时候接受一个要价。当一位交易者接受了另一位交易者的报价时，视为接受交易，这1000公斤的煤炭交易就达成了。然后成功的交易双方根据成交的价格和污染费用，计算自己的收益并填写实验记录单（表7-3），与此同时，在每一轮中还可继续由未交易成功者进行双向拍卖，直到每一轮确定的8分钟时间结束。

（5）收益计算设计。在第一阶段（1~4轮）中每个交易者只交易1000公斤煤炭，因此在每一轮中其实验收益计算：

生产者的收益＝煤炭交易价格－边际成本（或保留价格）

消费者的收益＝保留价格（或买方价值）－煤炭交易价格－人均污染成本

在第二阶段（5~8轮）中每个交易者只交易1000公斤煤炭，因此在每一轮中其实验收益计算：

生产者的收益＝煤炭交易价格－边际成本（或保留价格）－污染税

消费者的收益＝买入方的保留价格－煤炭交易价格－人均污染成本
＋人均返还税收收入

人均污染成本＝（污染成本×本轮中成交数量）/消费者人数

人均返还税收收入＝污染税总额/消费者人数

（6）记录、公示规则设计。每一轮结束后留出2分钟时间供消费者和生产者计算自己的收益并填写实验记录单（表7-3）；在实验过程中，由实验工作人员负责买卖双方的出价、要价、成交价格等信息的公示，并进行登记（表7-4、表7-5）。

实验结果分析如第五章第一节实验一。

2. 实验过程中的管理、组织

课堂实验的流程：本次课堂实验共8轮，分两个阶段，每轮的时间为8分钟，共需要1.5节课。第一阶段1~4轮是在消费者承担污染成本的基础上进行交易的，第二阶段是在消费者承担污染成本、政府对生产者征收污染税并返还给消费者的条件下进行交易的。

每轮实验的流程：实验参与者分为买卖方就座、随机分发信息卡、讲解实验规则和流程－实验开始：进行双向拍卖，出价、要价、出价、要价、……、出现成交价，双方登记、公示，填写记录单－再进行双向拍卖－成交价、登记、记录－拍卖……本轮结束，然后开始下一轮。

本次课堂实验的规则如下。

（1）生产者和消费者的个人信息属于私人信息，不得随意向实验参与者、实验观察者、实验工作人员泄露。

（2）报价的规则是买卖双方轮流报价，在一个交易价格出现之前，消费者报价遵循的原则是"逐渐走高"而生产者报价遵循的原则是要价"逐渐走低"，直到出现成交价格，然后重新开始同样的报价过程。

（3）买卖双方在报价中出现了不能决定的相持现象，如出现了一个要价与两个以上的出价需要成交现象，或一个出价与两个以上的要价需要成交的现象，都采用抽签的办法随机决定。

（4）实验工作人员随机产生，他们在整个实验过程中保持中立立场，对公共信息要公开大声宣示，对私人信息要严格保密，要通过合适的工作方式方法做到中立。

3. 实验结果的讨论和分析

交易结束后，学生回到自己的座位上，接下来进行实验结果的讨论和分析。

首先进行实验结果的讨论。

在实验统计数据没有出来之前，可以让学生讨论以下方面的问题。

（1）假设你是煤炭消费者，而且消费煤炭带来的污染是由本地区所有居民来承担的，那么你会购买煤炭并消费它吗？如果你自己是煤炭消费的所有污染的承担者，那么你会购买煤炭并消费它吗？那么你做出消费决策的主要影响因素是什么？

（2）假设你是煤炭生产方，而且你知道煤炭的消费会带来污染。如果这个污染全部由居民而不是你来承担，你会生产并销售煤炭给这些居民吗？为什么？如果你就居住在当地，你和当地居民都是煤炭消费污染的直接承担者，那么你会生产并销售煤炭给居民吗？试考虑你生产和销售煤炭决策的主要影响因素。

（3）假设你是煤炭生产方和销售者，如果政府只对煤炭的生产征税，那么对你的生产决策影响是什么？如果政府只对煤炭的销售进行征税，对你生产决策的影响是什么？如果政府只对煤炭的消费征税对你的生产决策的影响是什么？如果政府对生产、销售和消费环节都进行征税，其后果是什么？

其次进行实验结果的分析。

（1）根据1～4轮假设数据作出理论上供求表和供求曲线，并求出理论上均衡价格、均衡数量和社会总福利水平（社会总收益）等数据。

（2）根据5～8轮的设计的数据做出理论上的需求表、需求曲线（或供给表、供给曲线），并求出理论上的均衡价格、均衡数量和社会福利总水平，同时考虑理论上政府税收对市场交易价格、数量的影响。

（3）对比第一阶段与第二阶段需求量（或供给量）的变动，需求曲线（或供给曲线）的不同，进而对比新旧均衡条件下，理论上的均衡价格、均衡数量和均衡社会总福利水平的变化，从而得出理论上政府征税对市场均衡和效率影响的主要结论。

（4）对实验中的数据进行汇总，包括两个阶段上交易价格、成交数量、消费者收益、生产者收益、社会总收益等数据，填写实验记录汇总表和核算每位同学的收益数据。

（5）对比实验与理论上数据，结合实验目的分析实验效果。如果实验结果验证了理论的预测，则本次课堂实验是有效的，如果实验结果与理论预测相差较大，则要结合实验目的、实验设计原理和实验过程对产生偏差的原因进行分析。

（6）指导学生撰写实验报告。实验报告应该包括实验目的、实验环境、实验设计的西方经济学原理、实验过程的记录、实验结果的分析、实验的主要结论等环节。

（二）实验者指南

欢迎各位同学参加这次课堂实验。

这次课堂实验我们模拟一个地区的煤炭交易的封闭市场。

1. 总体设计

在市场中，大家将通过对想象的煤炭的交易来获取收益，同时假设煤炭的规格、质量没有差别，每一位买方将按照卡片上的买方价值或保留价格购买 1000 公斤煤炭，而每一位卖方将按照卡片上的卖方成本出售 1000 公斤煤炭。我们将随机选出 4 人作为实验工作人员，随机选出至少 24 人作为煤炭交易的双方，买卖双方各为 12 人，分别在实验区的两边相对而坐。

2. 实验过程

本次课堂实验共分两个阶段 8 轮，每一轮的时间为 8 分钟，其中第一阶段 1～4 轮为自由市场交易阶段，第二阶段 5～8 轮为政府干预市场、征收生产税的阶段。

本次市场交易采用双向拍卖制度。在每一轮实验中，都由买卖双方通过双向拍卖的方式寻找成交价格，基本规则是买卖双方轮流报价，在一个成交价格出现之前，买方的报价遵循"低于买方价值、越来越高"的原则，而卖方的报价遵循"高于卖方成本、越来越低"的原则。在一个成交价格出现之后，重新开始双向拍卖，直到出现第二个、第三个成交价格，……在一轮中可以有多个成交价格。

每一轮中具体报价过程：教师宣布实验开始，先由买方任一个消费者出价，再由卖方任一个生产者要价，如果双方没有成交的可能性，买方中任一人再次进行出价，不过出价要高于前面第一次出价，然后再由卖方任一人要价，同时要价要低于前面第一次要价。在要价和出价中间交易双方都可以选择价格成交，这时交易双方的报价过程暂时中止，由工作人员检查双方成交价是否符合实验规则，如果符合则收走交易双方的信息卡进行登记，交易双方填写自己的交易记录，如果报价不符合双向拍卖的规定：交易价格低于卖方成本或高于买方价值等，则宣布交易无效，报价过程继续进行。在整个报价过程中，实验工作人员对双方的报价和成交价都在黑板上或电子屏幕上同步进行公示。每一轮实验都进行 8 分钟，所以可以有多个成交价，但同一个买方或卖方在一轮实验中只能成交一次，即只能交易 1000 公斤煤炭。

3. 实验收益

本次课堂实验模拟的是煤炭交易过程，而煤炭的消费会带来污染，污染的成本由当地所有居民来承担，我们假设承担污染的只是居住在当地并在当地生活的全体消费者，生产者只是污染的施加者，不承担任何煤炭消费带来的污染，也不考虑煤炭的生产、销售环节的污染问题。因此在交易双方的收益计算上会和前面实验中的市场有所不同。

在实验的两个阶段，收益的计算方式各不相同。

在第一阶段（1～4 轮）中每个交易者只交易 1000 公斤煤炭，在每一轮中其实验收益计算：

$$生产者的收益＝煤炭交易价格－边际成本（或保留价格）$$

$$消费者的收益＝保留价格（或买方价值）－煤炭交易价格－人均污染成本$$

在第二阶段（5～8 轮）中每个交易者只交易 1000 公斤煤炭，政府对生产者征收污染税，并对消费者返回，在每一轮中其实验收益计算：

$$生产者的收益＝煤炭交易价格－边际成本（或保留价格）－污染税$$

$$消费者的收益＝买入方的保留价格－煤炭交易价格－人均污染成本$$

$$＋人均返还税收收入$$

$$人均污染成本＝（污染成本×本轮中成交数量）/消费者人数$$

$$人均返还税收收入＝污染税总额/消费者人数$$

4. 实验流程

实验参与者分别就座、分发信息卡、讲解实验规则和流程—实验开始：进行双向拍卖，出价、要价、……、出现成交价，双方登记、公示，填写记录单—再进行双向拍卖—成交价、登记、记录—拍卖……本轮结束，然后开始下一轮。依次流程和规则完成实验 1～8 轮。

在完成所有 8 轮课堂实验后，实验参与者应该填写、完善补充实验记录单，计算各轮自己的总收益，并上缴实验收益记录单和其他信息表单。

本次课堂实验需要特别注意的规则如下：

第一，生产者和消费者的个人信息属于私人信息，不得随意向实验参与者、实验观察者、实验工作人员泄露。

第二，报价的规则是买卖双方轮流报价，在一个交易价格出现之前，消费者报价遵循的原则是"低于买方价值，逐渐走高"而生产者报价遵循的原则是要价"高于卖方成本，逐渐走低"，直到出现成交价格，然后重新开始同样的规则报价。

第三，买卖双方在报价中出现了不能决定的相持现象，如出现了一个要价与两个以上的出价需要成交现象，或一个出价与两个以上的要价需要成交的现象，都采用抽签的办法随机决定。

（三）实验工作人员指南

本次实验中随机抽取实验工作人员或市场管理人员 3～4 名，负责市场交易的管理和组织工作，包括监督检查实验参与者按照实验规则和流程参与实验，随机抽取实验者角色、收发信息卡，登记、公示（表 7-6）需要公开的交易信息，统计实验数据，汇总（表 7-7）和采用适当的方式分析实验数据等工作。

实验工作人员在实验过程中要严格中立，不得随意泄露实验参与者的私人信息。

实验工作人员的收益是全部参加实验者收益的平均数。

四、实验过程

实验过程是指整个实验的实施过程，包括实验开始后的热身练习、实验具体过程和实验数据的统计、实验结果的讨论和分析、实验报告的撰写等环节。

（一）热身练习

在开始本实验之前，请进行以下热身练习，以使学生理解实验中的交易行为和策略。

假设一个生产者提供 1000 公斤煤炭的卖方成本是 30 元，他遇到的需求者购买1000 公斤煤炭的买方价值为 45 元。

（1）如果供给者以价格 38 元卖给需求者 1000 公斤煤炭，他将得到____元利润，需求者将得到____元收益，二者共同得到____元利润（将二者的收益加总）；如果在这1000 公斤煤炭使用过程中产生的污染的成本为 5 元，则社会总利润实际为____元，如果这个成本由消费者实际承担，则消费者的实际收益是____元，如果污染成本由生产者和消费者共同承担，且平均分担污染成本，则消费者的实际收益是____元，生产者的实际收益是____元，社会总收益为____元，与不考虑污染成本相比较，社会总收益减少了____元。

（2）消费者和生产者的保留价格不变，如果双方达成的价格是 40 元买卖 1000 公斤煤炭，生产者将得到____元利润，需求者将得到____元收益，二者共同得到____元利润（将二者的收益加总）；假设在这 1000 公斤煤炭使用过程中产生的污染的成本为 5元，则社会总利润为____元，如果这个成本由消费者实际承担，则消费者的实际收益是____元，如果污染成本由生产者和消费者共同承担，且平均分担污染成本，则消费者的实际收益是____元，生产者的实际收益是____元，社会总收益为____元，与不考虑污染成本相比较，社会总收益减少了____元；现在假设对生产者生产煤炭征收污染税，则 1000 公斤煤炭征收的税收总额为____元时，社会总收益保持不变，如果政府将征收的污染税全部返还给这个污染的消费者，那么这时生产者在被征收污染税后的总利润是____元，消费者包含返税收入总的净收益为____元。

（二）实验过程

实验过程和报价规则、登记、公示的规则主要参照实验第五章第一节实验一。

本次课堂实验分为两个阶段，第一阶段 1~4 轮是自由市场交易阶段，消费者承担全部污染成本，第二阶段 5~8 轮对生产者征收污染税并返还给受污染的居民，即消费者。

（三）实验数据的统计及汇总

统计流程和规则参照第五章第一节实验一。

五、实验结果讨论和分析

（一）相关经济学理论背景

1. 市场失灵

微观经济学认为，对于任何既定的初始资源配置，在市场主体竞争性交换过程中，无论是投入品市场还是产品市场，都将导致经济上有效率的结果。福利经济学第一定理告诉我们，一个竞争性的制度是建立在消费者和生产者自我利益目标及市场价格向双方传递信息的能力基础上，通过亚当·斯密的"看不见的手"，实现资源的有效配置。福利经济学第二定理告诉我们，在消费者偏好为凸性的情况下，可以在一个竞争性过程中通过对这些资源进行适当的分配，实现有效率的资源配置。也就是说，资源要实现最有效率的配置必须依赖市场是竞争性的假设，而这个假设在现实的经济社会中几乎不存在。当市场不能实现对经济资源的有效率配置时，我们称之为市场失灵。

经济学家们公认的市场失灵现象主要有四种：垄断、不完全信息、外部性和公共产品。类似于垄断的市场势力（market power）存在，形成垄断的原因有技术上和法律上进入障碍两个方面，垄断势力存在，使得厂商自由进入和退出几乎不可能，市场竞争受到抑制，垄断厂商生产决策建立在对产量和价格操纵的基础之上，在其利润最大化目标下以较高的价格提供了较少的产量，既没有实现社会资源的充分利用，也没有对投入的资源实现有效利用，在市场效率方面是低下的。不完全信息（incomplete information）是指在市场交易主体中一些经济主体并不能掌握交易所需的所有信息，而是不完全的现象。

2. 外部性

外部性又称外部经济、外部效应，是某一经济主体的活动对另一个或一些经济行为主体产生的，一种未能由市场交易或价格体系反映出来的影响。由于这种影响是对经济活动之外的主体产生的，并且这种影响处于市场交易或价格体系之外，故称之为外部性。萨缪尔森和诺德豪森将其定义为"外部性是指那些生产或消费对其他团体强征了不可补偿的成本或给予了无需补偿的收益的情形"。

外部性可从不同角度进行分类，但最基本的还是依据外部效应所带来的后果的积极影响方面进行分类，即分为正的外部经济（或正的外部经济效应、外部经济）和负的外部经济（或负的外部经济效应、外部不经济）。外部经济就是一些人的生产或消费使另一些人受益而无法向后者收费的现象；外部不经济就是一些人的生产或消费使另一些人受损而前者无法补偿后者的现象。例如，私人花园的美景给过路人带来了美的享受，但过路人不必付费而私人花园的主人承担了生产美景的全部成本，这样私人花园的主人给路人带来外部经济效应；相反，如果你在家中大声地争吵或者音响声音太大会给你的邻居带来外部不经济。不管是正的外部效应还是负的外部效应，只要存在，私人的边际收益与成本就同社会的边际收益和成本不一致，由此导致了市场资源配置功能的扭曲和低效率。

外部性产生的领域包括生产与消费。生产的外部性就是由生产活动所导致的外部性，消费的外部性就是由消费活动带来的外部性。这样外部性就可以划分为四大类：生产的外部经济与外部不经济、消费的外部经济与外部不经济。

当存在负的外部性时，社会成本 SMC 会大于私人成本 MC（图 7-1）。如在完全竞争的市场中，生产者在考虑生产太阳能电池板时并不考虑污染所带来的全部外部成本或社会成本 SMC，只根据私人成本 MC 和 MR 决定其产量。厂商面临的

私人成本 MC 低于社会成本 SMC，必然使得厂
商的产量达到较高的 Q_1，太阳能电池板的供给
量较大，由此造成供给和需求决定的商品价格
P_1 处在较低的水平上。换句话说，在竞争市场
上，由供求关系决定的太阳能电池板的价格只
反映私人成本，即厂商实际面临的成本，不包
括厂商应支付的污染成本在内的所有成本 SMC，
因而均衡价格较低，而产量则较大。由于这些
商品的价格没有反映社会成本，造成具有不利
外部影响的商品产量过高，社会资源配置不
合理。

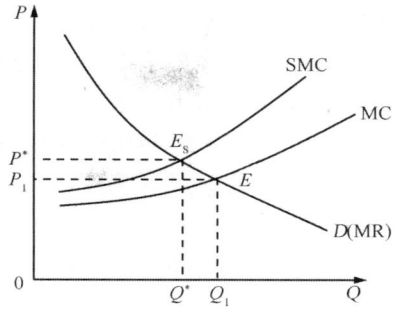

图 7-1　负的外部性条件下的成本

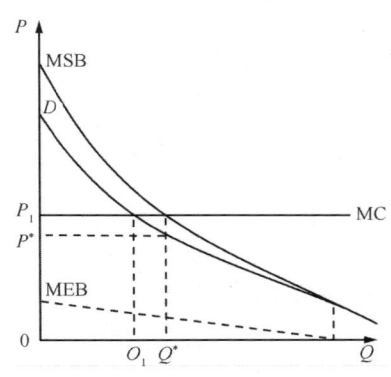

图 7-2　正的外部性条件下的收益

当存在正的外部性时，如房屋修理和美化
的外部性的例子。用图 7-2 表示，横轴表示房
屋主人修理和美化的投资。房屋修理的边际成
本显示随着修理工作的增加所需的修理成本是
水平的，因为这一成本 MC 不受修理量 Q 的影
响。需求曲线 D 衡量修理对房主的边际私人收
益。房主将选择在他的需求曲线与边际成本曲
线的交点投资 Q_1 用于修理。但是，如边际外部
收益（marginal external benefit，MEB）曲线
所示，修理给邻居带来了外部收益。在这个例
子中，这一曲线是向下倾斜的，因为在修理量

小时的边际收益大，但随着修理工作量的增加，边际收益下降。社会收益（marginal
social benefit，MSB）会大于私人收益 $D=MR$，其差额为 MEB，简言之，$MSB=D+$
MEB，有效产出水平 Q^* 处于 MSB 和 MC 曲线的交点，这时，增加修理的边际社会受
益等于这些修理的边际成本。由于房主没有得到他对房屋修理和美化投资的所有收益，
就出现了无效率。结果价格 P_1 太高，不能鼓励他对房屋修理和美化的投资达到社会理
想的水平。要鼓励达到有效率的供给水平 Q^*，就需要较低的价格 P^*。又如，沙漠绿化
会带来巨大的生态效益，因而从社会利益考虑，应该大量推广。但是沙漠林场经营者
收益可能不高，每单位经济林木产品给经营者带来的收入有限，生产规模就会相应地
缩小，导致产量较小。如投资教育的私人收益要小于社会受益，私人投资积极性不足
导致市场均衡产量少于最优数量。这是由于商品的价格没有真实反映社会收益，造成
具有正的外部性的商品供给量过低，社会资源配置也不合理。

　　当前在市场经济的实践中，解决外部性问题的基本思路是使生产和消费的私人成
本与社会成本一致，私人收益与社会收益一致。达到这个目的的手段包括以下方面。

　　（1）产权界定清晰。著名诺贝尔经济学奖获得者罗纳德·哈里·科斯提出了影响
资源配置效率的两个方面，一是资源的权利界定和有效实施，二是交易费用，后来被
人们概括为科斯定理，这一思想较为通俗地解释了外部性不影响资源配置效率的条件：

在交易费用为零、对产权充分界定并有效实施的条件下，外部性因素不会引起资源的不合理配置。或者说如果市场交易成本为零，不管权利初始安排如何，市场机制会自动使资源配置达到帕累托最优，而如果考虑到现实市场无法消除交易成本的现状，这一定理认为合法权利的初始界定和经济组织的形式的选择会对资源配置效率产生影响，这是通过产权制度调整来解决外部性的一种形式。根据这个思想，当某个厂商的生产活动危害到其他厂商的利益时，在谈判成本较小和企业资产具有明确产权的前提下，两个企业可以通过谈判或通过法律诉讼程序来解决负的外部性问题。又如，一条河的上游和下游各有一个企业，上游企业有排污权利，下游企业有河水不被污染的权利。下游企业要想使河水不受污染就必须与上游企业进行协商谈判并要求支付费用，以得到清洁的河水。如果由上游企业给予下游企业约定的赔偿，上游企业就会在花费成本治理污染和赔偿之间进行选择，通过市场交易的办法将这种生产的外部性内部化了。

（2）征税和补贴。借助于政府的税收和补贴行为来消除外部性也是经济实践中较为常用的方法。利用经济手段对产生负的外部性的生产者征收税收或罚款，将污染导致的外部成本内部化为生产者私人成本的有机组成，使私人成本提高到和社会成本一样的水平，这会对生产企业的生产经营决策产生影响：当生产者因为征收污染税而使私人成本增加时，会促使其减少产量甚至停止生产，或选择自己治理污染。解决正的外部性问题则需要补贴，对提供了正的外部性的生产者或其他经济主体给予必要的补贴，是这些经济主体的私人收益与社会收益相一致，从而鼓励他们提高这些具有正的外部经济效应的产品产量，解决资源配置不当的问题。如国家对科研教育单位、城乡医疗体制的补贴，对需要救济贫困人口和进行生态治理与环境保护的企业进行补贴，有利于他们进一步增加这种具有正的外部性经济效应产品的供给，从而推动社会经济发展和进步。

（3）立法和行政。科斯定理提供了通过市场机制解决外部性问题的思路，但在实践中清晰界定产权和进行谈判都是很难形成较为完美的解决方案的。因此，当市场用于产权界定和讨价还价的成本过高时，通过市场机制就无法有效地解决外部性问题，因此需要求助于立法和行政手段。政府采用立法手段，可以制定诸如环境保护法这样的法律并指定某个政府部门作为执法机构，规定统一的污染排放标准，对违规者进行监督和处罚，强制执行环保标准也是行之有效的解决环境中负的外部性问题的方式之一。

（二）实验结果的讨论

请本课堂实验的参与者和场外观察者讨论以下问题：

（1）比较一下存在污染和不存在污染社会总福利变化的情况。

（2）消费者承担污染成本对消费者的交易决策产生了哪些影响？

（3）政府征收污染税对生产者的生产和交易决策行为产生了什么影响？对社会总福利和市场效率产生了什么影响？

（4）政府征税然后返还给承担污染成本的消费者，对消费者的收益及交易决策有何影响？对社会总福利和市场效率有何影响？

（三）实验结果的分析

本次课堂实验结果的分析同第五章第一节实验一和实验二。

第二节　公共品供给实验——"搭便车"实验

公共产品的非排他性和非竞争性决定了人们无须购买就可以消费，这种不花钱购买而进行消费、享受的行为称为"搭便车"行为。正是"搭便车"行为的存在，严重扭曲了公共产品的市场机制，我们将通过课堂实验模拟"搭便车"现象，并探讨"搭便车"现象产生的深刻原因。

一、实验目的

本课堂实验通过让学生扮演投资者，假设投资的对象是一个公共项目和一个私人项目，两个项目的预期投资回报率存在差异，而且前者高于后者，然后让学生通过模拟进行一定量的资金的独立投资决策，根据其他投资者投资决策和行为的调整以获取收益，在实验中来理解"搭便车"现象产生的过程，分析"搭便车"产生的原因，并思考解决"搭便车"问题的措施。

二、实验准备

（一）实验环境

我们假设一个非常简化的项目投资决策市场，这个市场由具有公共产品性质和具有私人产品性质的两个项目构成，约有 24 位同学将参加这一市场投资决策的模拟过程，他们的目标是在投资决策过程中尽可能获得更多的收益，收益将构成本人本学期实验课程成绩的一部分。

实验的场地是一间敞亮的、空间较大的教室，或配有多台计算机终端系统的实验室。如果在教室中模拟市场交易过程，需要配备足够的课桌椅、多媒体投影仪、联网的计算机、电子屏幕、黑板、粉笔、黑板擦、计算器，随机数生成软件、若干张白纸、直尺等道具。

（二）实验分组

在本实验中，将全班同学分为两大组，一大组为主体性课堂实验参与者，采用随机数产生软件随机选出；另一大组为辅助性课堂实验参与者。

（三）信息卡片和表格

在本实验中，需要准备投资决策表（表7-8）的卡片若干、个人实验记录表（表7-9）若干份、实验数据统计总表（表7-10）若干份。

表 7-8　投资决策表

投资决策表
第＿＿轮 在本轮实验中，本人决定将＿＿＿＿＿元投资于 A 项目，＿＿＿＿＿元投资于 B 项目， 班级：＿＿＿＿＿姓名：＿＿＿＿＿＿＿　实验编号：＿＿＿＿＿＿＿ 地点：＿＿＿＿＿＿＿＿　时间：＿＿＿月＿＿＿日

表 7-9　收益记录表

参加者编号：_____　　参加者人数：_____

	A 项目投资额	B 项目投资额	A 项目投资收益	B 项目投资收益	总收益	净利润	A 项目投入比例
第 1 轮							
第 2 轮							
第 3 轮							
第 4 轮							
第 5 轮							
第 6 轮							
第 7 轮							
第 8 轮							

注：每轮中获得资金的成本为 3%。

表 7-10　实验记录总表

班级：_____　　参加总人数：_____　　时间：_____

	A 项目投资额	B 项目投资额	A 项目投资收益	B 项目投资收益	总收益	净利润	A 项目投入比例
第 1 轮							
第 2 轮							
第 3 轮							
第 4 轮							
第 5 轮							
第 6 轮							
第 7 轮							
第 8 轮							

注：每轮中获得资金的成本为 3%。

（四）实验指南

阅读教师实验指南，准备"实验者指南"和"实验工作人员指南"的电子版或纸质版，并提供给各个实验参与者和实验观察者。

三、实验指南

（一）教师实验指南

1. 实验前的准备

在课堂实验开始之前，作为实验组织和管理者的教师应在课前做好充分的准备工作。

在本次课堂实验中教师先要进行实验设计。本次实验模拟的内容是关于一个公共品项目和一个私人产品项目的投资决策过程。本次实验参加的人数大致规模为 20～50 人，实验工作人员 3～4 名，但为了保证实验的科学性，最好按随机原则将主体性实验人数确定在 20 人左右，班级剩余人数参加辅助性实验。

本次实验设计为 6～8 轮，时间控制在 1 节课内。在每一轮实验中，每位实验参与者有初始投资额 1000 元，假设获得这些资金的成本是 3%/次，同时假设他们只能投资于两个项目：A 项目和 B 项目，A 项目的预期收益率为 5%，B 项目的预期收益率为 10%，其中，投资 A 项目的收益计算公式为投资 A 项目数额×A 项目的预期收益率 5%＝投资 A 项目的收益；投资 B 项目的收益计算公式为 [$\sum$（投资 B 项目的数量）×10%]/投资 B 项目的人数＝B 项目投资收益，当然也可将投资 B 项目的收益计算公式设计为 [$\sum$（投资 B 项目的数量）×10%]/投资者人数＝B 项目投资收益（投资者人数为全部投资者，主要由实验设计目的决定）。

在第 1 轮实验开始后，投资者进行投资决策，填写投资决策单（表 7-8），上交投资决策单，实验工作人员计算 B 项目每个投资者的投资收益，然后公示，实验参与者填写实验记录单（表 7-9），第 1 轮结束，然后依次开始第 2～8 轮实验。

在实验过程中，每一个实验参与者的投资决策信息是私人信息，投资决策者之间保持适当的距离以防信息泄漏，同时，投资决策是由实验参与者独立作出，禁止实验参与者之间、实验参与者与非实验参与人员商量。

2. 实验过程中的管理、组织

本课堂实验的流程：宣布 1 轮实验开始—填写投资决策单—上交投资决策单，实验工作人员计算 B 项目每个投资者收益并公示—填写实验记录单——轮实验结束，开始第 2 轮，……，完成所有轮次的实验。

本次课堂实验要求实验工作人员和场外观察者严格保持中立，实验参与者的投资决策是私人信息，不得互相商量和串通。

实验收益要按照成本收益的计算方法，整个实验过程中的信息都不公开，直到全部 8 轮实验结束再公示。

3. 实验结果的讨论和分析

交易结束后，学生回到自己的座位上，接下来进行实验结果的讨论和分析。

首先进行实验结果的讨论。

在实验统计数据没有出来之前，可以让学生讨论以下方面的问题：实验参与者总结自己的报价依据和特征，从整个 1～8 轮来看在 A 与 B 项目之间投资分配决策对自己的收益有何影响？自己收益最大化的投资决策是什么？为什么？

其次进行实验结果的分析。

在本次投资决策的课堂实验中，实验结果分析应包括以下内容。

（1）假设每个投资者都是追求利益最大化的理性经济人，在不能获取其他人投资决策信息的前提下，决策过程是逐渐获取信息的过程，对于独立做出决策的投资者而言，最优的决策是多少；如果允许投资者互相商量则最优的投资决策是多少。

（2）对实验中的数据进行汇总，每一轮中两个项目中的投资额、两个项目收益和总收益的变动趋势，A 或 B 项目占总投资额的比例等数据，填写实验记录汇总表和核算每位同学的收益数据。

（3）对比实验与理论上的数据，结合实验目的分析实验效果。如果实验结果验证了理论的预测，则本次课堂实验是有效的，如果实验结果与理论预测相差较大，那么要结合实验设计、实验过程仔细分析产生的原因。

（4）指导学生撰写实验报告。

（二）实验者指南

欢迎各位幸运的同学参加本次课堂实验。我们这次实验模拟进行既定投资额下，基于不同性质项目的投资额分配决策。在投资决策中，大家将通过对投资额在 A、B 项目之间的分配以获取收益，因为 A、B 项目的差异在于项目性质和预期收益率不同。

我们将随机选出 4 人作为实验工作人员，随机选出至少 20 人作为投资决策者，分别在实验区围坐在实验桌的四周。

本次实验共 8 轮，假设每一轮为一个投资周期，可以获得预期投资收益。每一轮中每一位投资者都有 1000 元（或 100 元也可）供投资决策，获得这些资金的成本是 3％/次，分别投资于 A、B 项目，其中 A 项目投资的预期收益率为 5％，B 项目投资的预期投资率为 10％。投资 A 项目的收益计算公式是投资 A 项目数额×A 项目的预期收益率 5％＝投资 A 项目的收益；投资 B 项目的收益计算公式是 $[\sum$（投资 B 项目的数量）×10％]/投资 B 项目的人数＝B 项目投资收益，也可将投资 B 项目的收益计算公式设计为 $[\sum$（投资 B 项目的数量）×10％]/投资者人数＝B 项目投资收益。

你每轮中的净收益＝A 项目的投资收益＋B 项目的投资收益－1000 元×3％，你的总收益＝∑每轮净收益。

老师宣布第 1 轮实验开始后，投资者进行投资决策，填写投资决策单（表 7-8），上交投资决策单，实验工作人员计算你在 B 项目投资的收益，然后公示，实验参与者填写实验记录单（表 7-9），第 1 轮结束，然后依次开始第 2~8 轮实验。

在实验过程中，每一个实验参与者的投资决策信息是私人信息，投资决策者之间保持适当的距离以防信息泄漏，同时，投资的决策是由实验参与者独立作出，禁止互相商量，禁止与非实验参与人员商量。

（三）实验工作人员指南

本次课堂实验中实验工作人员或市场交易管理人员 3~4 名，随机产生。其中 2 名工作人员负责投资者投资决策表的分发和收集，监督实验参与者遵守实验规则，2 名或 1 名工作人员负责计算每一轮中每个投资者在 B 项目上的平均收益并予以公布。

在整个实验过程中，实验工作人员始终保持中立，对于接触到私人信息不得随意泄露，也不得以任何方式暗示或其他方式对投资者的投资决策施加影响。

实验工作人员的收益为全部参加实验同学收益的平均值。

四、实验过程

实验过程是指整个实验的实施过程，具体包括以下几个具体环节。

（一）热身练习（也可考虑将此环节略去）

在开始本实验之前，请进行以下热身练习，以便学生理解实验中的交易行为。

（1）假设你以 2％/次的成本获得资金 500 元，现在有两个投资项目供选择，A 项目的投资预期收益率是 3％，B 项目的投资收益率为 8％，如果你将 500 元在两个项目之间分配，你打算投在项目 A 上的资金为＿＿元，投在项目 B 上的资金为＿＿元。你在 A 项目中投资收益为＿＿元，在 B 项目中的投资收益为＿＿元，你这次投资的净利润为＿＿元。

（2）假设你以 5％/次的成本获得资金 500 元，现在有两个投资项目供选择，A 项目的投资预期收益率是 6％，B 项目的投资收益率为 10％，如果你将 500 元在两个项目之间分配，你打算投在项目 A 上的资金为＿＿元，投在项目 B 上的资金为＿＿元。你在 A 项目中投资收益为＿＿元，在 B 项目中的投资收益为＿＿元，你这次投资的净利润为＿＿元。

（二）实验过程

实验共 8 轮，每一轮进行投资决策一次，然后计算收益。每一轮的具体流程是：先进行投资额分配决策、填写投资决策表—上交投资决策表—工作人员公布你在 B 项目的收益，填写实验记录单—本轮结束。

（三）实验数据的统计及汇总

统计的数据包括每轮中每个投资者在 A、B 项目的投资额、A、B 项目的投资收益、总收益、净利润、A 项目在总投资中所占的比重等。如表 7-9、表 7-10 所示。

五、实验结果讨论和分析

（一）相关经济学理论背景

1. 市场失灵的相关理论

此部分内容看参见本章第一节实验"外部性实验"中对应的部分。

2. 公共产品

公共产品（public goods）有两个特征：非竞争性和非排他性。如果在既定的生产水平下，向一个额外消费者提供商品的边际成本为零，则该商品是非竞争性（nonrival）的。对于私人提供的大多数商品来说，生产更多商品的边际成本为正。但对有些商品来说，额外的消费者的消费行为并不增加额外的成本。如交通流量较低的公路的使用，由于公路已经存在且没有拥堵，在上面增加 1 辆车的额外成本为零。又如航行中的船对灯塔的使用，一旦灯塔建好以后并投入使用，额外增加的船只对它的使用不会增加任何运作成本。同样多一个观众对公共电视的使用成本为零。

如果人们不能被排除在消费一种商品之外，这种商品就是排他性（nonexclusive）的。其结果是，很难或不可能对人们使用非排他性商品收费——这些商品能够在不直接付费的情况下被享用。一个非排他性的典型例子是国防。一旦一个国家提供了国防，所有公民都能享受它的好处，灯塔和公共电视都是非排他性商品的例子。非排他性商品在性质上不一定是全国性的。如果一个城市彻底消灭了一种农业害虫，所有的农场主和消费者都将受益。它事实上不可能排除任何一个农场主从该计划中受益，汽车是排他性的（也是竞争性的），如果一个商人向一个消费者出售一辆车，那么该商人就排除了其他人购买该车。

有些商品是排他的，但是非竞争性的。如在交通顺畅的时候，在桥上通行是非竞争性的，因为桥上增加一辆车并不降低其他车辆行驶的速度。但桥的通行是排他性的，因为桥的管理部门可以不让人们使用它。又如电视信号的使用，一旦信号被发射，使另一个使用者接受到信号的边际成本为零，因此该商品是非竞争性的，但是信号可以通过加密而变为排他性的，然后对密码收费后再给予解密。

有些商品是非排他性的，但是竞争性的。海洋或大湖是非排他性的，但是捕鱼是竞争性的，因为它使别人付出了代价——捕得鱼越多，其他人可得到的就越少。空气是非排他的，且经常是竞争性的；但是如果一个企业的废气对空气质量及其他人享受空气的能力产生了不利的影响，空气可以是竞争性的。

非竞争性和非排他性的公共产品以零边际成本向人们提供收益，而且没有人被排除在外。

私人商品供给的有效水平是通过比较增加一单位该商品的边际收益与生产该单位商品的边际成本决定的。效率在边际收益等于边际成本相等时实现。可以用这个原则分析公共产品，但分析具体有所不同。对于私人产品，边际收益由消费者得到的收益衡量，对于公共产品，我们必须逐个询问每个人对增加一单位产出的估价，把所有消费该公共产品的人的估价加总得到边际收益。然后要判断公共产品的有效水平，必须保证这些加总的边际收益与生产的边际成本相等。

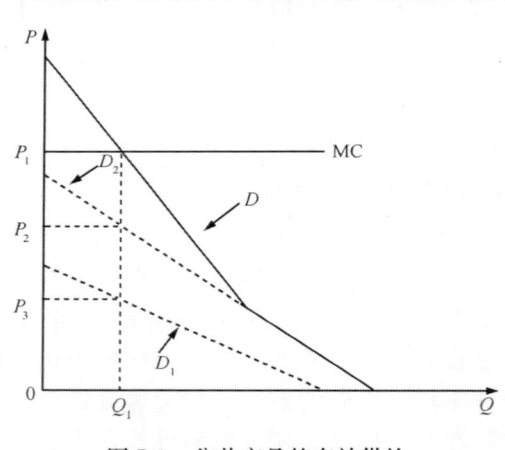

图 7-3　公共产品的有效供给

对于公共产品有效供给可以参见图 7-3，其中 D_1 代表第一个消费者对该公共产品的需求，D_2 代表第二个消费者对该公共产品的需求。每一条需求曲线告诉我们该消费者消费每一个产出得到的边际收益。例如，当有 Q_1 单位的公共产品时，第一个消费者愿意支付 P_3 得到该商品，P_3 就是边际收益，第二个消费者愿意以 P_2 的价格得到该商品。将两个消费者的需求曲线垂直相加得到该公共产品的社会总需求曲线，表示社会边际收益，所以当公共产品的产出量为 Q_1 时，社会的边际收益为 P_1，且满足 $P_1 = P_2 + P_3$。有效的产出量是社会的边际收益与边际成本相等时的产出量，在图 7-3 的例子中，生产的边际成本是 P_1，因此有社会边际收益曲线 D 与边际成本曲线的交点决定的有效产出水平是 Q_1。产出量 Q_1 是有效的产出水平，是因为当产出水平大于 Q_1 时，边际成本 MC 大于边际收益 D，而当产出水平小于 Q_1 时，边际成本小于边际收益 D，存在着帕累托改进余地，因此，只有在边际社会收益与边际成本相等时，提供的公共产品才是有效率的。

3. 搭便车现象及经济后果

公共产品的非排他性导致了搭便车行为，具体指生产者和消费者使用非排他性产品但并没有支付费用，因为他们期望其他人会支付相应的费用。免费"搭车者"的存在使得市场很难或者不可能有效地提供公共产品。如果涉及的人很少，计划又相对便宜，所有消费者或许会自愿同意分摊成本。但是当涉及的消费者很多时，自愿的私人安排常常是无效率的，公共产品要想有效率地生产，就必须由政府补助或者政府提供。

由于公共产品的非排他性和非竞争性，市场上公共产品供给上"搭便车"的行为便无法得到有效制止，其市场供给是无效率的，所以，一般公共产品由政府来提供，但又有私人提供的情况。政府提供公共产品并不等于政府生产全部公共产品，如果单纯由政府来提供公共产品，往往也会出现低效率的现象。因此，政府的职能是提供公共产品而不是生产公共产品。对于某些准公共产品，政府常常是通过预算或政策安排给企业甚至私人企业进行生产。此外，政府也可通过对生产公共产品的企业进行补贴的方式来鼓励公共产品的生产。公共产品提供的方式主要有以下几种方式：①政府提供。政府直接向公民提供各种公共品，这是现实生活中最为普遍的现象，如国防、安全、公共道路、给排水设施等。②政府与私营企业签约提供公共产品。国家与企业签订契约，这也是现实经济中最为普遍的一种公共产品的提供方式。这类公共产品主要涉及具有规模经济效应的自然垄断产品，如大部分基础设施。国家可以允许私人企业以建设-经营-转让方式参与公共基础设施建设同时提供服务。③政府授予私营机构经营权。政府将现有的公共基础设施以授予经营权的方式，委托给私人公司经营，如自来水公司、供电公司等，此外政府将城市卫生管理、绿地维护、市政设施维护等业务委托给私人公司经营以提供公共服务。④政府为提供公共产品和公共服务的私营企业提供补贴。如补助津贴、优惠贷款、减免税收等，政府提供财政补贴的主要领域是科学技术研发、基础性研究、教育、卫生、保健、公共图书馆等。⑤私人提供。一些可以收费的服务的提供一般由私人来提供，如高速公路、私人灯塔等一般由私人企业生产并以政府监督条件下的收费来弥补成本，从而提供公共产品和公共服务。

（二）实验结果的讨论

请本课堂实验的参与者讨论以下问题。

（1）在实验过程中，你是否通过收益的变化发现了"搭便车"的可能性？

（2）你在投资决策时主要考虑哪些因素？

（3）你有没有考虑你的投资决策与别人相关呢？

（4）你在投资过程中的决策策略有没有调整，为什么？

（三）实验结果分析的步骤

第一步，首先分析理论上基于公共产品性质的项目和私人产品性质的项目区分，作为 20 人组成的社会最优的投资决策，包括理论上投资 A 项目上的比重和最大化的投资收益。

第二步，对全部实验数据进行汇总，如表 7-10。

第三步，对比理论与实验中最优投资额和最大化的投资收益，并得出实验结论。

第四步，对实验结果偏离均衡值的现象进行原因分析，总结实验结果，撰写实验报告，完成本次课堂实验。

第三节　信息不对称与逆向选择课堂实验

信息不对称是指在市场交易中一方交易者知道另一方不知道的信息的现象。信息不对称意味着拥有较多信息的人可以通过隐瞒信息和歪曲信息获利，最终造成了市场上交易价格的扭曲，从而导致市场配置资源的低效率。这类实验也是市场失灵课堂实验的重要内容。

一、实验目的

本次课堂实验模拟二手自行车市场的交易。市场上二手车有两种：一种是质量好的自行车，另一种是质量差的自行车（又称为柠檬①）。通过让学生扮演自行车的卖买双方模拟二手自行车市场的交易，希望达到以下目的：清楚市场交易的结果取决于交易信息的多少及谁掌握了信息；市场交易中，交易者只会公布对他们有利的信息；探讨不对称信息所带来的市场失灵，即逆向选择问题等。

二、实验准备

（一）实验环境

我们假设一个非常简化的二手自行车的交易市场，约有 20 位同学将参加这一市场交易的模拟过程，他们的目标是在二手自行车交易过程中尽可能获得更多的收益，并且收益将构成本学期实验课程成绩的一部分。

实验的场地是一间敞亮的、空间较大的教室，或配有多台计算机终端系统的实验室。如果在教室中模拟二手自行车交易过程，需要配备足够的课桌椅、多媒体投影仪、联网的计算机、电子屏幕、黑板、粉笔、黑板擦、计算器，随机数生成软件、若干张白纸、直尺等道具。

（二）实验分组

在本实验中，将全班同学分为两大组，一大组为主体性课堂实验参与者，采用随机数生成软件随机选出 20 人构成；另一大组为辅助性课堂实验参与者，为全班的剩余同学；在整个实验过程中配备实验工作人员 4 名。

（三）信息卡片和表格

在本实验中，需要准备记录个人信息（表 7-11、表 7-12、表 7-13）的卡片若干、个人实验记录表（表 7-14、表 7-15）若干份、实验数据统计总表（表 7-16）若干份。

---

① 柠檬在美国俚语中的意思是"次品"或者"不中用的东西"。

表 7-11　个人信息卡片（设计样表）

个人信息	个人信息
角色及编号：S_3 好车的保留价格：1500 元； 柠檬的保留价格：100 元	角色及编号：B_3 好车的保留价格：2800 元； 柠檬的保留价格：500 元

表 7-12　买卖方的个人信息设计表（样表）

买方编号	B_1	B_2	B_3	B_4	B_5	B_6	B_7	B_8	B_9	B_{10}
买方保留价格 1	2800	2880	2860	2840	2820	2800	2780	2760	2740	2720
买方保留价格 2	600	590	580	570	560	550	540	530	520	510
卖方编号	S_1	S_2	S_3	S_4	S_5	S_6	S_7	S_8	S_9	S_{10}
卖方保留价格 1	1500	1510	1520	1530	1540	1550	1560	1570	1580	1590
卖方保留价格 2	200	210	220	230	240	250	260	270	280	290

注：本表中买卖方保留价格 1 是针对质量较好的车；买卖方保留价格 2 是针对柠檬而言的。

表 7-13　买方报价单

轮次	编号	姓名	保留价格 1	保留价格 2	你的出价
第 1 轮					
第 2 轮					
第 3 轮					
第 4 轮					
第 5 轮					
第 6 轮					
第 7 轮					
第 8 轮					
第 9 轮					
第 10 轮					

表 7-14　收益记录单

轮次	角色及编号	好车保留价格	柠檬保留价格	成交旧车质量	成交价格	收益
1						
2						
3						
4						
5						
6						
7						
8						
9						
10						

各轮收益总额：_____　学号：_____　姓名：_____

表 7-15 价格公示栏

第＿轮
买方编号及报价：
成交卖方编号及报价：
第＿轮
买方编号及报价：
成交卖方编号及报价：

表 7-16 实验登记总表

第＿＿＿轮										
交易序号	卖方编号	卖方好车保留价格	卖方柠檬保留价格	成交旧车质量	成交价格	买方编号	买方好车保留价格	买方柠檬保留价格	卖出方收益	买入方收益
1										
2										
3										
4										
5										
6										
7										
8										

第＿＿＿轮										
交易序号	卖方编号	卖方好车保留价格	卖方柠檬保留价格	成交旧车质量	成交价格	买方编号	买方好车保留价格	买方柠檬保留价格	卖出方收益	买入方收益
1										
2										
3										
4										
5										
6										
7										
8										

（四）实验指南

阅读教师实验指南，准备"实验者指南"和"实验工作人员指南"的电子版或纸质版，并提供给各个实验参与者和实验观察者。

三、实验指南

（一）教师实验指南

1. 实验前的准备

在课堂实验开始之前，作为实验组织和管理者的教师应做好充分的准备工作，这些工作包括以下方面。

（1）参与者角色设计。本实验模拟一个二手自行车交易的市场，随机抽取 20 人，其中由 10 人扮演二手自行车买方，10 人扮演二手自行车卖方，分别在教室实验区相对而坐，中间保持较大的空间，方便教师和学生走动。分别对消费者和生产者按照从前到后或从后到前的顺序编号，消费者的编号分别为 B_1，B_2，B_3，$\cdots$，B_9，B_{10}；生产者的编号分别为 S_1，S_2，S_3，$\cdots$，S_9，S_{10}。另外随机抽取 4 人作为实验工作人员，2 名工人员负责分发信息卡、监督市场交易行为，2 名工作人员负责登记、公示和计时，实验结束时由 4 名工作人员共同完成实验数据的汇总和每位实验参与者收益的统计。

（2）信息设计。可采用事先设计的方法来形成消费者的保留价格和生产者边际成本，并以此为基础设计个人信息卡片。或者采用现场随机生成的办法产生。对于前者可以通过事先设计消费者需求函数和生产者边际成本的办法产生，后者可运用随机数生产器来产生（具体办法参照本章第一节实验的实验设计）。

首先形成买卖双方个人信息的总体设计，具体样本（表 7-12），总体数据的设计要注意买卖双方成交的可行性，卖方保留价格要能够区分好自行车与柠檬的质量。同时将买方信息和卖方信息按照表 7-11 的样表设计成卡片。也可将保留价格 1 和保留价格 2 分别设计成卡片，然后按照随机性原则分发给每位买方或卖方。

（3）实验流程和规则设计。整个实验的过程共 10 轮，每一轮的交易时间为 3 分钟，并将整个课堂实验的时间控制在一节课内。在每一轮中，每一名买方和卖方只能交易 1 辆自行车。

（4）交易制度设计。本次课堂实验采取的是买方报价的标签价格交易制度，在每一轮实验中先由所有买方报价，然后将报价写在本轮的报价单（表 7-13）上交给工作人员，由工作人员将买方编号及报价公布在公示栏（表 7-15）中。然后让卖方按照一定的次序（用抽签方法确定）选择成交价，同时工作人员及时进行登记，买方和卖方填写自己的收益记录表，计算自己的收益。

（5）收益计算设计。在每一轮中每个交易者只交易 1 辆二手自行车，在每一轮中实验收益计算方式如下：

卖者的收益＝成交价格－边际成本（或保留价格）

买者的收益＝保留价格（或买方价值）－成交价格

（6）记录、公示规则设计。每一轮结束后留出 1 分钟时间供买方和卖方计算自己的收益并填写实验记录单（表 7-5）；在实验过程中，由实验工作人员负责买卖双方的出价、要价、成交价格等信息的公示（表 7-14）和登记。

实验结果分析和第五章第一节实验一相似。

2. 实验过程中的管理、组织

课堂实验的流程：本次课堂实验共 10 轮，每轮的时间为 3 分钟，控制在 1 节课内。

每轮实验的流程：实验参与者分为买方和卖方就座、随机分发信息卡、讲解实验规则和流程—实验开始，买方报价、填写报价单—公示报价—卖方按顺序报价，选择成交价—双方登记、公示，填写记录单，本轮结束，然后开始下一轮。

本次课堂实验的规则如下。

（1）生产者和消费者的个人信息属于私人信息，不得随意向实验参与者、实验观察者、实验工作人员泄露。

（2）报价实行的是买方报价的标签价格制度。报价规则是买方先报价，并将报价由工作人员公示在黑板上或电子屏幕上，卖方按照一定的次序选择成交价。

（3）买卖双方在报价中出现了不能决定的现象时，如出现了一个要价与两个以上的出价需要成交现象，或一个出价与两个以上的要价需要成交的现象，都采用抽签的办法随机决定。

（4）实验工作人员随机产生，在整个实验过程中保持中立立场，对公共信息要公开大声宣示，对私人信息要严格保密，要通过合适的工作方式方法做到中立。

3. 实验结果的讨论和分析

交易结束后，学生回到自己的座位上，接下来进行实验结果的讨论和分析。

首先进行实验结果的讨论。

在实验统计数据没有出来之前，可以让学生讨论以下方面的问题。

（1）作为一个卖方，你是否每次都能顺利成交？如果不能成交，你认为原因是什么？

（2）作为一个买方，你是否每次都能顺利成交？如果不能成交，你认为原因是什么？

（3）在整个实验过程中，成交价格的走势什么？这一走势规律后面的原因是什么？

（4）在整个实验过程中，你认为成交数量有怎样的变化趋势？如何解释？

（5）你认为这样的旧车交易市场是否有效率？如果认为该市场是低效率的，那么应该如何进行改进以提高这类市场的运行效率？

其次进行实验结果的分析。

（1）根据设计数据求出理论上的均衡价格、均衡数量和社会总福利水平（社会总收益）等数据。

（2）对实验中的数据进行汇总，包括交易价格、成交数量、消费者收益、生产者收益、社会总收益等数据，填写实验记录汇总表和核算每位同学的收益数据。

（3）对比实验与理论上的数据，结合实验目的分析实验效果，如果实验结果验证了理论的预测，则本次课堂实验是有效的，如果实验结果与理论预测相差较大，则要结合实验目的、实验设计原理和实验过程对产生偏差的原因进行分析。

（4），指导学生撰写实验报告。

（二）实验者指南

欢迎各位同学参加本次课堂实验。在这次课堂实验中，我们模拟进行二手自行车市场的交易。在交易中，大家将通过对想象的二手自行车的交易来获取收益，同时假设二手自行车在质量上分为好车和坏车两种，其他方面没有差别，每一位买方将按照卡片上的保留价格购买 1 辆二手自行车，而每一位卖方将按照卡片上的保留价格卖出 1 辆二手自行车。我们将随机选出 4 人作为实验工作人员，随机选出至少 20 人作为二手自行车交易的双方，买卖双方各为 10 人，并分别在实验区的两边相对而坐。

实验共分 10 轮，每轮的时间为 3 分钟，整个实验过程持续一节课。

1. 个人信息的含义

在实验开始之前，你将按照随机原则抽取你在这次实验中的信息卡片，如果你的信息卡上面标明"B_3"字样，表明你是这次二手自行车交易市场课堂实验中的买方，编号为"3"，如表 7-11 中的样表中买方的个人信息，"好车的保留价格：2800 元"表示你愿意以 2800 元购买一辆"好的"二手自行车，"柠檬的保留价格：500 元"表示你愿意以 500 元购买一辆"坏的"、质量差的二手自行车；如果你的信息卡上面标明"S_3"字样，表明你是这次二手自行车交易市场课堂实验中的卖方，编号为"3"，如表 7-11 中的样表中的卖方的个人信息，"好车的保留价格：1500 元"表示你愿意以 1500 元出售一辆"好的"二手自行车，"柠檬的保留价格：100 元"表示你愿意以 100 元出售一辆"坏的"、质量差的二手自行车。

实验前的随机抽签活动确定了你在本次课堂实验 10 轮实验中的角色，在后面每轮实验中你有机会得到不同的编号和不同的好车与柠檬的保留价格，但买方与卖方的角色始终保持不变。在整个实验过程中个人信息卡片上的信息属于私人信息，但市场上有"好的"和"柠檬"两种二手自行车是人人知晓的公开信息。

2. 实验的流程及规则

当角色确定后并在教室中的实验区就座，老师宣布实验开始，先进行第一轮，首先由买方报价，报价的必须是"1"的倍数，报价必须低于自己的买方保留价格，如果你的报价低于好车保留价格但高于柠檬的保留价格，你将面对卖方提供的"好的"和"柠檬"两种类型二手自行车的供给，所以你必须思考好自己策略好进行报价。所有的卖方报价必须通过填写报价单（表 7-13）对交易行为加以确认，由工作人员在黑板或屏幕上进行公示（表 7-15）。其次由卖方按照顺序（比如，S_1，S_2，S_3，…）在已经公布的买方报价中进行选择，确定成交价格，并由工作人员予以登记和公示，确认成交价有效。买卖双方填写实验收益记录单（表 7-14），计算自己的收益，这样第一轮结束，然后重新按照随机原则、按照买方和卖方重新分发信息卡，按照第一轮的规则和程序进行第二轮、第三轮，……，第十轮，整个实验结束，然后进入实验数据汇总和分析，进行实验结果分析，撰写实验报告，整个课堂实验结束。

3. 实验收益的计算

在每一轮中每个交易者只交易 1 辆二手自行车，在每一轮中实验收益计算方式如下：

$$卖者的收益＝成交价格－边际成本（或保留价格）$$

买者的收益＝保留价格（或买方价值）－成交价格

记录、公示规则设计：每一轮结束后留出 1 分钟时间供买方和卖方计算自己的收益并填写记录单（表 7-14）；在实验过程中，由实验工作人员负责买卖双方的出价、要价、成交价格等信息的公示（表 7-15）和登记。

4. 实验数据的汇总和实验结果分析

整个实验结束后，实验参与者完善自己的实验收益记录单，实验工作人员进行数据汇总和实验数据的分析，并进入实验结果分析，主要思考和总结实验过程中实验参与者的行为和决策策略，并参与实验数据的分析，得出实验结论，撰写实验报告。

5. 特别注意事项

第一，生产者和消费者的个人信息属于私人信息，不得随意向实验参与者、实验观察者、实验工作人员泄露。

第二，报价实行的是买方报价的标签价格制度。报价规则是买方先报价，并将报价由工作人员公示在黑板上或屏幕上，卖方按照一定的次序选择成交价。

第三，买卖双方在报价中出现了不能决定的现象时，如出现了一个要价与两个以上的出价需要成交现象，或一个出价与两个以上的要价需要成交的现象，都采用抽签的办法随机决定。

（三）实验工作人员指南

本次实验中 1～10 轮课堂实验中随机抽取 4 工作人员或市场交易管理人员，其中 2 人负责个人信息的随机发放，收取买方的报价单（表 7-13），并随时监督买卖双方报价是否符合本次课堂实验要求和规则；2 名工作人员负责报价单的登记和在黑板上或大屏幕上的公示，确认成交价格等；实验结束后 4 名工作人员负责整个实验数据的汇总、个人收益的汇总等工作，提供进行实验结果讨论分析和实验报告写作的实验数据。

在整个课堂实验过程中，实验工作人员要严格保持中立立场，不得随意泄露实验中的私人信息。

实验工作人员的收益相当于全部参加实验同学的平均收益。

四、实验过程

实验过程是指整个实验的实施过程，包括实验开始后的热身练习、实验具体过程和实验数据的统计、实验结果的讨论和分析、实验报告的撰写等环节。

（一）热身练习

在开始本实验之前，请进行以下热身练习，以便学生理解实验中的交易行为。

假设市场上有很多个供给者提供"好的"二手自行车和"柠檬"（或坏的二手自行车），他们的保留价格如表 7-17 所示。

表 7-17　卖方保留价格信息表

卖方编号	S_1	S_2	S_3	S_4	S_5	S_6	S_7	S_8	S_9	S_{10}
卖方"好车"保留价格	1620	1650	1680	1530	1540	1550	1460	1400	1380	1290
卖方"柠檬"保留价格	120	125	130	135	140	145	150	155	160	165

作为二手自行车的需求者购买一辆"好的"二手自行车的保留价格为 2000 元，购买一辆"柠檬"二手自行车的保留价格为 480 元，同时消费者只知道供给者有两种不同质量的自行车，但并不知道供给者卖给他的是哪一种，存在所谓的信息不对称现象。

（1）如果需求者以价格 1500 元购买一辆二手自行车，这个需求者将面临的供给量是＿＿辆；如果生产者 S_8 提供"好的"二手自行车将得到＿＿元利润，如果提供"柠檬"二手自行车他将得到＿＿元利润，相比之下，生产者 S_8 会提供＿＿（"好的"/"柠檬"）二手自行车而得到＿＿元利润。正是考虑到生产者的上述决策，消费者会将报价＿＿（提高/降低）以降低风险。如需求者将报价确定为 1400 元购买一辆二手自行车，则这个需求这面临的市场供给量为＿＿辆，"好的"二手自行车的供给量＿＿（增加/减少），对于生产者 S_9 来说，提供"好的"二手自行车将得到＿＿元利润，如果提供"柠檬"二手自行车他将得到＿＿元利润，相比之下，生产者 S_9 会提供＿＿（"好的"/"柠檬"）二手自行车而得到＿＿元利润，对于生产者 S_{10} 来说，提供"好的"二手自行车将得到＿＿元利润，如果提供"柠檬"二手自行车他将得到＿＿元利润，相比之下，生产者 S_{10} 会提供＿＿（"好的"/"柠檬"）二手自行车而得到＿＿元利润。

（2）其他条件保持不变，如果需求者提高自己的报价，比如报价为 1800 元购买一辆二手自行车，这个需求者将面临的供给量是＿＿辆；如果生产者 S_2 如果提供"好的"二手自行车将得到＿＿元利润，提供"柠檬"二手自行车他将得到＿＿元利润，相比之下，生产者 S_1 会提供＿＿（"好的"/"柠檬"）二手自行车而得到＿＿元利润，同样对于生产者 S_3 而言，如果提供"好的"二手自行车将得到＿＿元利润，提供"柠檬"二手自行车他将得到＿＿元利润，相比之下，生产者 S_3 会提供＿＿（"好的"/"柠檬"）二手自行车而得到＿＿元利润。

请思考以上厂商报价的决策过程，消费者选择自己在实验中的决策策略，思考消费者如何进行选择才能获得最大的收益。

（二）实验过程

本次课堂实验共 10 轮，每一轮 3 分钟，时间控制在一节课之内。

实验准备阶段主要内容是进行本次不对称信息条件下逆向选择实验的设计，主要包括买卖双方保留价格等信息设计、市场交易价格制度的设计和实验规则的设计等，还包括实验人员的抽取、分组、各种信息表格、实验指南的准备；实验室或教室实验区的布置等。

每一轮实验具体过程：教师宣布实验开始后，第一步，买方先报价，填写报价单并由工作人员进行登记并公示；第二步，卖方按照已经确定的顺序确定成交价，并予以登记和公示；第三步，填写实验收益记录单，上缴相关表格，这一轮实验结束。

当全部 10 轮实验完成后，由工作人员进行实验数据的汇总和分析，并在老师的指导下进行实验结果分析，得出实验结论，完成实验报告。

（三）实验数据的统计及汇总

本次实验数据的汇总按本实验表 7-16 进行。

五、实验结果讨论和分析

（一）相关经济学理论背景

1. 信息不对称

信息不对称就是指在互相对应的经济主体之间信息分布不均匀、不对称的现象，简单地说就是有些人掌握的信息比另外一些人更多一些。2001 年三位美国经济学家约瑟夫·斯蒂格利茨、乔治·阿克洛夫和迈克尔·斯彭斯三人因为"对不对称信息市场理论做出的拓荒性贡献"而获得当年的诺贝尔经济学奖，信息不对称理论集中反映在信息经济学中。

信息不对称理论认为，市场中卖方比买方更了解有关商品的各种信息。信息不对称条件下经济主体面对的实际情况包括：掌握更多信息的一方通过向信息缺乏一方传递可靠信息而在市场中获益；买卖双方中拥有信息较少的一方会努力从另一方获取信息；市场信号显示在一定程度上可以弥补信息不对称问题；信息不对称是市场经济的不足；要想减少信息不对称对经济产生的危害，政府应该在市场体系中发挥有效作用。这一理论目前广泛应用在劳动力市场、信贷市场、保险市场等经济学领域，其解释力被越来越多的经济学家所接受。

在现实的市场经济中，信息不对称现象形成了信息不对称市场，其基本形式可划分为三个方面：①买主与卖主之间信息差别而产生的信息不对称市场；②买主与买主之间因为信息差异而产生的信息不对称市场；③卖主与卖主之间因信息差别而产生的信息不对称市场。

在自由市场经济理论中，信息不对称否定了信息完全的假设，解释了经济社会事实上的市场失灵产生的部分原因，如在企业家市场中，董事会和管理层之间的信息不对称就导致了企业治理问题。同时，信息不对称导致资源配置偏离帕累托最优状态，不对称信息的存在使得要素市场、产品市场很难能够以一种有效的方式来配置资源，严重的时候还会导致市场失灵。信息不对称还可能导致败德行为（或道德风险，moral hazard），由于信息不对称，占有信息较多的一方就存在一种不当获利的机会，即凭借自己的信息优势来误导、欺骗另一方，使自己获利而他人利益受损。这种占有不对称信息的现象在现实的经济社会中大量存在，造成了经济的低效率。

2. 逆向选择

逆向选择是指由于交易双方信息不对称而导致市场价格下降产生的劣等品驱逐优等品的现象，进而导致交易市场中产品质量或服务的平均质量下降的现象。在资金信贷市场上，逆向选择主要是指那些信用等级较低而风险较大的融资者恰恰就是那些寻求资金最积极而且最易可能获得资金的人，因为在信贷市场，作为贷出资金的金融机构往往是通过提高利率来降低风险的，但提高贷款利率的结果使那些风险较小的融资者往往会因为贷款成本上升而退出市场，而对于高利率不在乎的往往是那些融资项目风险较大的融资者，这种通过利率来降低风险的机制在这里是失灵的。类似的情况包括保险的购买市场、雇佣市场、二手车的市场等。

逆向选择导致市场价格信号是扭曲的，市场机制无法有效运作，当市场中出现大量的逆向选择现象时，人们就会失去对市场的信任，市场就会消失。

3. 道德风险

道德风险是 20 世纪 80 年代西方经济学家提出的一个经济哲学范畴的概念，即"从事经济活动的人在最大限度地增进自身效用的同时作出不利于他人的行动"。一般根据契约经济学的理解，道德风险是指交易双方在签订契约后，占据信息优势的一方在使自身利益最大化的同时损害了处于信息劣势的一方的利益，而且并不承担由此造成的全部负面后果的行为。

在经济活动中，道德风险问题相当普遍。2001 年诺贝尔经济学奖获得者斯蒂格利茨在研究保险市场时，发现了一个经典的例子：美国一所大学学生自行车被盗比率约为 10%，几个有经营头脑的学生发起了一个对自行车的保险，保费为保险标的物的 15%，按常理，这几个经营的同学应该获得 5% 左右的利润，但该保险运作一段时间之后，这几个学生发现自行车被盗的比率迅速提高到 15% 以上，那么是什么原因造成了这种现象？斯蒂格利茨通过分析发现，自行车投保后学生们对自行车的安全防范措施明显减少。在这个例子中，投保的学生由于不完全承担自行车被盗的风险后果，因而采取了对自行车安全防范的不作为，这种不作为行为就是道德风险的一种表现。

道德风险分隐藏行为的道德风险和隐藏信息的道德风险。隐藏行为是指签约后，委托人无法直接观测到代理人的行动本身和自然状态本身，代理人因为有合同的保障，很可能为了自身利益而采取一些不利于委托人利益的行动。因为一旦签约，委托人就不可能全面细致地了解代理人行为，同时也无法有效地监督。产生这种隐藏行为道德风险的一个重要前提条件是合同的不完备性，即双方的权利义务不可能完全反映到合同中。而监督的有效性除了取决于监督方法方式的有效性外，也包括监督成本必须控制在一定范围之内。隐藏信息的道德风险是指签约时无法获得，签约后，一些不利于委托人利益的信息逐渐显现的现象。如企业雇主在雇佣员工时是在劳动力市场上通过面试方式进行的，求职者提供的一些"有利于自己求职成功"的信息而隐藏了诸如劳动态度、劳动能力、精神状态等方面信息，而这些信息则是直接影响员工工作效率的主要方面，如果不能准确地通过面试环节最大限度地获取，那么这种隐藏信息的后果是如果不能通过管理进行抵消，则低的工作效率直接影响雇主的利益。所以，试用期的规定、相同工作经历等都是能够减少这些隐藏信息的有效手段。

道德风险产生的根本原因是信息不对称。假定信息都是对称的，在家庭财产保险市场上，保险公司就会知道投保人在防范财产被盗时的努力程度，从而据此收取合理的保险费；在企业家市场上，董事会根据总经理的努力程度来确定总经理的报酬，总经理就不会因为宏观经济状况良好，在不付出努力的情况下得到较高的报酬。以保险市场为例，如果人人存在道德风险，那么投保事件发生的概率就提高了，保险公司被迫增加保费，但在保险公司增加保费以后，只有道德风险更严重的人才会继续投保，迫使保险公司进一步提高保费，这样一直循环下去，理论上保险公司的保费达到100％，这时就不会有人投保，保险市场将会消失。

4. 柠檬市场

1970 年，31 岁的经济学家乔治·阿克洛夫发表了论文《柠檬市场：质量不确定性和市场机制》，成为研究信息不对称理论的经典论文之一，开创了逆向选择理论研究的先河。在论文中，他首次提出了"柠檬市场"的概念，现在，"柠檬"已成为经济社会大家熟知的一个隐喻，即"次品"或"不中用的东西"。

柠檬市场也叫次品市场，是指信息不对称的市场，产品的卖方对产品质量拥有比买方更多的信息。在极端情况下，市场会逐步萎缩甚至消失，这就是产品市场中的逆向选择现象的后果。阿克洛夫在《柠檬市场：质量不确定性和市场机制》的论文中提供了一个二手车的案例，指出在二手车的市场上，卖主拥有比买主更多的关于二手车质量的信息，两者之间存在信息的不对称，买卖双方的利益独立决定了买方肯定不会相信卖方对质量等方面的信息供给，买者唯一的办法是压低价格以避免信息不对称带来的风险损失。买者降低买价的结果是卖方不愿意提供高质量的产品，市场上只剩下质量更低下的次品，高质量的产品被逐出市场，最后导致二手车市场的萎缩。

柠檬市场的存在是由于交易一方并不知道商品的真正信息，只能通过市场上平均价格来判断产品质量，由于难以分清商品质量的好坏，因此买方只愿意付出市场平均价来购买。由于商品有好有坏，平均价格对于提供质量较高的商品者而言是不利的，而对提供质量差的商品者而言是极为有利的，因此，在市场平均报价下，前者会退出市场。由于较高质量的产品退出，市场商品的平均质量是下降的，那么买方愿意购买的平均价格也会进一步下调，这样真实价值高于平均价格以上的商品也会逐渐退出市场，这样下去，市场上只剩下质量差的商品。在这种情况下，消费者会认为市场上的商品都是坏的，即使面对价格高的高质量产品也不会轻易相信，为避免交易遭受较大的损失，最后还是选择低质量商品，这就是柠檬市场。

5. 解决逆向选择问题的思路

逆向选择破坏市场机制传递准确信号的作用，造成了市场交易的低效率和市场失灵。

由于逆向选择是由事先的隐藏信息引起的，因此，要防止和克服逆向选择问题，必须解决如何将有关私人信息传递给交易双方以及如何甄别真假信息问题。

在信息不对称市场上，拥有信息优势的一方通过某种能观察到的行为向信息缺乏的一方传递一定的信息的行为称为"信号显示"或"发信号"。例如，旧车市场上买主不能直接观察到旧车的质量，高质量旧车的卖主会乐意让买主试车，通过这种行为让买主把高质量的旧车从低质量车群中识别出来，还可以在旧车交易市场成立专业的旧车鉴定机构，旧车的保修期的长短也可提供旧车质量的信息。尤其在消费品市场上，厂商向消费者作出的"三包"承诺都是在显示产品的质量，只有质量较差的产品进行"三包"的承诺对他们来说意味着成本太高，风险太大。

在劳务和人才交流市场上，应聘者出示的各种证书也是自己能力的信号显示，其至愿意接受试用期的规定也是信号显示。有时，招聘单位列出不同招聘条件也能起到信号显示的作用，例如，列出不同待遇级别，应聘者对待遇级别的选择也能显示出其能力。声誉也是一种信号，人们为什么特别喜欢到一些特定的商场购物或消费，因为这些商场有着比别的商场更好的声誉，因为那里不卖假货，服务质量好等。

现实世界是一个信息不对称的世界，每一个人无论作为卖方或作为买方都存在筛选和发送信息的问题。不会进行信息筛选会吃亏，不会发送信息很难取得别人的认可。一般来说，消费者总是处于信息弱势的地位，我国古代有"金玉其外，败絮其中"的说法，在商品中，有一些商品的包装和其产品质量之间很难画等号，很多商品也很难在购买时直接进行检验，如瓶装的酒类、盒装的香烟、食品等。人们或者看不到包装内部的样子或者无法用眼睛识别产品质量的好坏，如大量的非法食品添加剂等需要专业的机构在技术上进行区分。而卖者对产品质量拥有更多的信息优势，需要通过政府部门制定、执行保护消费者利益的法律法规，严厉打击不法卖者，维护消费者的合法权益，同时建立卖者信用档案，曝光不诚信的厂商，大力宣传和奖励合法诚信经营厂商，这些都在提供消费者缺失的信息，能够很好地保护消费者的利益。

（二）实验结果的讨论

请本课堂实验的参与者和场外观察者讨论以下问题。

（1）作为一个卖方，你每次成交的制约因素是什么？如果买方的报价能使你获得最大利润，则你会选择出售哪一类二手自行车？

（2）作为一个买方，你每次报价的依据是什么？如果报价要甄别二手自行车的质量，则你的报价策略会如何选择，对二手自行车供给量的影响是什么？

（3）在整个实验过程中，成交价格的走势什么？这一走势规律后面的原因是什么？

（4）在整个实验过程中，你认为成交数量有怎样的变化趋势？如何解释？

（5）你认为这样的旧车交易市场是否有效率？如果认为该市场是低效率的，那么应该如何进行改进以提高这类市场的运行效率？

（三）实验结果的分析

本次课堂实验结果的分析同第五章第一节实验一和实验二。

第八章　宏观经济学实验

经历了 20 世纪 30 年代经济危机的冲击，古典经济理论因解释乏力而面临危机。1936 年凯恩斯的《就业、利息和货币通论》一书的出版，使宏观经济分析逐渐发展成为当代经济学中的一个独立的理论体系。

宏观经济学以社会总体的经济行为及其后果为研究对象，以国民收入为中心，着重考察和说明国民收入、就业水平、价格水平等经济总量的决定及变动。

宏观经济理论侧重总需求的管理，总需求水平的变动，一方面影响着货币的供求，另一方面也受货币供求变动的巨大影响。因而，宏观经济学重视对货币供求的分析，不仅在于可通过对货币供给、利息率的调节去影响总需求，而且在于货币供给的变动与总的物价水平有着密切的关系。在经济达到"充分就业"的水平以前，货币供给的增加，其主要影响将表现在扩大"有效需求"、增加生产（或收入）上，而对价格水平的影响很小；当经济达到"充分就业"水平之后，这时闲置设备已全部使用，若再增加货币供给，已不能再促使产量增加，而只会产生过度需求，形成通货膨胀缺口，导致物价水平不断上升，酿成真正的"通货膨胀"。不仅政府开支变动和税收的变动，货币供给量的变动，也会对总需求水平（投资需求和消费需求）产生影响。这就为政府主要通过财政政策和货币政策对国民经济活动进行干预，提供了理论依据。

本章通过讨论通货膨胀、货币创造、奥肯定率、菲利普斯曲线和哈罗德-多马经济增长模型问题，希望通过实验参与，使学生明了价格水平、通货膨胀、货币供给、经济增长等基本宏观经济变量的准确含义，理解变量之间的逻辑关系。

第一节　通货膨胀实验

一、实验目的

通货膨胀是政府、企业和个人决策中都非常关注的问题。宏观经济学一般用消费物价指数（CPI）来表示通货膨胀。

通过本课堂实验，学生基于他们购买饮料的决策而计算出 CPI。引导学生利用 CPI 来测度通货膨胀率。在此基础上，要求学生定义并区别 CPI 与通货膨胀率，讨论价格指数和通货膨胀率测算的偏差问题，以及通货膨胀的成因和经济效应。

实验约 50 分钟，可用于初级和中级宏观经济学相关章节的教学。

二、实验准备

（1）宏观经济学通货膨胀有关理论；

（2）A、B、C、D（新上市产品）四种饮料，购买饮料所需货币（虚拟货币，如扑克牌）。

三、实验过程

教师购买三种饮料 A、B、C 带入教室。假定每个学生有 30 元可用于购买饮料。

实验有七个阶段。在开始阶段，每种饮料定价 5 元。开始阶段也是计算饮料价格指数的基期。其后的六个阶段价格是变化的，由教师给定。每个阶段学生用 30 元可以自由购买饮料。在最后两个阶段，一种新产品 D 也可供学生购买。学生将不同阶段的购买决策填写在工作表上。工作表见附件 8-1。

在学生作出购买决策之前，教师宣布在实验结束后，学生将无偿得到后六个阶段中某一阶段购买的饮料。哪一阶段由教师掷骰子决定。教师强调学生只得到某一随机决定的阶段购买的饮料，从而约束他们在每一阶段都要认真地购买。因此，教师带入教室的不同饮料的数量应根据学生数量及购买概率决定。

（一）确定"一篮子固定数量的典型商品"

实验开始后，首先，教师告诉学生，CPI 的计算方法一般采用国际货币基金组织认可，也是目前世界上大多数国家使用的以基期不变价格为基础的定基方法。因此，计算价格指数时，要确定"一篮子固定数量的典型商品"，即较多的学生在基期的价格上愿意购买不同饮料的数量组合。本实验中"典型商品"为 A、B、C 三种饮料，其"固定数量"为多少，由教师用调查法来确定。在基期价格下，教师可以问学生："有多少学生愿意买 6 瓶 A？有多少学生愿意买 5 瓶 A？"诸如此类的问题由学生举手作答。教师根据沟通结果，确定典型的学生购买决策，比如，3 个 A，2 个 B 和 1 个 C。教师要求学生将调查结果填写在附件 8-1 中的"一篮子固定数量的典型商品"表格中，然后要求学生独立填写附件 8-1 中七个阶段的意愿购买量。

（二）计算饮料价格指数和通货膨胀率

下一步，教师开始引导学生计算每个阶段的饮料价格指数和两个连续阶段间的通货膨胀率。计算公式也在附件 8-1 中，教师要先行阅读、熟练。学生的计算结果要填写在附件 8-1 的工作表中，可以使用计算器。

工作表引导学生首先计算基期一篮子典型商品的购买成本。然后利用公式计算饮料价格指数：用现期一篮子典型商品的购买成本除以基期一篮子典型商品的购买成本并乘以 100。注意，计算购买成本时所用的数量是典型购买量，是不变的，而不是学生填写在附件 8-1 工作表中的意愿购买量。

学生填写工作表时，教师可对一些相关问题进行解释和说明。

学生易于混淆 CPI 和通货膨胀率。教师可在学生计算的基础上，以国内或国外的实际数据加以说明。如美国 2001 年 1 月 CPI 为 175.1，2002 年 1 月为 177.1，而这 12 个月中，通货膨胀率为 1.196。

在计算最后两个阶段的价格指数时，由于新产品 D 也可供购买，学生几乎都要问如何处理 D 的数据（价格和数量）。教师可以告诉他们，D 是否纳入典型购买商品，要做新的调查。因而，计算最后两个阶段的消费物价指数的方法和前面的阶段一样，不考虑 D 的出现。

因为价格会下跌，学生有时会算出负的通货膨胀率。比如，一篮子典型商品由 3 个 A，2 个 B 和 1 个 C 组成，其消费物价指数和通货膨胀率如表 8-1 所示。

表 8-1　一篮子典型商品（3 个 A，2 个 B 和 1 个 C）的消费物价指数和通货膨胀率

阶段	CPI	通货膨胀率/%
基期	100	
一	150	50
二	117	−22
三	133	14
四	150	13
五	167	11
六	183	10

因为 A 在一篮子典型商品中的权重很大，A 在阶段一、阶段二期间的价格下跌导致价格水平 22% 的下降。这也是解释通货膨胀成因的一个因素。

表 8-1 中不同阶段的饮料价格指数是变化的，这是因为除了三种商品的单价变化外，一篮子典型商品里包含三种饮料的数量是不一样的（3 个 A，2 个 B 和 1 个 C）。相反，一篮子典型商品里包含三种饮料的数量是一样的（2 个 A，2 个 B 和 2 个 C），那么饮料价格指数变化将只发生在基期和阶段一之间（由于其中一种价格变成 10 元）以及阶段三和阶段四之间（由于其中两种价格变成 10 元）。一篮子典型商品（2 个 A，2 个 B 和 2 个 C）的价格指数和相应的通货膨胀率如表 8-2 所示，这显然和表 8-1 有所不同。幸运的是，在确定一篮子典型商品时，学生们对任意两种饮料的数量要求往往不一样多。

表 8-2　一篮子典型商品（2 个 A，2 个 B 和 2 个 C）的消费物价指数和通货膨胀率

阶段	CPI	通货膨胀率/%
基期	100	
一	133	33
二	133	0
三	133	0
四	167	25
五	167	0
六	167	0

（三）兑现实验收益

学生填写好工作表后，应奖赏他们的行为。根据先前的承诺，教师无偿发放学生

某一阶段认购的饮料。教师掷骰子来确定发放饮料的阶段，根据该阶段学生的意愿购买品种和数量来发放。然后进入小组讨论阶段。

四、实验结果讨论与分析

教师将学生分组，让学生带好自己填写的表格。

（1）根据实验对 CPI 和通货膨胀率进行定义并总结计算 CPI 和通货膨胀率的一般步骤；

（2）讨论 CPI 和通货膨胀率测算的偏差问题；

（3）讨论通货膨胀率的成因和影响。要求学生在讨论的基础上形成简明的小组报告。每个小组出一个代表向全体学生陈述本小组的报告，并接受其他小组同学的提问。

（一）CPI 和通货膨胀率的定义及计算步骤

CPI 反映居民所购买的消费商品和服务的价格水平随时间而变动的情况。通货膨胀率是一定时期内物价总水平的变动率，一般以一年内 CPI 的变动率来表示。

计算 CPI 分为四个步骤。

（1）确定计算 CPI 时包括哪些商品或服务，以及在所包括的商品或服务中各自的重要程度（称为加权数）。

（2）确定这些商品或服务在不同年份的价格。

（3）计算商品或服务总费用（或支出）的变动。计算时各个年份商品或服务的种类与数量是不变的，只是物价水平不同。

（4）确定基年，该年物价指数为 100，然后计算其他年份的物价指数。

某年的通货膨胀率是计算本年的物价指数与上一年的物价指数之差。

（二）CPI 和通货膨胀率测算的偏差问题

计算 CPI 时所选的"一篮子固定数量的典型商品"是消费者常用的，这些商品价格的变动应该反映消费者生活费用指数的变动。但实际上，这两者既密切相关，而又并非完全相同，有时消费者还感觉差别很大。1996 年，美国 CPI 咨询委员会认为，现在 CPI 的变动每年高估了 1.1% 的生活费用变动。

消费物价指数及通货膨胀率和实际情况有偏差，主要是由消费者的购买替代、新产品出现和商品的异质性引起的。

1. 替代偏差问题

因为价格指数和通货膨胀率是根据"一篮子固定数量的典型商品"的价格变化而测算的。由于价格变化，计算期和基期相比，消费者可能选择较多数量的较便宜商品，减少较贵商品的数量。这样，消费者的效用没有损失，维持一定的生活水平并不需要支付"一篮子固定数量的典型商品"的购买成本。因此，价格指数可能存在高估现象。美国 Boskin 委员会估计美国 CPI 的替代偏差每年约 0.4% 。

在本实验中，如表 8-1 所示，在阶段四和阶段五之间，通货膨胀率是 11%。但是，由于 A 饮料价格下降，B 饮料价格上升，学生会更多地选择 A 而很少选择 B。这样，维持他们原有生活水平的购买成本并没有上升 11%。

替代偏差和消费者的偏好有关。偏好强的消费者很难找到替代品。尽管 A 饮料价格下降，B 价格上升，在他们的采购篮子中，也不愿以更多的 A 替代 B。这样，替代偏差就较小。

但是，在实际生活中，替代偏差是存在的。统计机构一般根据具体商品的替代程度，对 CPI 和通货膨胀率进行调整。美国劳工数据局（BLS）对每年测算出的 CPI 调低 0.2%。

讨论：

问题一，何种个体偏好会导致显著的替代偏差或微小的替代偏差？

问题二，在阶段一、阶段二期间，饮料 B 变得较便宜，而 C 较贵。对于特定的学生来说，维持不变的生活水平，其花费有何变化？对于一个不喜欢饮料 B 而特喜欢 C 的学生来说，维持不变的生活水平，其花费有何变化？饮料价格指数多大程度上体现了该学生的生活成本？

2. 新产品偏差问题。

由于计算 CPI 是基于过去选定的商品而没有考虑新产品，从而导致 CPI 和通货膨胀率及实际有偏差。

在本实验的阶段五和阶段六，我们引入了一种新饮料 D。有部分学生在阶段五选择购买了一定数量的 D。在阶段六，由于 D 价格由过去的 15 元降至 10 元，购买数量增加。但是，D 并不在我们确定的"一篮子固定数量的典型商品"之中。这样，饮料价格指数并没有反映 D 的价格，通货膨胀率也没有体现 D 价格的下降。

一般地说，新产品进入市场后，由于技术的不断成熟和生产规模的扩大，其价格呈下降趋势。所以，测算的 CPI 和通货膨胀率往往会高估。为了减少偏差，可以将新产品更快地加入到"一篮子固定数量的典型商品"中，并根据新产品的实际情况对测算数据加以调整。美国劳工数据局已由过去的每 10 年更新一次"一篮子固定数量的典型商品"加快为每 2 年更新一次。

讨论：你认为在阶段五、阶段六期间，新产品 D 的价格下降应该影响到通货膨胀率的度量吗？怎样将其纳入我们的测算之中？

3. 品质偏差问题

我们根据"一篮子固定数量的典型商品"的价格变化而测算价格指数和通货膨胀率时，暗含了一个假定，即"一篮子固定数量的典型商品"的品质在不同时期是一样的。现实状况并非如此，商品的成分甚至体积都可能变化，因而测算结果出现偏差。如果计算期"一篮子固定数量的典型商品"的品质高于基期，则测算结果会高估；反之，则相反。

本实验中，教师假定在阶段三和阶段四之间，一瓶饮料 A、B 的品质和价格都不变；饮料 C 单位容积的价钱也不变，但装在 C 瓶的体积增加 1 倍，一瓶 C 的价格也上涨 1 倍，请学生们计算通货膨胀率。答案为 0。

讨论：

问题一，假设在阶段三、阶段四之间，一瓶饮料 C 的数量（容积）增加了 1 倍，价格也上涨了 1 倍，怎样调整饮料价格指数以准确测度该期间的通货膨胀状况？

问题二，假设在阶段二、阶段三之间，饮料 B 增加了新的成分，质量有极大提高，同时，其价格也上涨了 1 倍，怎样调整饮料价格指数从而和饮料质量变化保持一致？

（三）通货膨胀的成因及影响

本部分适用于较高年级的同学。下面的提示为经济学界对该问题的一般回答，供教师在讨论引导或总结时使用。教师要特别注意讨论时可能出现的思想火花。

由于纸币发行量超过流通中所需要的货币量所引起的纸币贬值、物价持续上涨的现象，称为通货膨胀。目前，世界各国衡量通货膨胀程度的主要指标是物价指数。如果一般物价水平在上升，说明通货膨胀的态势在加强。通货膨胀的程度根据物价上涨的趋势来确定。理论界一般认为，物价总指数年平均递增率在 2％～3％时，称为基本稳定；物价总指数年平均递增率在 3％～9％时，称为温和性通货膨胀；物价总指数年平均递增率在 10％以上，称为恶性通货膨胀。

1. 通货膨胀的成因

不同的经济学家从不同的角度分析通货膨胀的原因，形成了不同的通货膨胀理论。

第一，需求拉上的通货膨胀。从总需求的角度来分析，认为通货膨胀的原因在于总需求过度增长，总供给不足，即"太多的货币追逐较少的货物"，导致一般物价水平上涨。

第二，成本推动的通货膨胀。从总供给的角度看，引起通货膨胀的原因在于成本的增加。成本的增加意味着只有在高于从前的价格水平时，才能达到与以前同样的产量水平，这种价格上升就是成本推动的通货膨胀。成本推动的通货膨胀又可以根据其原因的不同而分为以下几种：其一，工资成本推动的通货膨胀；其二，利润（价格）推动的通货膨胀；其三，进口成本推动的通货膨胀。

第三，结构性通货膨胀。这是指由于经济结构的特点而引起的通货膨胀。经济中分为扩展部门和非扩展部门。由于现实经济的种种限制，非扩展部门的资源和工人不能迅速流动到扩展部门。于是，扩展部门的资源价格上升，工资上升。而非扩展部门的资源价格并不会下降，工资可能由于攀比行为而上升。这样，由于扩展部门的总需求过度而导致两个部门的成本上升，引起通货膨胀。

第四，货币型通货膨胀。货币主义者认为，通货膨胀是一种货币现象，是由于货币量比产量增加更快而引起的。其他因素可以使通货膨胀率发生暂时的变动，但只有当它们影响到货币增长率时，才会对通货膨胀率产生持久的影响。

第五，预期与惯性的通货膨胀。这种理论解释的是通货膨胀持续的原因。该理论认为，无论是什么原因引起了通货膨胀，即使最初引起通货膨胀的原因消除了，由于人们的预期和通货膨胀本身的惯性，通货膨胀仍会持续，甚至加剧。

2. 通货膨胀的影响

第一，从对社会成员收入的影响来看，通货膨胀会加剧收入分配的不平等。通货膨胀的受害者一般是依靠固定工资生活的社会成员，而受益者则是利润的获得者。而富人的储蓄倾向又大于穷人，所以，通货膨胀可以通过加剧收入分配不平等而增加储蓄。

第二，从对财富分配的影响来看，在通货膨胀未被预期的条件下，它有利于债务人而不利于债权人。

　　第三，从对资源配置的影响来看，当通货膨胀发展到一定程度，会造成社会需求虚增，一方面刺激过度投资行为；另一方面造成劣质滞销商品旺销，结果会造成生产秩序紊乱和资源的过度、浪费型使用，降低国民经济效益。

　　第四，从对资本积累的影响来看，在通货膨胀未被公众预期的条件下，它造成货币贬值，使货币发行当局获得发行收入。当通货膨胀率高于工资增长率时，会使工人的一部分收入转化为企业利润。当通货膨胀高于银行贷款利率时，银行利润被转移到借款者手中，形成生产者的资本积累。如果通货膨胀一旦被公众预期，公众对纸币的信心会产生动摇，人们就会抛出纸币抢购商品，因此会刺激消费率增加，而减少资本积累。

　　第五，从通货膨胀对经济增长的影响来看，短期内在通货膨胀未被预期并存在潜在生产要素的条件下，它对经济增长有促进作用。长期内由于不可能有无限的潜在生产要素可供货币启动，也不可能长期存在通货膨胀而不被人们预期，它不但不能促进长期经济增长，而且还会对经济增长形成限制。

　　因此，只有把通货膨胀放在具体的历史条件下进行分析才有意义。一般地说，通货膨胀的弊大于利，借助于通货膨胀来发展经济绝非上策。目前世界各国都致力于抑制通货膨胀，以保证经济活动正常运行。

五、附件

附件 8-1　饮料价格指数实验的说明与工作表

　　每个学生假设有 30 元可用于购买饮料。实验有七个阶段，在开始阶段，每种饮料价值 5 元。开始阶段也是计算饮料价格指数的基期。其后的六个阶段价格是变化的，已在下表中给定。每个阶段学生用 30 元自由购买饮料。在最后两个阶段，一种新产品 D 也可以供购买。请每个学生将不同阶段的购买决策填写在工作表上，并计算饮料价格指数和通货膨胀率。

　　实验结束后，每个学生将无偿得到后六个阶段中某一阶段购买的饮料。得到哪一阶段由教师掷骰子决定。

饮料	基期	
	价格/元	数量/瓶
A	5	
B	5	
C	5	

饮料	阶段一		阶段二	
	价格/元	数量/瓶	价格/元	数量/瓶
A	5		5	
B	10		5	
C	5		10	

续表

饮料	阶段三		阶段四	
	价格/元	数量/瓶	价格/元	数量/瓶
A	10		10	
B	5		5	
C	5		10	

饮料	阶段五		阶段六	
	价格/元	数量/瓶	价格/元	数量/瓶
A	5		10	
B	10		10	
C	10		5	
D	15		10	

计算消费物价指数时，要确定"一篮子固定数量的典型商品"，即较多的学生在基期的价格上愿购买不同饮料的数量组合。由教师现场调查得到数据，由学生填入下表中并计算基期"一篮子固定数量的典型商品"的价格（购买成本）。

饮料	一篮子固定数量的典型商品	
	价格/元	数量/瓶
A	5	
B	5	
C	5	

下面请计算不同阶段的饮料 CPI。计算公式为

$$\text{CPI} = \frac{\text{现期"一篮子固定数量的典型商品"的价格}}{\text{基期"一篮子固定数量的典型商品"的价格}} \times 100 = \frac{\sum_{i=1}^{n} P_{1i} Q_i^*}{\sum_{i=1}^{n} P_{0i} Q_i^*} \times 100$$

其中，CPI 为消费物价指数；P_{0i} 为基期 i 种产品价格；P_{1i} 为现期 i 种产品价格；Q_i^* 为 i 种产品典型购买量。

注意：现期数量不是学生在该阶段的购买量，而是上述"一篮子典型商品"的固定数量。

阶段一 CPI＝_____×100＝_____

阶段二 CPI＝_____×100＝_____

阶段三 CPI＝_____×100＝_____

阶段四 CPI＝_____×100＝_____

阶段五 CPI＝_____×100＝_____

阶段六 CPI＝_____×100＝_____

下面请计算不同时期的通货膨胀率。计算公式是：

$$Ir=\frac{现阶段\ CPI-上一阶段\ CPI}{上一阶段\ CPI}$$

基期和阶段一的 Ir＝_____＝_____

阶段一和阶段二的 Ir＝_____＝_____

阶段二和阶段三的 Ir＝_____＝_____

阶段三和阶段四的 Ir＝_____＝_____

阶段四和阶段五的 Ir＝_____＝_____

阶段五和阶段六的 Ir＝_____＝_____

请自查不同时期的价格变化对你购买决策的影响。你对不同时期的购买决策满意吗？消费品的通货膨胀对不同偏好的消费者有不同的影响吗？

附件8-2　饮料价格指数和通货膨胀的测算举例

假设一篮子固定数量的典型商品为3瓶A、2瓶B和1瓶C，则其购买成本（价格）在基期为

3×5＋2×5＋1 ×5＝30（元）

假设阶段四为现期，则阶段四"一篮子固定数量的典型商品"的购买成本（价格）为

3×5＋2×10＋1 ×10＝45（元）

则阶段四的饮料价格指数为 45 ÷ 30×100＝150

假设阶段三的饮料价格指数为120，则阶段三、阶段四之间的通货膨胀率为

$$Ir=\frac{现阶段\ CPI-上一阶段\ CPI}{上一阶段\ CPI}=25\%$$

第二节　货币创造实验

一、实验目的

流通中的货币通常多于中央银行发行的货币，这个多余量来自商业银行的货币创造。商业银行可以通过正常的存贷款业务创造货币。在"宏观经济学"课程的教学过程中，商业银行创造货币的功能是讨论货币政策的一个关键问题。本实验通过学生实际的参与，体会商业银行的货币创造功能，并在此基础上讨论货币政策的工具及其应用。

二、实验准备

（1）宏观经济学货币创造有关理论。

（2）若干份面额为20元的国库券、若干份面额为20元的"教室货币"和若干份面额为20元的支票，可以用卡片制作。

（3）空白卡片，以备更多学生参与或重复实验使用。打印好对商业银行工作人员

的提示，一式三份。

（4）投影仪或多媒体以供商业银行"行长"公布可供借贷或需要收回的货币数量。

（5）两个文件夹，分别作为商业银行和中央银行的金库使用，用以存放。

三、实验过程

（一）概述

商业银行创造货币的功能涉及中央银行、商业银行和社会公众。本实验中教师代表中央银行，其余机构的工作人员全部由志愿学生担任。

教师代表中央银行，首先向公众（学生）提出，愿以 100 元"教室货币"（由教师事先制作的"现金"，只限实验时使用）购买 100 元国库券。学生拿到 100 元"教室货币"后，必须立即存入商业银行。行长计算好准备金并将多余的存款借贷出去。贷款的学生必须将全部贷款存入银行。行长再次计算好准备金并将多余的存款借贷给另一位同学。存贷的程序如此反复下去。

存贷程序（也是货币创造程序）结束后，教师提出愿向银行存款不低于 40 元的学生出售 40 元的国库券。某学生以 40 元现金支票交换教师的国库券。教师持现金支票到商业银行贴现，并将 40 元现金放入中央银行的金库。行长贴现出现金后，计算必需的储备金，并收回部分贷款以抵补储备的不足。这个程序（教师卖出国库券）也可重复。

（二）实验程序

（1）学生进入教室时，教师随机地向他们发放准备好的国库券，每人一份，发完为止。

（2）告诉学生教师是中央银行的工作人员，代表中央银行制定商业银行体系的运营规则，并干预商业银行。

（3）指定 3 个学生分别作为商业银行的行长和内部会计、外部会计，要求他们阅读相关提示（见附件 8-3）。告诉学生：行长负责存、贷款和准备金的计算、处理及商业银行金库的保管；内部会计负责在黑板上记录商业银行的存、贷款和往来账；外部会计负责记录银行与具体客户（学生）的交易。持有国库券的学生将有机会卖出国库券并将钱存入银行。有的学生有机会从银行贷款。

（4）教师宣布实验遵循的规则：第一，商业银行的存款准备金比率是 20%。第二，商业银行准备金之外的存款全部借贷出去。第三，所有的钱都存放在银行（任何学生收到现金即"教室货币"后应立即存入银行）。

（5）教师提出愿以 100 元的现金（教室货币）买 5 个学生的国库券。

（6）提示 5 个学生将现金存入商业银行；提示行长以支票换取现金并保存在金库里；提示外部会计记录 5 笔存款。

（7）教师提示内部会计在黑板上记录银行资产负债表。吸收 5 笔共 100 元存款后，银行的存款和储备分别为 100 元。

（8）黑板上的资产负债表要求学生回答此时的货币供给量（100 元）。

（9）帮助行长计算存款准备金和多余的储备，提示其将多余的储备（80 元）借贷出去。

（10）提示贷款的学生将贷款存入银行，开始重复上述步骤（7）～（10）。告诉学生，贷款全部存入银行后，银行资产负债表上的储备仍为100元，但货币供给量增加了80元。必要时，请行长公开讲解计算过程。

（11）告诉学生，由于货币乘数的作用，货币供应量即银行的存款最后会增加到500元。

四、实验结果讨论与分析

附件8-3　对商业银行工作人员的提示

对商业银行"行长"的提示：行长负责所有存贷款活动。有人来存款时，行长计算好必需的存款准备金（＝0.2×存款量），将存款量和准备金的差额借贷出去。比如，有学生来存款100元，商业银行需提取的存款准备金是0.2×100＝20（元），行长必须将100－20＝80（元）借贷出去。

对商业银行"外部会计"的提示：外部会计的责任是在黑板上记录客户（学生）的存款和贷款，并随时算出存款和贷款余额。如下表。

姓名	活期存款/元	贷款/元
张三	20	20
李四	20	0
王五	0	10

对商业银行"内部会计"的提示：内部会计负责记录商业银行的资产负债表，其格式如下表。

银行资产负债表

资产	负债
储备 贷款	存款

银行的任何储备、贷款和存款的变化都必须记录。比如，有人来存款100元。那么，在资产负债表的负债栏目里的存款项下加100元。为了保证资产负债表的平衡，同时要在资产栏目里做相应记录。如果上述100元是现金存款，那么，储备项下也要加100元。

附件8-4　货币创造举例

［例1］假设美国联邦储备委员会出资100元向公开市场购买了100元的债券，这样，原先持有债券的乔治先生现在得到100元货币。乔治将100元货币作为活期存入商业银行，于是这家银行的账上负债100元。设美联储规定的存款准备金率为10％，银行留下准备金10元，其余90元可以发放贷款。设得到这90元贷款的是F17，F17再把这90元作为活期存入银行，于是银行又负债90元，银行再留下准备金9元，其余

81元又可以发放贷款，假定贷给F18，F18得到这新的贷款81元又存入银行，银行留下8.1元做准备金，其余72.9元再贷给F19，……最后，这么一种连锁作用的结果如下：

银行负债（活期存款）：$100＋90＋81＋72.9＋\cdots＝1000$（元）；

银行准备金：$10＋9＋8.1＋\cdots＝100$（元）；

银行发放贷款：$90＋81＋72.9＋\cdots＝900$（元）；

货币供给：1000元。

［例2］假定：

第一，法定准备金比率为20％；

第二，银行不保留超额准备金；

第三，没有现金从银行体系中流失出去，即通货比率RC＝0；

第四，银行客户会将其一切货币收入以活期存款形式存入银行。

在这样的情况下，中央银行购买增发国债的100万美元基础货币为甲企业所持有。甲企业将100万美元存入自己有账户的A银行，A银行按20％的法定准备率保留20万美元作为准备金存入中央银行，其余80万美元全部贷给企业乙。企业乙将这笔贷款存入B银行。B银行得到这笔从A银行开来的支票存款后留下16万美元作为准备金存入中央银行，然后再贷放出64万美元贷给企业丙……

由此，不断存贷下去，各银行的存款总额为

$$D＝100＋80＋64＋51.2＋40.96＋\cdots$$
$$＝100（1＋0.8＋0.8^2＋0.8^3＋0.8^4＋\cdots＋0.8^n－1）$$
$$＝500（万美元）$$

商业银行储备金的增加额为：$R＝D×r_d＝500×0.2＝100$（万美元）

商业银行派生存款总额＝存款总额－始存款额＝$D－R＝500－100＝400$（万美元）

货币乘数$k＝M_1/H＝1/r_d＝5$，即增发100万美元基础货币创造500万美元的货币供给量。

货币创造过程　　　　　　　　　　　　单位：万元

	存款金额	准备金	贷款金额	货币供应总额
A银行	100.00（原始存款）	20.00	80.00	100.00
B银行	80.00	16.00	64.00	180.00
C银行	64.00	12.80	51.20	244.00
…	…	…	…	…
第十家银行	10.74	2.15	8.59	457.07
…	…	…	…	…
最后一家银行	00.00	00.00	00.00	500.00
合计	500.00	100.00	400.00	500.00

值得注意的是，货币乘数是一把双刃剑，若中央银行通过出售债券收缩银根时，

在法定准备金的要求下，银行存款将发生多倍收缩，即银行存款的多倍扩张的连锁反应也会发生相反的作用。

第三节　奥肯定率在中国的验证

一、实验目的

通过本实验，掌握验证奥肯定律的基本操作方法，增强对"西方经济学"中奥肯定律的感性认识，加深对失业与经济增长关系知识的理解，提高理论知识应用到现实经济生活中的能力。

二、实验准备

宏观经济学关于奥肯定律的内容；

Eviews 5.0 软件；

我国 1978～2007 年 GDP 增长率的数据；

我国 1978～2007 年城镇登记失业率的数据。

三、实验过程

第一步：选取实验指标。

《宏观经济学》教材中的奥肯定律反映的是失业率与经济增长之间的关系，而我国公开的失业率只有城镇登记失业率，城镇登记失业率是指城镇登记失业人员与城镇单位就业人员（扣除使用的农村劳动力和聘用的离退休人员、港澳台及外方人员）、城镇单位中的不在岗职工、城镇私营业主、个体户主、城镇私营企业和个体就业人员、城镇登记失业人员之和的比。其中城镇失业人员严格规定为非农业户口，在一定劳动年龄范围内（16 岁以上至男 50 岁以下、女 47 岁以下），有劳动能力，无业而要求就业并在当地就业服务机构进行求业登记的人员。经济增长的数据用 GDP 的增长表示。

第二步：收集实验数据，见表 8-3。

表 8-3　1978～2007 年我国 GDP 增长率、城镇登记失业率、失业率变化的相关数据

单位：%

年份	GDP 增长率 Y	城镇登记失业率 u	失业率的变化 X	年份	GDP 增长率 Y	城镇登记失业率 u	失业率的变化 X
1978	11.7	5.3	—	1984	15.2	1.9	−0.4
1979	7.6	5.4	0.1	1985	13.5	1.8	−0.1
1980	7.8	4.9	−0.5	1986	8.8	2.0	0.2
1981	5.2	3.6	−1.3	1987	11.6	2.0	0.0
1982	9.1	3.2	−0.4	1988	11.3	2.0	0.0
1983	10.09	2.3	−0.9	1989	4.1	2.6	0.6

续表

年份	GDP 增长率 Y	城镇登记失业率 u	失业率的变化 X	年份	GDP 增长率 Y	城镇登记失业率 u	失业率的变化 X
1990	3.8	2.5	−0.1	1999	7.1	3.1	0.0
1991	9.2	2.3	−0.1	2000	8.0	3.1	0.0
1992	14.2	2.3	0.0	2001	7.5	3.6	0.5
1993	13.5	2.3	0.0	2002	8.3	4.0	0.4
1994	12.6	2.8	0.5	2003	9.3	4.3	0.3
1995	10.5	2.9	0.1	2004	9.5	4.2	−0.1
1996	9.6	3.0	0.1	2005	10.2	4.2	−0.1
1997	8.8	3.1	0.1	2006	11.1	4.1	−0.1
1998	7.8	3.1	0.0	2007	11.9	4.0	−0.1

资料来源：历年《中国统计年鉴》。

第三步：运用 Eviews 软件计算失业率变化 X 与 GDP 增长率 Y 之间相关系数。

X 与 Y 的相关系数为 −0.076 505。

第四步：运用 Eviews 软件计算失业率变化 X 与 GDP 增长率 Y 之间样本的回归方程。

$$X = -0.010\ 025Y + 0.409\ 31$$
$$u_t - u_{t-1} = 0.010\ 025\ g_{yt} + 0.040\ 931$$
$$t = (0.163\ 215) \quad (-0.398\ 701)$$
$$R^2 = 0.005\ 853 \quad F = 0.158\ 963 \quad DW = 0.781\ 148$$

其中 u 为城镇失业率，g_{yt} 为 GDP 增长率。

通过 GDP 增长率 Y 与失业率的变动 X 之间的相关系数和回归模型的检验结果，均显示失业率的变动 X 与 GDP 增长率 Y 之间不存在线性相关关系，实证的结果显示，我国的公开失业率（城镇登记人口失业率）的变化与实际产出增长率之间不存在典型的奥肯规律，但这不能证明奥肯定律在我国失效，因为我国公开的失业率指标不能代替真实的市场失业率指标。

四、实验结果讨论与分析

奥肯定律是由美国著名的经济学家、约翰逊总统时期的经济顾问委员会主席阿瑟·奥肯在 20 世纪 60 年代提出的，它是说明失业率与实际产出增长率之间关系的经验统计规律。奥肯研究失业率与经济增长之间关系的出发点是为了测度"潜在的产出量"，即在充分就业条件下的整个经济所能生产出来的产出量。估计"潜在的产出量"的方法，是将失业率作为一个变量，代表由于资源闲置对产出量产生的影响，求出的失业率对自然失业率（4%）的偏差导致产出量的损失，再加上已达到的实际产出量，便是"潜在的产出量"。顾问委员会想使总统、总统的白宫工作班子、国会和公众相信，如果把失业率从 7% 降到 4%，会使全国经济受益匪浅，便要求奥肯估计由于降低失业率而带来的实际国民生产总值的收益大小，结果产生了著名的奥肯定律。这个定律是宏观经济学中最可靠的经验定律之一。

奥肯定律可以表示为 $u\varphi u^* \Rightarrow y\pi y^*$，即若失业率高于自然失业率，则实际产出低于潜在产出；若失业率低于自然失业率，则实际产出高于潜在产出。方程具体形式为

$$u - u^* = -\alpha Y - Y^* / Y^*$$

其中，u 为自然失业率，相应的潜在产出量为 Y^*；$Y - Y^* / Y^*$ 为产出缺口；α 为系数，表示失业率的变化（相对于自然失业率）与实际产出变化（相对于自然产出）之间的数量关系。奥肯根据美国 1947~1960 年 55 个季度的统计资料进行了简单的方程回归，估计美国的 α 大约为 0.3，意味着当实际失业率超过自然失业率水平（4%）时，失业率每增加 1%，实际国内生产总值将损失 3%。英国的坎贝尔·麦克康耐尔（Campbell R. McConnell）和斯坦利·布鲁伊（Stanley L. Brue）在他们合著的《经济学》（第 14 版 131~132 页）中指出，"当出现周期性失业时，社会损失了实际国内生产总值"，"奥肯定律揭示实际失业率每超过自然失业率一个百分点，会产生大约 2% 的国内生产总值缺口"。

奥肯定律也可以表示为 $g_{yt}\varphi \bar{g}_y \Rightarrow u_t \pi u_{t-1}$，即若实际产出增长率高于其正常的增长率，则失业率会下降；若实际产出增长率低于其正常的增长率，则失业率会上升。方程的具体形式为 $u_t - u_{t-1} = -\beta(g_{yt} - \bar{g}_y)$。该形式是把失业的变动和产出增长率对正常水平的背离联系起来。其中，$\bar{g}_y$ 为经济的正常增长率（normal growth rate），即失业率维持不变的产出增长率（亦称潜在的增长率或趋势增长率），它取决于一个国家的劳动力增长率和劳动生产率增长率，β 表示超过正常增长的增长如何转化为失业率的下降。将美国 1960~1998 年每年的失业率变化与产出增长率的关系进行回归，结果为 $u_t - u_{t-1} = -0.4(g_{yt} - 3\%)$，美国的正常增长率 $\bar{g}_y$ 为 3%，产出增长与正常增长的背离系数 β 为 -0.4（不同国家有不同的值）。这意味着产出增长必须至少 3% 才能阻止失业率的上升；产出增长率超过正常增长率 1%，失业率会减少 0.4%，产出增长率低于正常增长率 1%，失业率会增加 0.4%。萨缪尔森和诺德豪斯合著的《经济学》（第 16 版 456 页）确切表述过："按奥肯定律，GDP 增长比潜在 GDP 增长每快 2%，失业率下降 1 个百分点；GDP 增长比潜在 GDP 增长每慢 2%，失业率上升 1 个百分点；公式表示：失业率的变动 $= -1/2$（实际 GDP 的增长率$-$潜在 GDP 的增长率）。"

需要强调的是，奥肯定律反映的是失业率的变动与产出增长率对正常增长率的背离之间的反向变动关系，不能简单地将其表述为失业率与产出增长率之间的反向变动关系。奥肯模型可变形为 $u_t - u_{t-1} = -\beta g_{yt} + \beta \bar{g}_y = -\beta g_{yt} + c$。我们也可将其理解为 $g_{yt} \uparrow \Rightarrow \Delta u \downarrow$，即若产出增长率提高，则失业率的变化量减少，若产出增长率下降，则失业率的变化量增加；但不能理解为 $g_{yt} \uparrow \Rightarrow u_t \downarrow$，即若产出增长率提高，失业率下降，若产出增长率下降，失业率上升。值得注意的是一些学者认为由于我国近几年经济增长率在不断提高，同时失业率也在不断上升，由此认定我国经济现实与奥肯定律相背或奥肯定律在我国失效，这种判断显然是对奥肯定律的曲解。

五、学生实验操作

根据表 8-4 的资料，进行奥肯定律在广西的验证。

表 8-4　1990～2007 年广西 GDP 增长率、城镇登记失业率、失业率变化的相关数据

单位:%

年份	GDP 增长率 Y	城镇登记失业率 u	失业率的变化 X	年份	GDP 增长率 Y	城镇登记失业率 u	失业率的变化 X
1990	7.0	3.9	−0.6	1999	8.0	3.3	0.1
1991	12.7	3.2	−0.7	2000	7.9	3.2	−0.1
1992	18.3	3.3	0.1	2001	8.3	3.5	0.3
1993	18.3	2.9	−0.4	2002	10.6	3.7	0.2
1994	15.2	2.4	−0.5	2003	10.2	3.6	−0.1
1995	11.4	2.4	0.0	2004	11.8	4.1	0.5
1996	8.3	2.5	0.1	2005	13.2	4.15	0.05
1997	8.0	6.3	3.8	2006	13.6	4.15	0.0
1998	10.0	3.2	−3.1	2007	15.1	3.79	−0.36

第四节　中国就业与经济增长之间的数量关系实验

一、实验目的

通过本实验,理解如何将奥肯定律原来分析失业率与经济增长之间的关系转化为生产要素即就业与经济增长之间的关系,加深对奥肯定律的认识。

二、实验准备

(1) 宏观经济学就业和经济增长相关理论。

(2) Eviews 5.0 软件。

(3) 我国 1978～2007 年第一、第二和第三产业就业量的数据。

(4) 我国 1978～2007 年 GDP 的数据。

(5) 我国 1978～2007 年零售价格指数的数据。

三、实验过程

第一步:模型设定。

由奥肯定律(经济增长率超过正常或趋势增长率 1 个百分点,失业率将下降约 0.5 个百分点)和菲利普斯曲线(失业率与通货膨胀之间短期内存在替代关系)可知,经济增长和通货膨胀是影响失业或就业的重要因素,由于我国没有完整的市场失业率统计,我们转而分析就业与经济增长以及通货膨胀(物价上涨)之间的数量关系,分别构建第一、第二、第三产业的就业增长回归模型。

模型初步设定为以下六种形式。

(1) $L = C + \alpha \ln Y$

(2) $L = C + \alpha \ln Y + \beta P$

(3) $L = C + \alpha \ln Y + \beta \ln P$

(4) $\ln L = C + \alpha \ln Y$

(5) $\ln L = C + \alpha \ln Y + \beta P$

(6) $\ln L = C + \alpha \ln Y + \beta \ln P$

其中，L 为就业量，Y 为产出量，P 为物价总水平。这里我们分别选取第一、第二、第三产业的从业人数来表示就业量；用国际上通用的指标 GDP 指数来表示产出量。在价格方面，国际上普遍使用的指标首先是消费价格指数，其次是 GDP 的平减指数，而在这里，考虑到数据的可得性，我们采用零售价格指数来表示物价总水平。

第二步：数据收集，见表 8-5。

表 8-5　1978～2007 年我国的就业量、产出量和零售价格指数的数据

年份	第一产业就业量 L_1/万人	第二产业就业量 L_2/万人	第三产业就业量 L_3/万人	GDP（Y）/亿元	零售价格指数 P
1978	28 318	6 945	4 890	3 645.2	100.0
1979	28 634	7 214	5 177	4 062.6	102.0
1980	29 122	7 707	5 532	4 545.6	108.1
1981	29 777	8 003	5 945	4 891.6	110.7
1982	30 859	8 346	6 090	5 323.4	112.8
1983	31 151	8 679	6 606	5 962.7	114.5
1984	30 868	9 590	7 739	7 208.1	117.7
1985	31 130	10 384	8 359	9 016.0	128.1
1986	31 254	11 216	8 811	10 275.2	135.8
1987	31 663	11 726	9 395	12 058.6	145.7
1988	32 249	12 152	9 933	15 042.8	172.7
1989	33 225	11 976	10 129	16 992.3	203.4
1990	38 914	13 856	11 979	18 667.8	207.7
1991	39 098	14 015	12 378	21 781.5	213.7
1992	38 699	14 355	13 098	26 923.5	225.2
1993	37 680	14 965	14 163	35 333.9	254.9
1994	36 628	15 312	15 515	48 197.9	310.2
1995	35 530	15 655	16 880	60 793.7	356.1
1996	34 820	16 203	17 927	71 176.6	377.8
1997	34 840	16 547	18 432	78 973.0	380.8
1998	35 177	16 600	18 860	84 402.3	370.9
1999	35 768	16 421	19 205	89 677.1	359.8
2000	36 043	16 219	19 823	99 214.6	354.4
2001	36 513	16 284	20 228	109 655.2	351.6

续表

年份	第一产业就业量 L_1/万人	第二产业就业量 L_2/万人	第三产业就业量 L_3/万人	GDP（Y）/亿元	零售价格指数 P
2002	36 870	15 780	21 090	120 332.7	347.0
2003	36 546	16 077	21 809	135 822.8	346.7
2004	35 269	16 920	23 011	159 878.3	356.4
2005	33 970	18 084	23 771	183 217.4	359.3
2006	32 561	19 225	24 614	211 923.5	362.9
2007	31 444	20 629	24 917	249 529.9	376.7

第三步：运用 Eviews 软件对 1978～2007 年我国的就业量、产出量和物价总水平的数据进行处理并计算出各变量之间的相关系数，见表 8-6。

表 8-6　我国的就业量、产出量和物价总水平之间的相关系数

	Y	P
L_1	0.248 207 853 090	0.613 973 611 978
L_2	0.843 528 888 118	0.942 310 247 712
L_3	0.920 657 873 322	0.956 566 107 061

结果显示，与第二和第三产业的就业量相比，第一产业就业量 L_1 与物价总水平 P 的相关系数明显偏低。由于我国农业人口居多，农业就业量指标 L_1 中存在大量的农村剩余劳动和外出打工人员，潜在的就业弹性较大；而第二和第三产业的就业量 L_2 和 L_3 更容易受经济周期和物价变动的影响，为此我们主要分析第二和第三产业的就业与经济增长的数量关系，同时也就第一产业的就业与产出增长的关系建立回归模型。

第四步：根据 1978～2007 年我国的就业量、产出量和物价总水平的统计数据，就第二、第三产业而言，就业量指标选取第二、第三产业的就业量之和，即 $L=L_2+L_3$，运用 Eviews 软件对第一步设定的六种模型形式分别进行回归。

（1）$L=-50\ 121.264\ 36+7\ 548.633\ 317 \cdot \ln Y$

$t=$ （-44.124 46）　　（69.156 38）

$R^2=0.994\ 180$　$F=4782.606$　$DW=0.854\ 992$

（2）$L=-55\ 446.694\ 8+8\ 292.270\ 598 \cdot \ln Y-9.441\ 078\ 824 \cdot P$

$t=$ （-17.722 26）　　（19.620 15 ）　　　（-1.816 373）

$R^2=0.994\ 813$　$F=2\ 589.313$　$DW=0.918\ 630$

（3）$L=-47\ 343.151\ 32+8\ 160.626\ 204 \cdot \ln Y-1683.703\ 156 \cdot \ln P$

$t=$ （-21.215 89 ）　　（18.584 99 ）　　　（-1.437 185）

$R^2=0.994\ 593$　$F=2483.333$　$DW=0.866\ 107$

（4）$\ln L=7.056\ 509\ 067+0.300\ 238\ 750\ 1 \cdot \ln Y$

$t=$ （67.638 50 ）　　　　（ 29.948 66 ）

$R^2=0.969\ 727$　$F=896.9222$　$DW=0.205\ 629$

(5) $\ln L = 7.020\,718\,377 + 0.305\,236\,522\,9 \cdot \ln Y - 6.345\,078\,294e^{-5} \cdot P$

$t = $ (23.070 90)　　　(7.425 143)　　　　　　(−0.125 505)

$R^2 = 0.969\,745$　$F = 432.7048$　DW = 0.203 110

(6) $\ln L = 6.640\,770\,877 + 0.208\,655\,430\,1 \cdot \ln Y + 0.251\,962\,282\,7 \cdot \ln P$

$t = $ (34.670 57)　　　　(5.536 138)　(2.505 653)

$R^2 = 0.975\,438$　$F = 536.1399$　　　　DW = 0.324 461

从回归估计的结果比较看，第（6）种模型形式为最优，回归及检验的结果显示如下：

$\ln L = 6.640\,770\,877 + 0.208\,655\,430\,1 \cdot \ln Y + 0.251\,962\,282\,7 \cdot \ln P$

$t = $ (34.670 57)　　　　　　(5.536 138)　(2.505 653)

$R^2 = 0.975\,438$　　　　　　$F = 536.139\,9$　DW = 0.324 461

拟合优度高达 0.98，误差项不存在序列相关，F 检验显著，模型通过检验，而且系数值都通过检验。其中，由系数估计值可知，我国的第二、第三产业的就业增长与产出增长和物价上涨均为正相关：GDP 每增加 1%，可促进非农业就业量增加 0.2196；物价每上涨 1%，非农业就业量增加约 0.25%。

第五步：根据 1978～2007 年我国的第一产业就业量 L_1、产出量和物价总水平的统计数据，运用 Eviews 软件对上述设定的六种模型形式分别进行回归。

(1) $L_1 = -19\,495.579\,31 + 1\,388.106\,458 \cdot \ln Y$

$t = $ (5.322 727)　　　　(3.943 914)

$R^2 = 0.357\,127$　$F = 15.554\,46$　　　　DW = 0.270 149

(2) $L_1 = 28\,667.024\,42 + 107.415\,896\,1 \cdot \ln Y + 16.259\,406\,11 \cdot P$

$t = $ (2.725 115)　(0.075 589)　(0.930 351)

$R^2 = 0.377\,095$　　　　　$F = 8.172\,661$　　DW = 0.300 468

(3) $L_1 = -397.245\,669\,9 - 2\,994.100\,902 \cdot \ln Y + 12\,056.245\,29 \cdot \ln P$

$t = $ (−0.066 022)　　　(−2.528 899)　　　(3.816 676)

$R^2 = 0.587\,419$　$F = 18.829\,09$　　　　DW = 0.484 977

(4) $\ln L_1 = 9.981\,966\,633 + 0.042\,886\,024\,56 \cdot \ln Y$

$t = $ (93.343 12)　　　(4.173 386)

$R^2 = 0.383\,493$　$F = 17.417\,15$　　　　DW = 0.255 242

(5) $\ln L_1 = 10.254\,010\,75 + 0.004\,898\,081\,285 \cdot \ln Y + 0.000\,482\,287\,771\,5 \cdot P$

$t = $ (33.403 20)　　　(0.118 115)　　　(0.945 672)

$R^2 = 0.403\,258$　$F = 9.122\,848$　DW = 0.284 746

(6) $\ln L_1 = 9.393\,456\,382 - 0.086\,757\,400\,03 \cdot \ln Y + 0.356\,672\,516\,4 \cdot \ln P$

$t = $ (53.861 32)　　　(−2.528 091)　　　(3.895 508)

$R^2 = 0.605\,318$　　　　　$F = 20.704\,78$　　　　DW = 0.464 987

通过比较回归估计结果，第（6）种模型形式为最优，回归及检验的结果显示如下：

$\ln L_1 = 9.393\,456\,382 - 0.086\,757\,400\,03 \cdot \ln Y + 0.356\,672\,516\,4 \cdot \ln P$

$t = $ (53.861 32)　　　(−2.528 091)　　　　　　(3.895 508)

$R^2 = 0.605\ 318$ $F = 20.704\ 78$ DW$=0.464\ 987$

拟合优度高达 0.6，误差项不存在序列相关，F 检验显著，模型通过检验。而且系数值都通过检验。其中，由系数估计值可知，我国的第一产业的就业增长与产出增长为负相关，我国的第一产业的就业增长和物价上涨为正相关：GDP 每增加 1%，农业就业量减少 0.09%；物价每上涨 1%，农业就业量增加约 0.35%。

因此，我们可以用就业量替代失业率构建扩大的奥肯模型，分析我国的就业与经济增长的数量关系。实证的结果显示：我国的第二、第三产业的就业增长与产出增长和物价上涨均为正相关，GDP 每增加 1%，可促进非农业就业量增加 0.2%；物价每上涨 1%，非农业就业量增加约 0.25%。我国的第一产业的就业增长与产出增长为负相关，我国的第一产业的就业增长和物价上涨为正相关，GDP 每增加 1%，可促进农业就业量减少 0.09%；物价每上涨 1%，农业就业量增加约 3.6%。

四、实验结果讨论与分析

奥肯定律表明，与正常的（或潜在的、趋势的）增长率相比，高产出增长伴随着失业率的降低，低产出增长伴随着失业率的上升。作为一种经验规则——奥肯定律为产出增长率和失业率的变化之间相互转换提供了一个粗略的估算方法，虽然这一方法只是近似的，但它仍给出了由增长到失业的一种实用的转换方法，在美国、英国、德国和日本等发达市场经济国家均得到了良好的印证，成为西方宏观经济学中的可靠经验规律之一。但是，前面的实验一得出，转型中的中国经济当中，产出的增长和失业率的变化之间不存在上述典型的奥肯规律。

劳动力作为经济增长的生产要素之一，在经济发展的各个阶段都发挥着重要作用。改善就业状况，优化劳动力结构，是经济增长的主要目标。同样，经济发展到一定水平必然促进劳动者素质提高和劳动技能提升。在经济发展的起步阶段，就业显著增长，但到了一定阶段经济增长对就业的带动作用逐渐下降，甚至出现经济增长和就业下降并存的现象。虽然有经济学家通过观察经济增长和失业率下降的正相关关系，得出线性方程，使人们普遍认为实现经济增长是解决失业问题的主要途径，但是在改革开放的中国，这一理论受到明显的挑战。简单的分析和判断，是不能充分解释这一现象的，因此，必须对奥肯定律进行适当的扩展，将我国的经济增长与我国的三大产业的就业情况联系起来。

五、学生实验操作

根据表 8-7 的资料，进行广西就业与经济增长之间的数量关系的验证实验。

表 8-7 1990～2007 年广西的就业、产出量和零售价格指数的数据

年份	第一产业就业量/万人	第二产业就业量/万人	第三产业就业量/万人	GDP/亿元	零售价格指数 P
1990	1614	207	288	449.1	101.1
1991	1643	215	312	518.6	102.8

续表

年份	第一产业就业量/万人	第二产业就业量/万人	第三产业就业量/万人	GDP/亿元	零售价格指数 P
1992	1628	235	354	646.6	105.9
1993	1594	253	428	871.7	122.0
1994	1598	268	479	1198	126.0
1995	1583	282	518	1498	118.4
1996	1599	283	535	1698	106.5
1997	1606	283	565	1817	100.8
1998	1620	283	596	1911	97.0
1999	1619	276	620	1971	97.7
2000	1571	278	717	2080	99.7
2001	1570	275	733	2279	100.6
2002	1574	270	745	2524	99.1
2003	1556	279	766	2821	101.1
2004	1532	287	830	3434	104.4
2005	1519	322	862	4076	102.4
2006	1521	334	905	4829	101.3
2007	1521	419	829	5956	106.1

第五节　新古典增长模型（索洛模型）在中国的验证

一、实验目的

通过本实验，掌握新古典增长模型在中国验证的基本方法，增强对新古典增长模型的认识，提高用数据对经济现象进行分析的能力。

二、实验准备

（1）宏观经济学关于索洛模型的内容；

（2）Eviews 5.0 软件；

（3）我国 1980～2007 年 GDP 的数据；

（4）我国 1980～2007 年就业人数的数据；

（5）我国 1980～2007 年全社会固定资本投资的数据。

三、实验过程

第一步：理论模型的建立和指标的计算公式。

经济增长取决于生产要素投入量的增加和生产技术的进步。技术进步对经济增长的影响和贡献可以利用生产函数进行分析和估计。在生产理论中，技术进步分无形技术进步和有形技术进步两种，这里我们仅讨论无形技术进步。所谓无形技术进步，是指生产函数在时间上的变动所反映出来的综合投入效果。无形技术进步对生产中经济增长的影响不需要增加任何投入，反映无形技术进步的生产函数的一般形式为

$$Y = f(L(t), K(t), t) \tag{8-1}$$

其中，t 为时间，劳动 L 和资本 K 随时间变化。阐述随时间的变化可表示为

$$\frac{\mathrm{d}y}{\mathrm{d}t} = \frac{\partial f}{\partial L}\frac{\mathrm{d}L}{\mathrm{d}t} + \frac{\partial f}{\partial K}\frac{\mathrm{d}K}{\mathrm{d}t} + \frac{\partial f}{\partial t} \tag{8-2}$$

式（8-2）右边的前两项分别表示由于劳动投入和资本投入的增加所引起的产出的变化，此即生产函数的运动；最后一项表示由无形技术进步所引起的产出变化，即生产函数的位移。无形技术进步对产出增加的影响虽然不与任何投入要素相联系，但是它包含了对投入要素的重新组织，也就是说，经济增长是通过重新组织生产要素，而不是通过增加生产要素来实现的。

无形技术的测度一般用技术进步率来表示，用产出 Y 除式（8-2），得到

$$\frac{1}{Y}\frac{\mathrm{d}Y}{\mathrm{d}t} = \frac{L}{Y}\frac{\partial f}{\partial L}\frac{1}{L}\frac{\mathrm{d}L}{\mathrm{d}t} + \frac{K}{Y}\frac{\partial f}{\partial K}\frac{1}{K}\frac{\mathrm{d}K}{\mathrm{d}t} + \frac{1}{Y}\frac{\partial f}{\partial t} \tag{8-3}$$

这里所有项都是用变化的比率来表示的，等式左边是产出增长率；右边前两项是两种投入增长率的加权和，所用权数为各自的投入弹性，第三项就是无形技术进步率。假设产出关于劳动和资本的弹性不变，分别用 α 和 β 表示，并且假设无形技术进步也是一个常数 m，那么式（8-3）可以写为

$$\frac{1}{Y}\frac{\mathrm{d}Y}{\mathrm{d}t} = \alpha\frac{1}{L}\frac{\mathrm{d}L}{\mathrm{d}t} + \beta\frac{1}{K}\frac{\mathrm{d}K}{\mathrm{d}t} + m \tag{8-4}$$

这里的 m 就是中性无形技术进步率。

当技术进步为中性时，式（8-4）可从 C-D 生产函数导出，其中假定 A 是时间的指数函数，即有

$$Y = A_0 e^{mt} L^{\alpha}(t) K^{\beta}(t) \tag{8-5}$$

对上式取对数有

$$\ln Y = \alpha_0 + \alpha\ln L(t) + \beta\ln K(t) + mt, \alpha_0 = \ln A_0 \tag{8-6}$$

微分上式得到

$$\frac{\mathrm{d}\ln Y}{\mathrm{d}t} = \frac{1}{Y}\frac{\mathrm{d}Y}{\mathrm{d}t} = \alpha\frac{1}{L}\frac{\mathrm{d}L}{\mathrm{d}t} + \beta\frac{1}{K}\frac{\mathrm{d}K}{\mathrm{d}t} + m \tag{8-7}$$

此式可以为式（8-4）和式（8-5）中的指数时间趋势项中的无形技术进步率 m 作出解释。无形技术进步率可由式（8-4）得到，即

$$m = \frac{1}{Y}\frac{\mathrm{d}Y}{\mathrm{d}t} - \alpha\frac{1}{L}\frac{\mathrm{d}L}{\mathrm{d}t} - \beta\frac{1}{K}\frac{\mathrm{d}K}{\mathrm{d}t} \tag{8-8}$$

若以 y 表示产出增长率 $\frac{1}{Y}\frac{\mathrm{d}Y}{\mathrm{d}t}$；$l$ 表示劳动增长率 $\frac{1}{L}\frac{\mathrm{d}L}{\mathrm{d}t}$；$k$ 表示资本增长率 $\frac{1}{K}\frac{\mathrm{d}K}{\mathrm{d}t}$，则上式可化为

$$m = y - \alpha l - \beta k \tag{8-9}$$

这就是著名的索洛增长速度方程。技术进步率等于产出增长率减去所有投入增长率的加权和，其权数分别为产出关于各项投入要素的弹性。

技术进步以及各个投入要素对经济增长的贡献大小，可以用贡献率来衡量，用公式表示为

技术进步贡献率

$$E_A = \frac{m}{y} \times 100\% \tag{8-10}$$

劳动贡献率

$$E_L = \alpha \frac{l}{y} \times 100\% \tag{8-11}$$

资本贡献率

$$E_K = \beta \frac{k}{y} \times 100\% \tag{8-12}$$

$$E_A + E_L + E_K = 1$$

第二步：指标的选取。

本章将本实验所用到的原始数据进行说明，并就各原始数据的处理方法进行介绍。模型所用的原始数据有国内生产总值（GDP），以符号 Y 表示，实物资本（K），劳动力人数（L）。

（1）国内生产总值 Y。模型所用总产出为 Y，数据采用 GDP 作为度量。根据定义，GDP 指在特定地区（或国家）范围内生产的最终产品或服务的总和，该总和是经过市场物价指数折算后的数值。本实验计算 GDP 数据采用我国改革开放以来的时间段数据。为与其他数据的分析相统一，时间范围为 1980～2007 年。原始数据取自历年《中国统计年鉴》的统计数据。

（2）资本存量 K。模型运算所用的 1980～2007 年的资本投入量数据，取自历年《中国统计年鉴》全社会固定资产投资总额，且为了统一口径，都不考虑价格因素，均按当年价格计算。

（3）劳动力 L。模型计算所用的劳动投入量数据，取自《中国统计年鉴》中公布的历年就业人数，即为年末从业人数。

（4）时间 t。本实验所用的时间年限为 1980～2007 年，为了使数据更加简洁，用编号 1～28 代替 1980～2007 年，在模型中用 t 表示。

第三步：收集数据（表 8-8）。

表 8-8　1980～2007 年我国产出量、劳动投入量、资本投入量的数据

年份	GDP（Y）/亿元	就业人数（L）/万人	全社会固定资本投资（K）/亿元	时间 t
1980	4 545.6	42 361	910.9	1
1981	4 891.6	43 725	961.0	2
1982	5 323.4	45 295	1 230.4	3
1983	5 962.7	46 436	1 430.1	4
1984	7 208.1	48 197	1 832.9	5
1985	9 016.0	49 873	2 543.2	6
1986	10 275.2	51 282	3 120.6	7

年份	GDP（Y）/亿元	就业人数（L）/万人	全社会固定资本投资（K）/亿元	时间 t
1987	12 058.6	52 783	3 791.7	8
1988	15 042.8	54 334	4 753.8	9
1989	16 992.3	55 329	4 410.4	10
1990	18 667.8	64 749	4 517.0	11
1991	21 781.5	65 491	5 594.5	12
1992	26 923.5	66 152	8 080.1	13
1993	35 333.9	66 806	13 072.3	14
1994	48 197.9	67 455	17 042.1	15
1995	60 793.7	68 065	20 019.3	16
1996	71 176.6	68 950	22 974.0	17
1997	78 973.0	69 820	24 941.1	18
1998	84 402.3	70 637	28 406.2	19
1999	89 677.1	71 394	29 854.7	20
2000	99 214.6	72 085	32 917.7	21
2001	109 655.2	73 025	37 213.5	22
2002	120 332.7	73 740	43 499.9	23
2003	135 822.8	74 432	55 566.6	24
2004	159 878.3	75 200	70 477.4	25
2005	183 217.4	75 825	88 773.6	26
2006	211 923.5	76 400	109 998.2	27
2007	249 529.9	76 990	137 323.9	28

第四步：利用 Eviews 软件对模型进行回归。

$\ln Y = \alpha\ln L + \beta\ln K + mt + \ln A_0$，将 $\alpha + \beta = 1$ 代入该式得

$$\ln Y = (1-\beta)\ln L + \beta\ln K + mt + \ln A_0$$

$$\ln Y/L = \beta\ln K/L + mt + \ln A_0$$

令 $\ln Y/L = Q$，$\ln K/L = P$，$\ln A_0 = \alpha_0$，则方程变成：

$$Q = \alpha_0 + \beta P + mt + u$$

用 Eviews 5.0 对该二元一次线性方程进行回归，回归结果如下：

$$Q = -0.297 + 0.5427P + 0.0455t$$

$$\text{se} = （0.4356）　（0.107）　（0.0174）$$

$$t = （-0.6818）　（5.0648）　（2.6139）$$

$R^2 = 0.9937$ 调整的 $R^2 = 0.9932$　$F = 1\,984.175$

$\alpha_0 = -0.297$　$\beta = 0.5427$　$A_0 = 0.743$　$m = 0.0455$

则柯布-道格拉斯函数为

$$Y = 0.743\mathrm{e}^{0.045\,5t}L^{0.457\,3}K^{0.542\,7}$$

从回归结果来看，调整的 $R^2 = 0.9932$，模型的拟合程度较高，且 $F = 1984.175$，方程整体能够通过检验，系数也能够通过 t 检验，显著性较强。该方程所估计的资本产出弹性 β 为 0.5427，劳动产出弹性 α 为 0.4573，该经济增长模型似乎能很好地描述我国 1980～2007 年的经济情况。实际上该模型对大多数发展中国家，如亚洲的国家和地区都比较适合。这也说明了大多数发展中国家在经济的起步发展阶段，技术水平都较低，主要靠大量投入劳动和资本来支撑整个国民经济的高速发展。特别是我国 1980 年以来，投资推动型的经济增长特征十分明显。而其中的投资往往占了 GDP 的很大比重，大部分资金主要都投向了固定资产方面，符合客观的经济意义。

第五步：利用第四步的回归结果和公式计算生产要素增长对经济增长率的贡献程度。

利用第四步的回归结果和公式（技术进步贡献率 $E_A = m/y \times 100\%$，劳动贡献率 $E_L = \alpha l/y \times 100\%$，资本贡献率 $E_K = \beta k/y \times 100\%$，其中 $E_A + E_L + E_K = 1$，$m = y - \alpha l - \beta k$），由此可进行如下计算：劳动投入增长对经济增长率的贡献程度 E_L、资本投入增长对经济增长率的贡献程度 E_K、技术进步对经济增长率的贡献程度 E_A。表 8-9 为计算结果。

表 8-9　相关计算结果

年份	产出增长率 $y = \Delta Y/Y$	劳动增长率 $l = \Delta L/L$	资本投入增长率 $k = \Delta K/K$	技术进步增长率 m	劳动投入贡献率 E_L	资本投入贡献率 E_K	技术进步贡献率 E_A
1981	0.052	0.032	0.055	0.0096	0.2726	0.5427	0.1847
1982	0.091	0.036	0.280	−0.0439	0.1759	1.3061	−0.4819
1983	0.109	0.025	0.162	0.0216	0.1049	0.6970	0.1981
1984	0.152	0.038	0.282	0.0157	0.1113	0.7855	0.1032
1985	0.135	0.035	0.388	−0.0320	0.1152	1.1216	−0.2368
1986	0.088	0.028	0.227	−0.0247	0.1403	1.1409	−0.2812
1987	0.116	0.029	0.215	0.0071	0.1104	0.8281	0.0615
1988	0.113	0.029	0.254	−0.0099	0.1174	0.9701	0.0875
1989	0.041	0.018	−0.072	0.0762	0.2008	1.0589	1.8582
1990	0.038	0.170	0.024	−0.0413	1.7450	0.3428	−1.0877
1991	0.092	0.011	0.239	−0.0178	0.0547	1.1385	−0.1932
1992	0.142	0.010	0.444	−0.0297	0.0322	1.1771	−0.2093
1993	0.135	0.010	0.618	−0.0769	0.0339	1.5356	−0.5695
1994	0.126	0.010	0.304	−0.0050	0.0363	1.0036	−0.0399
1995	0.105	0.009	0.175	0.0200	0.0392	0.7701	0.1907
1996	0.096	0.013	0.148	0.0200	0.0619	0.7293	0.2088
1997	0.088	0.013	0.086	0.0396	0.0624	0.4872	0.4504
1998	0.078	0.012	0.139	0.0063	0.0704	0.8488	0.0808

续表

年份	产出 增长率 $y = \Delta Y/Y$	劳动 增长率 $l = \Delta L/L$	资本投入 增长率 $k = \Delta K/K$	技术进步 增长率 m	劳动投入 贡献率 E_L	资本投入 贡献率 E_K	技术进步 贡献率 E_A
1999	0.071	0.011	0.051	0.0394	0.0708	0.3745	0.5546
2000	0.080	0.010	0.103	0.0250	0.0572	0.6309	0.3119
2001	0.075	0.013	0.131	0.0066	0.0793	0.8312	0.0886
2002	0.083	0.010	0.169	−0.0003	0.0551	0.9481	−0.0032
2003	0.093	0.009	0.277	−0.0289	0.0443	1.2663	−0.3106
2004	0.095	0.010	0.268	−0.0246	0.0481	1.2111	−0.2592
2005	0.102	0.008	0.260	−0.0135	0.0359	1.0960	−0.1319
2006	0.111	0.008	0.239	0.0026	0.0330	0.9436	0.0234
2007	0.119	0.008	0.248	0.0073	0.0307	0.9075	0.0617

四、实验结果讨论与分析

由表 8-9 的计算结果可以看出，在 1981～2007 年我国经济增长的过程中，劳动投入的贡献率甚微，其平均贡献率仅为 14.6%，该值相对于发达国家都仍然是很小的。从长期来看，劳动投入贡献率的曲线图整体上较平稳，可看出劳动数量的投入对于我国经济增长的拉动极其有限。相对来说，资本投入的平均贡献率却非常高，各年的平均值达到了 83.6%，在 2000～2007 年的平均贡献率更是高达 97.9%。另外，资本投入贡献率的曲线波动较大，最高年份 1982 年的 130.6% 与最低年份 1989 年的 −105.9% 相差了 230 多个百分点。这与我国经济增长的现实特征相比是基本符合的，即经济增长中劳动的贡献较小，而资本的贡献却举足轻重，特别是在 2000～2007 年，固定资产年平均增长率达到了 25%，其平均贡献率也达到了 97.9%，对经济增长的推动作用非常之大。当然该时期如此高的投资率部分原因也可归结为自 2000 年以来我国政府实施的以拉动投资和消费为目的积极的财政政策和货币政策。

由表 8-9 不难得出，技术进步对我国经济增长的贡献微乎其微，平均各年的技术进步贡献率为 1.80%，有 12 年的贡献率为负值。从长期来看，技术进步对我国经济贡献份额的变化起伏较大，整体上呈现出"下降—上升—下降—下降—上升"的态势，其中 1981～1986 年平均贡献率为 −8.5%；1987～1989 年上升到 60.08%；1990～1994 年平均技术进步贡献率都是为负值，平均为 −41.9%；1995～1999 年技术进步贡献率上升为 30%，同期的国民生产总值的增长也是较快的阶段；2000～2002 年的平均技术进步贡献率是 13.4%；2003～2005 年的平均技术进步贡献率下降至 −23.4%；2006～2007 年的平均技术进步贡献率上升到了 4.43%，也带动国民生产总值增长率平均达到11.5%。从上述分析来看，技术进步贡献率对国民生产总值增长的促进作用是非常明显的。需引起各方高度重视的是我国从 1990～1994 年连续 5 年的技术进步贡献率均为负值，这充分表明，这几年我国经济的增长是依靠投资拉动实现的，也就是说，我国的经济增长依然是粗放型的，是依靠要素投入实现的，还没有过渡到集约式经济增长的模式。

从上述实证分析的结果来看，尽管近 30 年来我国的经济发展速度很快，综合经济实力也大大增强，但诸多原因使得我国经济的增长依然是以粗放型为主，自主创新能力弱，科技发展水平较低，经济整体质量和宏观经济效益仍然不甚理想。从各种因素对经济增长作用的长期趋势来看，制约我国未来经济持续增长的核心因素将是"技术进步"。因此，如何提高自主创新能力，培育核心关键技术，提升科技发展水平，从而实现由"粗放型"经济向"集约型"经济的最终转变，将是我国今后相当长一段时间里亟待解决的问题。

新古典经济增长理论是以柯布-道格拉斯生产函数为基础建立起来的。如果用 G_y 表示经济增长率，用 G_L 表示劳动增长率，用 G_K 表示资本增长率，用 λ 表示技术进步率，则有 $G_y = \lambda + \alpha G_L + (1-\alpha) G_K$，这就是技术进步条件下索洛新古典经济增长模型的基本公式。它表明经济的增长是由技术进步、资本增长和劳动力增长带来的。其中，由劳动力增长带来的份额为 $\alpha\%$，由资本带来的份额为 $(1-\alpha)\%$。通过索洛基本公式间接推导可得 $\lambda = G_y - \alpha G_L - (1-\alpha) G_K$。这使得以往难以估算的技术进步贡献率由此得以估算。柯布-道格拉斯生产函数形式如下：

$$Y = A_0 e^{mt} L^\alpha K^\beta \tag{8-13}$$

其中，A_0 为基期年度的技术水平；m 为技术进步系数，也称技术进步率；α 为劳动力产出弹性系数；β 为资本产出弹性系数；Y 为产出量（按可比价格计算的国内生产总值）；L 为劳动投入量；K 为资本投入量；这里假设 $\alpha + \beta = 1$，即规模报酬不变。对式（8-13）两边取对数得 $\ln Y = \alpha \ln L + \beta \ln k + mt + \ln A_0$，将该式两边微分，并取 $dt = 1$ 得经济增长率的函数模型：

$$G_y = \alpha G_L + \beta G_K + m \tag{8-14}$$

其中，G_y 为经济增长率；G_L 为劳动投入增长率；G_K 为资本投入增长率。由此可进行计算如下数据：劳动投入增长对经济增长率的贡献程度、资本投入增长对经济增长率的贡献程度、技术进步对经济增长率的贡献程度以及各因素变动对经济增长影响所占的份额，即劳动投入变动占经济增长率的比重、资本投入变动占经济增长率的比重、技术进步变动占经济增长率的比重。

五、学生实验操作

根据表 8-10 给出的资料，进行新古典增长模型（索洛模型）在广西的验证。

表 8-10　1990～2007 年广西产出量、劳动投入量、资本投入量的数据

年份	GDP（Y）/亿元	就业人数（L）/万人	全社会固定资本投资（K）/亿元	时间 t
1990	449	2109	68.57	1
1991	519	2170	89.65	2
1992	647	2217	141.04	3
1993	872	2275	278.08	4

年份	GDP（Y）/亿元	就业人数（L）/万人	全社会固定资本投资（K）/亿元	时间 t
1994	1198	2345	382.59	5
1995	1498	2383	423.37	6
1996	1698	2417	476.42	7
1997	1817	2454	479.80	8
1998	1911	2499	571.70	9
1999	1971	2515	620.20	10
2000	2080	2566	660.01	11
2001	2279	2578	731.25	12
2002	2524	2589	834.99	13
2003	2821	2601	987.31	14
2004	3434	2649	1263.70	15
2005	4076	2703	1769.10	16
2006	4829	2760	2246.60	17
2007	5956	2769	2970.10	18

参 考 文 献

伯格斯特龙 T C，米勒 J H. 2008. 微观经济学实验. 2 版. 王萍等译. 大连：东北财经大学出版社.

蔡志明. 1999. 拍卖理论与实验研究. 经济科学，(2)：117-125.

董志勇. 2008. 实验经济学. 北京：北京大学出版社.

董志勇. 2010. 市场结构及市场效率的实验经济学综述. 技术经济与管理研究，(5)：90-94.

杜宁华. 2008. 实验经济学. 上海：上海财经大学出版社.

弗里德曼 D，桑德 S. 2011. 实验方法：经济学家入门基础. 曾小楚译. 北京：中国人民大学出版社.

葛新权，王国成. 2006. 实验经济学引论：原理·方法·应用. 北京：社会科学文献出版社.

葛新权，王国成. 2008. 博弈实验进展. 北京：社会科学文献出版社.

何大安. 2008. 个体选择理论的行为和实验分析. 浙江学刊，(4)：19-26.

金雪军，杨晓兰. 2006. 实验经济学. 北京：首都经济贸易大学出版社.

李伯兴. 2010. 经济学验证性实验教程. 大连：东北财经大学出版社.

秦海英. 2006. 实验与行为经济学. 北京：中国财政经济出版社.

阮青松，余颖，黄向晖. 2005. 关于经济人假设的实验经济学研究综述. 学术研究，(4)：37-40.

时奇，谌贻庆，陈剑. 2010. 不完备偏好理论及其应用综述. 经济评论，(3)：116-123.

王国成. 2005. 基于实验方法的经济行为特征研究——当代经济学发展新特点. 数量经济技术经济研究，(10)：151-161.

魏光兴. 2006. 公平偏好的博弈实验及理论模型研究综述. 数量经济技术经济研究，(8)：152-161.

张鸿武，廖涵，王柯英. 2010. 经济学实验教程. 北京：经济科学出版社.

张耀辉. 2006. 实验经济学教程. 北京：经济科学出版社.

张元鹏. 2005. 最后通牒博弈实验及其评价. 经济学动态，(6)：83-86.

周星. 2006. 发展中的实验经济学. 厦门：厦门大学出版社.

Allais M. 1953. Le Comportement de L'homme Rationnel Devant le Risque：Critique des Postulats et Axiomes de L'ecole Americane. Econometrica，21：503-546.

Ball S B，Cech P A. 1990. The what，when and why of picking a subject pool. Boston：Boston University and Northwestern University Working Paper.

Berg J，Dickhaut J. 1990. Preference Reversal：Incentive Do Matter. Chicago ：University of Chicago.

Berg J，Dickhaut J，McCabe K. 1995. Trust，reciprocity，and social history. Games and Economic Behavior，10 (1)：122-142.

Bolton G E，Zwick R. 1995. Anonymity versus punishment in ultimatum bargaining. Games and Economic Behavior，10 (1)：95-121.

Burns P. 1985. Experience and decision making：a comparison of students and businessmen in a simulated progressive auction//Smith V L. Research in Experimental Economics (vol 3). Greenwich：JAI Press：139-157.

Camerer C F. 2003. Behavioral Game Theory：Experiments in Strategic Interaction. Princeton：Princeton University Press.

Camerer C F，Richard T H. 1995. Anomalies：ultimatums dictators and manners. Journal of Economic

Perspectives, 9 (2): 209-219.

Camerer L A. 1999. Raising the stakes in the ultimatum game: experimental evidence from Indonesia. Economic Inquiry, 37 (1): 47-59.

Capen E C, Clapp R V, Campbell W M. 1971. Competitive bidding in high-risk situations. Journal of Petroleum Technology, 23 (6): 641-653.

Chamberlin E H. 1948. An experimental imperfect market. Journal of Political Economy, 56 (2): 95-108.

Chatterjee K, Samuelson W. 1983. Bargaining under incomplete information. Operations Research, 31 (5): 835-851.

Coppinger V M, Smith V L, Titus J A. 1980. Incentives and behavior in English, dutch and sealed-bid auctions. Economic Inquiry, 18 (1): 1-22.

Cox J C, Epstein S. 1989. Preference reversals without the independence axiom. American Economic Review, 79 (3): 408-426.

Cox J C, Roberson B, Smith V L. 1982a. Theory and behavior of single object auctions//Smith V L. Research in Experimental Economics (vol 2). Greenwich: JAI Press: 1-43.

Cox J C, Smith V L, Walker J M. 1982b. Auction market theory of heterogeneous bidders. Economics Letters, 9 (4): 319-325.

Cox J C, Smith V L, Walker J M. 1988. Theory and individual behavior of first-price auctions. Journal of Risk and Uncertainty, 1 (1): 61-99.

Croson R T A. 1996. Information in ultimatum games: an experimental study. Journal of Economic Behavior & Organization, 30 (2): 197-212.

Davis D D, Holt C A. 1992. Experimental Economic. Princeton: Princeton University Press

DeJong D V, Forsythe R, Uecker W C. 1988. A note on the use of businessmen as subjects in sealed offer markets. Journal of Economic Behavior and Organization, 9 (1): 87-100.

Dyer D, Kagel J H, Levin D. 1989. A comparison of naive and experienced bidders in common value offer auctions: a laboratory analysis. The Economic Journal, 99 (394): 108-115.

Eckel C C, Grossman P J. 2001. Chivalry and solidarity in ultimatum games. Economic Inquiry, 39 (2): 171-188.

Fehr E, Kirchsteiger G, Riedl A. 1993. Does fairness prevent market clearing? An experimental investigation. The Quarterly Journal of Economics, 108 (2): 437-459.

Fischer G W, Hawkins S A. 1993. Strategy compatibility, scale compatibility, and the prominence effects. Journal of Experimental Psychology: Human Perception and Performance, 19 (3): 580-597.

Forsythe R, Horowitz J L, Savin N E, et al. 1994. Fairness in simple bargaining experiments. Games and Economic Behavior, 6 (3): 347-369.

Friedman D, Sunder S. 1994. Experimental Methods: A Primer for Economists. Cambridge: Cambridge University Press.

Friedman M. 1953. The Methodology of Positive Economics, Essays in Positive Economics. Chicago: University of Chicago Press.

Grether D, Plott C R. 1979. Economic theory of choice and the preference reversal phenomenon. The American Economic Review, 69 (4): 623-638.

Güth W, Schmittberger R, Schwarze B. 1982. An experimental analysis of ultimatum bargaining. Journal of Economic Behavior & Organization, 3 (4): 367-388.

Hansen R, Lott J. 1991. The winner's curse and public information in common value auctions: Comment. American Economic Review, 81 (1): 347-361.

Harris M, Raviv A. 1981. Allocation mechanisms and the design of auction. Econometrica, 49 (6): 1477-1499.

Hawkins S. 1994. Information processing strategies in piskless preference reversal: the prominence effect. Organizational Behavior and Human Decision Processes, 59 (1): 1-22.

Heinz S, Selten R. 1959. Ein oligolpolexperiment. Zeitschrift fur die Gesamte Staatswissenschaft, 115: 427-471.

Heinz S, Selten R. 1960. An experiment in oligopoly. General Systems, Yearbook of the Society for General Systems Research, 5: 85-114.

Henrich J, Boyd R, Bowles S, et al. 2001. In search of Homo economicus: behavioral experiments in 15 small-scale societies. American Economic Review, 91 (2): 73-78.

Hoffman E, McCabe K A, Smith V L. 1985. Behavioral foundations of reciprocity: experimental economics and evolutionary psychology. Economic Inquiry, 36 (3): 335-371.

Hoggatt A C. 1959. An experimental business game. Behavioral Science, 4 (3): 192-203.

Holt C A. 1980. Competitive bidding for contracts under alternative auction procedures. Journal of Political Economy, 88 (3): 433-445.

Holt C A. 1986. Preference reversals and the independence axiom. American Economic Review, 76 (3): 508-515.

Holt C A, Langan L W, Villamil A P. 1986. Market power in oral double auctions. Economic Inquiry, 24 (1): 107-123.

Holt C A, Sherman R. 1999. Classroom games: a market for lemons. The Journal of Economic Perspectives, 13 (1): 205-214.

Hsee C K, Loewenstein G F, Blount S, et al. 1999. Preference reversals between joint and separate evaluations of options: a review and theoretical analysis. Psychological Bulletin, 125 (5): 576-590.

Kagel J H, Levin D. 1986. The Winner's curse and public information in common value auctions. American Economic Review, 76 (5): 894-920.

Kahneman D, Tversky A. 1979. Prospect theory: an analysis of decision under risk. Econometrica, 47 (2): 263-292.

Larrick R P, Blount S. 1997. The claiming effect: why players are more generous in social dilemmas than in ultimatum games. Journal of Personality and Social Psychology, 72 (4): 810-825.

Lichtenstein S, Slovic P. 1971. Reversals of preference between bids and choices in gambling decisions. Journal of Experimental Psychology, 89 (1): 46-55.

Lind B, Plott C R. 1991. The winner's curse: experiments with buyers and with sellers. American Economic Review, 81 (1): 335-346.

Lindman H. 1971. Inconsistent preferences among gambles. Journal of Experimental Psychology, 89 (2): 390-397.

List J A, Cherry T L. 2000. Learning to accept in ultimatum games: evidence from an experimental design that generates low offers. Experimental Economics, 3 (1): 11-29.

Loomes G, Sugden R. 1983. A rationale for preference reversal. American Economic Review, 73 (3):

428-432.

MacCrimmon K R, Larsson S. 1979. Utility theory: axioms versus paradoxes // Allais M, Hagen O. Expected Utility Hypotheses and the Allais Paradox. Boston: Reidel: 333-409.

Mestelman S, Feeny D. 1988. Does ideology matter? Anecdotal experimental evidence on the voluntary provision of public goods. Public Choice, 57 (3): 281-286.

Milgrom P R, Weber R J. 1982. A theory of auctions and competitive bidding. Econometrica, 50 (5): 1089-1122.

Plott C R. 1982. Indnstrial organization theory and experimental economics. Journal of Economic Literature, 20 (4): 1485-1527.

Pommerehne W W, Schneider F, Zweifel P. 1982. Economic theory of choice and the preference reversal phenomenon: a reexamination. The American Economic Review, 72 (3): 569-574.

Rapoport A, Chammas A M. 1965. Prisoner's Dilemma: A Study in Conflict and Cooperation. Michigan: University of Michigan Press.

Rapoport A, Guyer M J, Gordon D G. 1976. The 2×2 Game. Michigan: University of Michigan Press.

Rassenti S, Reynolds S S, Smith V L, et al. 2000. Adaptation and vonvergence of behavior in repeated experimental cournot games. Journal of Economic Behavior & Organization, 41 (2): 117-146.

Riley J G. 1982. Preference reversal: further evidence and some suggested modifications in experimental design. The American Economic Review, 72 (3): 576-584.

Riley J G, Samuelson W F. 1981. Optimal auctions. American Economic Review, 71 (3): 381-392.

Roth A E. 1993. On the early history of experimental economics. Journal of the History of Economic Thought, 15 (2): 184-209.

Roth A E, Erev I. 1995. Learning in extensive-form games: experimental data and simple dynamic models in the intermediate term. Games and Economic Behavior, 8 (1): 164-212.

Roth A E, Prasnikar V, Okuno-Fujiwara M, et al. 1991. Bargaining and market behavior in Jerusalem, Ljubljana, Pittsburgh, and Tokyo: an experimental study. American Economic Review, 81 (5): 1068-1095.

Rousseas S W, Hart A G. 1951. Experimental verification of a composite indifference map. Journal of Political Economy, 59 (4): 288-318.

Samuelson W F, Bazerman M H. 1985. The winner's curse in bilateral negotiations//Smith V L. Research in Experimental Economics (Vol 3) . Greenwich: JAI Press.

Schelling T C. 1957. Bargaining, communication, and limited war. Journal of Conflict Resolution, 1 (1): 19-36.

Segal U. 1988. Does the preference reversal phenomenon necessarily contradict the independence axiom? . American Economic Review, 78 (1): 233-236.

Sherstyuk K. 1999. Collusion without conspiracy: an experimental study of one-sided auctions. Experimental Economics, 2 (1): 59-75.

Siegel S, Fouraker L E. 1960. Bargaining and Group Decision Making: Experiments in Bilateral Monopoly. New York: McGraw-Hill Press.

Siegel S, Harnett D L. 1964. Bargaining behavior: a comparison between mature industrial personnel and college students. Operations Research, 12 (2): 334-343.

Simon H A. 1956. A comparison of game theory and learning theory. Psychometrika, 21 (3): 267-272.

Simon H A. 1959. Theories of decision-making in economics and behavioral science. American Economic

Review, 49 (3): 253-283.

Slonim R, Roth A E. 1998. Learning in high stakes ultimatum games: an experiment in the Slovak republic. Econometrica, 66 (3): 569-596.

Slovic P. 1995. The construction of preference. American Psychologist, 50 (5): 364-371.

Slovic P, Lichtentstein S. 1968. The relative importance of probabilities and payoffs in risk taking. Journal of Experimental Psychology Monographs, 78 (3): 1-18.

Smith V L. 1962. An experimental study of competitive market behavior. Journal of Political Economy, 70 (1): 111-137.

Smith V L. 1976. Experimental economics: induced value theory. The American Economic Review, 66 (2): 274-279.

Smith V L. 1981. On nonbinding price controls in a competitive market. The American Economic Review, 71 (3): 467-474.

Smith V L. 1989. Theory, experiments and economics. Journal of Economic Perspectives, 3 (1): 151-161.

Smith V L. 1994. Economics in the laboratory. Journal of Economic Perspectives, 8 (1): 113-131.

Smith V L, Suchanek G L, Arlington W W . 1988. Bubbles, crashes, and endogenous expectations in experimental spot asset markets. Econometrica, 56 (5): 1119-1151.

Sulock J M. 1990. The free rider and voting paradox games. Journal of Economic Education, 21 (1): 65-69.

Thurstone L L. 1931. The indifference function. Journal of Social Psychology, 2 (2): 139-167.

Tversky A, Kahneman D. 1986. Rational choice and the framing of decisions. The Journal of Business, 59 (4): 251-278.

Vickrey W. 1961. Counterspeculation, auction, and competitive sealed tender. Journal of Finance, 16 (1): 8-37.

Von Neumann J, Morgenstern O. 1944. Theory of Games and Economic Behavior. Princeton: Princeton University Press.

Wallis W A, Friedman M. 1942. The empirical derivation of indifference functions// Lange O, Mclntyre F, Yntema T O. Studies in Mathematical Economics and Econometrics in Memory of Henry Schultz. Chicago: University of Chicago Press.

Wilcox N. 1989. Decision anomalies and decision costs. Houston : University of Houston Working Paper.

Wong K F E, Kwong J Y Y. 2005. Comparing two tiny giants or two huge dwarfs? Preference reversals owing to number size framing. Organizational Behavior and Human Decision Processes, 98 (1): 54-65.